Una advertencia

Una advertencia

Anónimo

Un alto funcionario de la administración Trump

Traducción de Ana Guelbenzu

Rocaeditorial

Título original: *A Warning*
© 2020, Anónimo

Publicado en acuerdo con Casanovas & Lynch Agencia Literaria
Primera edición: mayo de 2020

© de la traducción: 2020, Ana Guelbenzu
© de esta edición: 2020, Roca Editorial de Libros, S.L.
Av. Marquès de l'Argentera, 17, pral.
08003 Barcelona
actualidad@rocaeditorial.com
www.rocalibros.com

Impreso por Egedsa

ISBN: 978-84-18249-12-9
Código IBIC: JPZ
Depósito legal: B-8766-2020

RE49129

Para mis hijos, y la generación venidera, cuya responsabilidad será garantizar que la llama de la libertad siga viva y —como han hecho muchos estadounidenses antes que ellos— asumir la responsabilidad de que pase a la siguiente generación.

Índice

«El carácter, a largo plazo, es el factor decisivo en la vida tanto de un individuo como de una nación.»

THEODORE ROOSEVELT

INTRODUCCIÓN

«Aquí, en Estados Unidos, descendemos en sangre y en espíritu de revolucionarios y rebeldes, hombres y mujeres que se atrevieron a discrepar de la doctrina aceptada. Como herederos suyos, no confundamos jamás la disensión honesta con la subversión desleal.»

DWIGHT D. EISENHOWER

*E*l gobierno de Donald J. Trump será recordado como uno de los más convulsos de la historia de Estados Unidos. Los futuros historiadores dejarán constancia de la volatilidad de la toma de decisiones del presidente, así como de las luchas internas de un equipo que se ve obligado a lidiar con ello. Escribirán que sus asesores acabaron viendo que no era competente para ese trabajo. Era incapaz de centrarse en gobernar y proclive al abuso de poder, en ámbitos que iban desde planes mal concebidos a castigos a sus rivales políticos, pasando por cierta propensión a debilitar instituciones fundamentales para Estados Unidos. Documentarán que los funcionarios se plantearon medidas drásticas —algunos dirían desesperadas— para poner sobre aviso al pueblo americano. Durante el escándalo del Watergate, dirigentes clave del gobierno dimitieron como acto de protesta por las actividades inapropiadas del presidente Richard Nixon. La prensa bautizó aquel suceso con el nombre de Masacre del Sábado por la Noche. Lo que no se sabe es que se puso sobre la mesa la misma medida cuando aún no se había llegado a la mitad de la legislatura de la administración Trump, en un momento en que altos asesores y funcionarios del gabinete se plantearon lo que podría llamarse una «automasacre» de medianoche, una dimisión en grupo para llamar la atención sobre la falta de profesionalidad y lo errático del liderazgo de Trump. La idea acabó descartada por miedo a empeorar una situación ya de por sí mala. Pese a ello, empeoró. Adquirí plena conciencia del estado de degradación de los asuntos públicos una noche en que la pérdida de un buen hombre sacó a la luz la verdadera naturaleza de alguien problemático. Fue la noche que al final desembocó en la escritura de este libro.

El 25 de agosto de 2018, John McCain, uno de los últimos grandes hombres de Estado de Estados Unidos, murió en su casa de Arizona. Durante los días siguientes, el país entero estuvo de luto por el fallecimiento de un héroe americano. McCain, exoficial del ejército, era conocido al principio entre el gran público por los cinco años que pasó como prisionero de guerra en Vietnam, donde sufrió palizas y torturas frecuentes. Uno de sus captores le destrozó el hombro derecho. Le rompieron el brazo izquierdo. Le partieron las costillas. En su agonía, John se planteó el suicidio. Durante el resto de su vida fue incapaz de levantar del todo los brazos por culpa de las heridas y secuelas de la tortura. Con todo, cuando sus captores le ofrecieron liberarlo antes, se negó hasta que no pusieran en libertad a todos los estadounidenses que hubieran sido capturados antes que él.

Finalmente, McCain fue liberado en 1973. El presidente Richard Nixon le dio la bienvenida y más tarde Ronald Reagan lo acogió como líder republicano del futuro. A continuación fue dejando un amplio legado de servicio público como miembro de la Cámara de Representantes de Estados Unidos, senador y candidato a la presidencia en dos ocasiones. En su funeral en Washington D. C., una multitud de ambos partidos, de autoridades del gobierno y jefes de Estado extranjeros rindió homenaje a John McCain y lloró su pérdida, así como millones de estadounidenses que lo vieron y escucharon en todo el país.

«En una vida épica —dijo el expresidente George W. Bush a los presentes—, quedaron grabados el valor y la grandeza de nuestro país.» El expresidente Barack Obama subió al podio para honrar a McCain por ser «un patriota que encarnaba los mejores valores de Estados Unidos». Añadió: «Cuando John hablaba de virtudes como el sentido del servicio y el deber, no sonaba a falso. Para él no eran meras palabras. Era una verdad que él había vivido y por la que estaba dispuesto a morir». Toda la ceremonia tuvo un eje central: John McCain era un hombre con carácter, con un compromiso absoluto con sus principios y digno de reverencia, incluso por parte de las personas que no siempre estuvieron de acuerdo con él, o a las que en ocasiones molestó con su obstinación y persistencia.

No obstante, hubo un hombre que no compartió esos sentimientos. En lugar de pena, sentía rencor. En lugar de respeto, mostró resentimiento. Ese hombre era el presidente en funciones de Estados Unidos. No era ningún secreto que Donald J. Trump odiaba a John McCain. «No es un héroe de guerra —comentó Trump en 2015 ante un público atónito en Iowa—. A mí me gusta la gente que no fue capturada.» Pese a que recibió el apoyo de McCain durante las elecciones generales, el entonces candidato Trump se enfureció cuando el senador le retiró su respaldo a raíz del escándalo relacionado con el programa *Access Hollywood*, donde el empresario alardeaba de toquetear partes íntimas de las mujeres, y no toleró las críticas de McCain al ocupar el cargo.

A nadie le extrañó que el presidente se alterara ante semejante derroche de reconocimiento público al senador. Se azora siempre que el foco se desvía de él, pero sobre todo si se desplaza hacia alguien que considere un enemigo, aunque haya fallecido. La sorpresa fue hasta dónde fue capaz de llegar para ajustar cuentas. El presidente Trump, con una actitud sin precedentes, estaba empeñado en utilizar su cargo para limitar el reconocimiento que pudiera recibir el legado de McCain en el país.

Tras ondear brevemente a media asta el día de la muerte del senador, la bandera estadounidense que corona la Casa Blanca se izó al día siguiente por la tarde. A sus asistentes les preocupaba que se interpretara como una mala señal, e intentaron bajarla de nuevo. Los altos asesores de la Casa Blanca imploraron al presidente Trump que emitiera un comunicado para que las banderas en todos los edificios de la administración federal ondearan a media asta. Le instaron a emitir una declaración oficial sobre el fallecimiento del senador y su legado. Este tipo de gestos forman parte del protocolo estándar de cualquier presidente cuando fallece un senador destacado, con independencia del partido al que pertenezca, como muestra de respeto hacia la administración y prueba de que ciertas cosas van más allá del partidismo. El presidente Trump contestó con un desaire a todas las peticiones. De hecho, quería que todos los edificios gubernamentales volvieran a izar las banderas. Los trabajadores estaban anonadados. Muchos habíamos vivido desacuerdos con John a lo largo de los años, pero todos respetábamos su servicio al país como haríamos con cualquier persona que llevó la bandera de Estados Unidos al campo de batalla y sufrió en manos del enemigo, por no hablar de sus posteriores aportaciones al país.

La presión social, y no un cambio de actitud, fue la que acabó con ese callejón sin salida. El presidente Trump fue objeto de críticas devastadoras por impedir el apoyo a McCain. Internamente, la temperatura iba aumentando. Tras las súplicas desesperadas del equipo de comunicación y una cobertura televisiva cada vez más negativa, por fin el presidente transigió y permitió que se redactara un borrador de una breve nota y se emitiera un comunicado. También accedió a que algunos representantes de la administración asistieran a la ceremonia conmemorativa en su lugar. Las banderas, que a esas alturas la mayoría de las agencias ya habían puesto a media asta en vez de seguir esperando una orden presidencial, finalmente bajaron en todas partes.

Tras casi dos años de administración Trump, ese episodio apenas llamaba la atención. Para entonces los estadounidenses ya se habían acostumbrado a la mezquindad del presidente, y estaban insensibilizados a las innumerables polémicas. Lo más probable era que intentaran hacer la vista gorda.

Yo no podía.

Llevaba demasiado tiempo presenciando una humillación sin sentido tras otra. Esta, dirigida a un veterano y exprisionero de guerra, fue la gota que colmó el vaso. ¿Qué nos decía de nuestro presidente? ¿Qué nos decía sobre sus valores, virtudes y motivaciones? Alguien de la administración tenía que decir algo, lo que fuera. Se hizo el silencio. Así que al día siguiente por la mañana empecé el borrador de un artículo de opinión sobre la falta de sentido moral de Donald Trump y los esfuerzos de un grupo de empleados de la administración por mantener el gobierno a flote entre tanta locura.

«Lo sé —escribí sobre esos empleados—. Soy uno de ellos.»

El regreso a la «Resistencia»

Desde que aquel artículo de opinión se publicó en el *New York Times* el 5 de septiembre de 2018, la inestabilidad dentro de la administración Trump se ha intensificado. Sin embargo, un elemento se ha mantenido constante: el presidente sigue careciendo de los principios básicos necesarios para gobernar nuestro país, y no cuenta con las habilidades de mando fundamentales que cabría esperar de un comandante en jefe.

En el artículo de opinión del *New York Times* escribí acerca de una «resistencia» silenciosa formada por personas designadas por Trump —en los niveles más altos— que intentaba gestionar sus temerarios impulsos. Queríamos que la administración prosperara y defendíamos componentes significativos del programa del presidente, pero nos preocupaba su conducta inestable, en público y en privado. Los que intentaban apartarlo de sus impulsos autodestructivos no formaban parte del llamado «Estado Profundo», escribí, sino del «Estado Estable».

El presidente arremetió contra esa idea, pero el concepto de que su equipo trabaja para protegerlo de sí mismo se ha convertido desde entonces en uno de los discursos característicos de la administración Trump. En efecto, fue una de las conclusiones distintivas del fiscal especial Robert Mueller en su *Informe sobre la investigación de la interferencia rusa en las elecciones presidenciales de 2016.* «Los intentos del Presidente de influir en la investigación no prosperaron —escribió—, pero se debe en gran medida a que las personas de su entorno se negaron a obedecer órdenes o a acceder a sus peticiones.» Ahí se incluía la demanda del presidente de que el asesor de la Casa Blanca Don McGahn despidiera al fiscal general, una petición que McGahn rechazó por miedo a que «provocara lo que él consideraba una posible Masacre del Sábado por la Noche y desembocara en un proceso de destitución de Donald Trump. Probablemente habría sido así.

Al presidente Trump no debería extrañarle que los cautelosos asesores y miembros del gabinete salvaran su presidencia. Mis colegas lo han hecho en numerosas ocasiones. Debería preocuparle —a todos debería preocuparnos— que esos profesionales sensatos estén desapareciendo. Al presidente le irritan las personas que osan desafiarle. Ha acosado y apartado a muchos de esos cargos públicos, desde el secretario de Estado Rex Tillerson al jefe de gabinete John Kelly, uno por uno. Otros se han cansado de tanta farsa y se han ido por iniciativa propia. Con cada destitución o abandono de un alto cargo sensato aumenta el riesgo para el país, y el presidente queda validado por un plantel de asesores menguante que incita o fomenta su mala conducta. Ya estamos viendo las consecuencias.

Los representantes de lo que yo llamo el Estado Estable, por lo menos lo que queda de él, son empleados públicos que ejercen de muro de contención de decisiones mal planteadas o imprudentes. No son traidores ni amotinados. Ofrecen al presidente sus mejores consejos y le dicen la verdad al poder. No dudan en retar a Trump cuando creen que se equivoca. Intentan dirigir sus oficinas en la Casa Blanca o agencias gubernamentales para que sigan funcionando pese al carácter caprichoso del presidente. Cuando no logran disuadirle de que cambie de rumbo, trabajan con el presidente y otros miembros de la administración para limitar las repercusiones de aquellas decisiones que tendrán consecuencias nefastas, lo que resulta ser un dilema permanente dentro de la administración Trump.

Cada vez tengo más dudas sobre si este tipo de entorno es eficaz en algún sentido, por no hablar de si es sostenible. ¿Los estadounidenses pueden confiar en que una camarilla de cargos no electos mantenga la estabilidad? Y, lo que es más importante, ¿deberían hacerlo? La pregunta es más urgente que nunca porque cabe la posibilidad de que Donald Trump, pese a sus extraordinarios defectos y la amenaza de un proceso de destitución en el Congreso, sea reelegido en 2020. Para entonces los muros de contención habrán desaparecido del todo y, libre de la amenaza de derrota, este presidente se sentirá envalentonado y doblará sus peores impulsos. Tal vez sea nuestra única oportunidad de actuar y exigir responsabilidades. Antes de hacerlo, debemos estudiar en profundidad las raíces del desorden actual, por eso he escrito este libro.

Qué es este libro

Las críticas a la administración Trump son tan furibundas que al estadounidense de pie le cuesta discernir la realidad de la ficción. El público general solo puede absorber información hasta cierto punto. Cuando todo es una crisis y un escándalo, el resultado final es que nada lo es. Los ciudadanos estamos hartos de la cacofonía y nos hemos vuelto insensibles a ella. Miramos hacia otra parte, lo que ha provocado que perdamos de vista lo que es importante en el debate nacional.

Yo quiero ir al grano entre tanto ruido. Acepté trabajar en la administración con la esperanza de que el presidente Trump tuviera éxito y fuera recordado por las razones correctas, aunque muchos de nosotros albergáramos serias dudas al firmar el cargo. Pese a que el presidente puede reivindicar una serie de logros reales, en general la dura experiencia dio al traste con esa esperanza, y nuestras dudas se vieron legitimadas. Gracias a una combinación tóxica de amoralidad e indiferencia, el presidente no ha estado a la altura de las circunstancias en el cumplimiento de sus deberes. En estas páginas haré hincapié en lo que de verdad debería preocupar a los estadounidenses respecto de Trump y su administración, intentaré diagnosticar los problemas y haré propuestas para avanzar. Las opiniones que se incluyen son personales; con todo, casi todas las críticas las comparten también muchos otros miembros del equipo y los que se han ido. La mayoría temen decirlo en público.

La idea, el borrador y la redacción del libro surgieron a toda prisa en medio de la oleada de acontecimientos rápidos y confusos que es habitual en el Washington de Trump. No obstante, se centra en aspectos de la presidencia y en el momento actual de nuestra vida política, que tiene pocas probabilidades de cambiar a corto plazo. En cada capítulo se destaca un aspecto de la presidencia de Trump que considero fundamental para que la sociedad reflexione cuando decida si quiere mantenerlo en el cargo más allá de 2020.

Se han escrito muchos libros para documentar el caos de la administración, una palabra demasiado utilizada pero por desgracia muy adecuada. En algunos se refleja el ambiente con más fidelidad que en otros. La mayoría de los autores son periodistas y tertulianos externos que lo han presenciado solo de forma indirecta o han hablado con fuentes seleccionadas, de modo que los lectores se preguntan qué parte es real y qué parte es un «bucle» promovido por personas con intereses propios. En estas páginas he procurado ofrecer una valoración sin adornos de Donald Trump y su presidencia basada en mis propias observaciones y experiencia, no en rumores sin pruebas. Determinado contenido del libro confirmará la información existente o arrojará luz más precisa, otro será nuevo, y muchos recuerdos deberán permanecer en mi memoria hasta que llegue el momento adecuado, en caso de que el debate pasara a ser sobre mi identidad, que comentaré a continuación.

Este texto está escrito para un público amplio, no solo para los que ya se oponen al presidente. Sin duda, los críticos que lean este libro sentirán una rabia justificada al leer su contenido y una mayor inquietud por la trayectoria actual de nuestro país. Temerán los costes de la reelección de Donald Trump, y con razón. Personajes despreciables de su órbita se regocijan ante la posibilidad de otros cuatro años, no en el sentido de «podemos hacer un bien al país» que cabría esperar, sino más bien con la actitud de «no habrá quien nos pare». Comparto vuestra preocupación.

Este texto también está escrito con la esperanza de que llegue a los simpatizantes de Trump o por lo menos a una parte. Mucha gente sensata votó a Trump porque amaba su país, quería dar un vuelco al poder establecido y sentía que la alternativa era peor. Lo sé porque yo me he sentido igual. He trabajado con vosotros. Muchos sois mis amigos. Pero también sé que, en vuestro fuero interno, sentís que algo no va bien en esta presidencia. Que el comportamiento de Donald Trump no es tolerable, y a menudo resulta vergonzoso. Hemos hecho caso omiso a lo que no queríamos ver. Hemos puesto excusas: «Solo es que tiene un estilo diferente», «Tal vez sea impulsivo, pero consigue que se haga», «La otra parte es peor», «Tiene a los medios de comunicación en contra». Yo he compartido esos sentimientos, pero este libro es en parte un intento de demostrar por qué las excusas nos han impedido ver algunas verdades feas, pero reales. Os reto a guardaros vuestras reservas y leerlo hasta el final.

Sobre el anonimato

Permitidme que intente ofreceros un retrato de Estados Unidos. Es un país extraordinario, fundado con un objetivo claro, es ambivalente y se encuentra en una encrucijada. Sus ciudadanos están más divididos que nunca, hasta en el ámbito doméstico, y la cobertura sensacionalista de los medios de comunicación no logra más que agravar esa situación. La retórica de los políticos se ha vuelto tosca. El Congreso es disfuncional. Las discrepancias entre los funcionarios sobre cómo arreglar el desastre no tienen precedentes.

Tal vez esta imagen de Estados Unidos es la que les resulta familiar hoy en día, pero no es la que yo estoy dibujando. Ese era nuestro país en 1787, cuando se estaba produciendo un acalorado debate en toda la nación. Una joven república se veía afectada por un gobierno central débil que estaba poniendo en peligro la cohesión nacional. El futuro de Estados Unidos no estaba asegurado. Los trece estados enviaron representantes a Filadelfia para una convención urgente con el fin de debatir la mejora de los Artículos de la Confederación y unir más el país. En vez de limitarse a revisar los artículos, en la convención se celebraron reuniones secretas que desembocaron en la creación de un documento de gobierno completamente nuevo.

No todo el mundo lo defendió, pero con el respaldo de treinta y nueve de cincuenta y cinco delegados se ofreció al público un borrador de la Constitución para ser sometido a consideración y ratificación. Había serias dudas sobre su aprobación.

Surgieron dos facciones: los federalistas, que querían un gobierno central más fuerte, y los antifederalistas, que preferían más poder en manos de los estados individuales. El resultado fue uno de los debates sobre la democracia más encendidos y disputados de la historia de Estados Unidos.

Tres dirigentes decidieron publicar una serie de ensayos trepidantes —de forma anónima— para rebatir las críticas al documento y promover el apoyo de la sociedad. Los autores fueron Alexander Hamilton, James Madison y John Jay, y eligieron ocultar su identidad bajo un único seudónimo: Publius. En conjunto, los ensayos se acabaron conociendo como *El Federalista*. Además de ayudar a defender la Constitución, se consideran una de las elucidaciones más agudas del sistema político estadounidense.

¿Por qué ocultaron sus nombres? En primer lugar, dos de ellos eran delegados en la convención de Filadelfia y querían esconder el hecho de que habían colaborado en la redacción de la Constitución. De haberlo revelado, sin duda habrían sido acusados de imparcialidad. En segundo lugar, estaban contestando a críticas lanzadas también bajo el anonimato por otros autores. No obstante, lo principal era que querían que los estadounidenses se centraran en el mensaje, no en el mensajero. El tema era demasiado importante para que el debate nacional derivara en una discusión sobre los individuos implicados. No ocultaron sus nombres por miedo al debate, sino para profundizar en él.

Los fundadores de Estados Unidos jamás habrían imaginado el mundo actual, donde las multitudes están sobrealimentadas por las redes sociales. Nuestra capacidad de concentración se ha debilitado, y el diálogo nacional se ha visto degradado por la política de la destrucción personal. Cuando alguien habla, la multitud ataca a la persona, y las ideas quedan bajo los escombros. Luego el rebaño pasa a una nueva polémica. Yo disto mucho de ser Hamilton, Madison o Jay, pero creo que su ejemplo resulta aleccionador en una época como la nuestra. En un momento en que nuestro país se encuentra en una nueva encrucijada, necesitamos un discurso político significativo que vaya más allá de la cantidad de seguidores que tiene alguien o el volumen de escarnio que es capaz de incluir en un mensaje de 140 caracteres para que se convierta en viral.

He decidido publicar el libro de forma anónima porque el debate no es sobre mí. Es sobre nosotros. Sobre cómo queremos que la presidencia represente a nuestro país, y ahí debería centrarse la discusión. Algunos lo llamarán «cobardía». Esa acusación no hiere mis sentimientos. Además, estoy dispuesto a sumar mi nombre a las críticas al presidente Trump. Tal vez lo haga, a su debido tiempo. Sin embargo, cuando el presidente en funciones prefiere centrarse en distracciones, nosotros necesitamos centrarnos en su carácter y sus actos. Al eliminar mi identidad de la ecuación le privo de la oportunidad de generar una distracción. ¿Qué hará cuando no haya una persona a quien atacar, sino una idea?

Así, de momento, si me lo preguntan, negaré con vehemencia ser el autor de este libro, incluso cuando el presidente exija que cada uno de nosotros lo neguemos. Es más, he escrito con cuidado las descripciones del presidente y de esta administración para evitar dar pistas involuntarias. El texto incluye una selección de relatos en primera persona, incluidos algunos procedentes de otros funcionarios. He omitido o modificado determinados detalles sin cambiar los hechos con el fin de preservar el anonimato de los implicados. Puede que haga referencia a mí mismo en tercera persona cuando sea necesario. Así, quien lea este libro con el único propósito de descubrir nombres, incluido el mío, verá que es una pérdida de tiempo.

No se trata del prestigio. No busco ser el centro de atención ni limpiar mi reputación. Por eso he publicado mis opiniones de forma anónima, con la esperanza de centrar la atención en el contenido. Por desgracia, cuando se publique poco se podrá hacer para impedir que en Washington la conversación derive en un despreciable juego consistente en adivinar la identidad del autor. No obstante, más allá de ese círculo, creo que los ciudadanos de Estados Unidos necesitan con urgencia un debate real antes de las elecciones de 2020 sobre las aptitudes necesarias para ser presidente. Si es cierto, este es el lugar adecuado.

Me gustaría aclarar que no he escrito este libro para ajustar cuentas. Mi principal objetivo es el presidente de Estados Unidos, no disparar contra mis colegas difundiendo un relato para «contarlo todo» sobre las intrigas de Washington. He limitado de forma deliberada las descripciones de mis compañeros que son altos cargos y, en la medida de lo posible, he evitado comentar sus acciones y opiniones con nombre y apellidos. Esta ciudad ha sido corrompida por una cultura de arrasar con todo en la que la gente cuenta historias a través de la prensa con el fin de acabar con otras personas y al mismo tiempo reforzarse a sí mismos. Es uno de los muchos síntomas de nuestra crispada vida civil. Haré lo posible por no exacerbarlo con este libro.

Así, sin duda mi motivación no es económica. Cuando me dijeron que podía ganar un adelanto de siete cifras por escribir este libro, me negué siquiera a planteármelo. Está en juego nuestra república, y no pretendo beneficiarme de esa advertencia. Si la venta de este libro genera regalías, tengo previsto donarlas básicamente a las ONG que se dediquen a exigir responsabilidades al gobierno y apoyar a los que defienden la verdad en países represivos de todo el mundo.

Aquí, en nuestro país, una de las organizaciones beneficiadas será la Asociación de Corresponsales de la Casa Blanca, apolítica, cuya misión es garantizar una prensa libre y una cobertura sólida de la presidencia, además de ayudar a la siguiente generación de aspirantes a reporteros mediante generosas becas. Si mi servicio en la administración pública puede contribuir en alguna medida a que más periodistas puedan exigir responsabilidades a sus dirigentes, habrá servido de algo.

Esta administración sufre muchas «filtraciones», tal vez más que ninguna otra. Mientras algunos funcionarios cuentan historias a los periodistas para alardear, sacar adelante un plan personal o atacar a otros, parece que muchos lo hacen porque les preocupa lo que han visto en esta Casa Blanca. Las fuentes se niegan a que su nombre figure en esas anécdotas por miedo a las represalias. No es de extrañar esa reticencia dada la afición del presidente a utilizar su cargo para mofarse de alguien, intimidar, reprender y castigar. Le he oído advertir a empleados de la administración que estaban pensando en irse, y he visto a sus seguidores atormentar a los que le han hecho enfadar, incluso persiguiendo a familiares inocentes de los disidentes.

A Donald Trump le encanta contar a los empleados públicos que en los negocios aprendió una lección importante: la gente no se asusta cuando amenazas con una demanda, pero sí cuando la demandas de verdad. Es uno de sus métodos favoritos: atacar a los críticos para intimidarlos y silenciarlos. Lleva años haciéndolo.

Tras publicar el artículo de opinión en el *New York Times*, Trump contestó con un tuit de una sola palabra: «¿Traición?». Esas ocho letras lo dicen todo. Para el presidente, cualquier crítica es traición. Me parece una postura muy poco patriótica. El expresidente Theodore Roosevelt afirmaba que la traición era no criticar al director general del país, siempre y cuando fuera una crítica honesta. «Afirmar que no deben existir críticas al presidente, o que debemos apoyar al presidente, se equivoque o no, no solo es poco patriótico y servil, también supone una traición moral a la sociedad estadounidense —escribió—. Solo se debería decir la verdad sobre él o cualquier otra persona. No obstante, es aún más importante contar la verdad, sea agradable o desagradable, sobre él que sobre cualquier otra persona.» No debemos silencio al presidente. Le debemos la verdad.

Cabe destacar que es distinta una crítica legítima que revelar información confidencial de forma negligente. Roosevelt dijo que era «poco patriótico no contar la verdad» sobre el presidente, salvo «en los casos excepcionales en que al hacerlo diéramos al enemigo información con valor militar que de lo contrario no conocería». En otras palabras, hay que proteger la información relativa a la seguridad nacional. Estoy de acuerdo. Ha habido ocasiones en que, sobre cuestiones muy peliagudas, el presidente actual ha fallado al pueblo estadounidense tomando decisiones mal razonadas, ya fuera en la Sala de Crisis de la Casa Blanca o en conversaciones delicadas con autoridades extranjeras. Algunos de esos ejemplos se han desclasificado, y los comentaremos. Los que no hayan sido desclasificados no serán objeto de este libro y se han omitido los detalles. Cuando se filtra información clasificada a la prensa, incluso para hacer una crítica política válida, se puede poner en peligro a los estadounidenses. Ese tipo de revelaciones deben ser objeto de una condena legítima y no tienen lugar en nuestro discurso público. Existen vías adecuadas para que los denunciantes planteen inquietudes confidenciales, y algunos lo han hecho.

En referencia a mi artículo de opinión, exigió: «¡El *New York Times*, por razones de seguridad nacional, tiene que entregar al autor o autora de inmediato!». Trump fue más allá y organizó una búsqueda utilizando dinero de los contribuyentes y recursos oficiales del gobierno para elaborar una lista de personas consideradas sospechosas potenciales antes de que quedara en nada

De igual modo es inaceptable que un presidente mezcle la crítica personal con una amenaza para la seguridad nacional. En verano de 2018 ordenó a los empleados que suspendieran las autorizaciones de seguridad de antiguos empleados del servicio de inteligencia que discrepaban con él, y dio instrucciones al secretario de prensa de la Casa Blanca de que anunciara que, en efecto, iban a anular las credenciales de John Brennan, antiguo director de la CIA y crítico habitual de la administración. ¿Qué habríamos dicho si su antecesor, el presidente Barack Obama, hubiera hecho lo mismo? Al cabo de unas semanas, en referencia a mi artículo de opinión, exigió: «¡El *New York Times*, por razones de seguridad nacional, tiene que entregar al autor o autora de inmediato!». Trump fue más allá y organizó una búsqueda utilizando dinero de los contribuyentes y recursos oficiales del gobierno para elaborar una lista de personas consideradas sospechosas potenciales antes de que quedara en nada

29

por falta de pruebas. Fue algo muy propio de Trump en todos los sentidos, un ejercicio sin sentido llevado por la emoción.

Ha sugerido cosas peores para los que se muestran críticos con él. En septiembre de 2019, el presidente lanzó una amenaza velada contra un empleado de la comunidad de inteligencia que le acusó de persuadir de forma inapropiada a un gobierno extranjero para que investigara a uno de sus adversarios políticos. Trump dijo que el empleado era «casi un espía». Y añadió: «Sabes lo que hacíamos en los viejos tiempos, cuando éramos listos, ¿no? Los espías y la traición, todo eso lo gestionábamos de una forma un poco distinta a la actual». La sugerencia implícita era que colgaran al informante.

Ese tipo de comportamiento es impropio de un presidente y de la presidencia. Para cualquiera que sienta siquiera un respeto moderado hacia el principio de la libertad de expresión, también es éticamente incorrecto. El principal mandatario del país jamás, bajo ningún concepto, debería usar su cargo y su extraordinario poder para vengarse de los denunciantes y adversarios políticos. Son acciones que cabría esperar de dictadores de medio pelo en países represivos y que censuraríamos con contundencia como país. Sin embargo, está ocurriendo ahora mismo aquí, y sienta un precedente escalofriante de uso del poder ejecutivo.

Muchos albergaban dudas de a qué nos enfrentábamos cuando Donald Trump fue elegido para el cargo por primera vez en 2016. No obstante, merecía una oportunidad de todos los estadounidenses, pese a lo que se dijo en campaña o lo que había hecho en otros momentos de su carrera. Se convirtió en nuestro presidente, no solo el ganador republicano. Ahora, en cambio, sabemos a qué nos enfrentamos. Todos lo sabemos. Este libro arrojará luz sobre la realidad de la administración Trump y si el presidente actual es apto para seguir dirigiendo los Estados Unidos.

Escribo este libro en vísperas de las que pueden ser las elecciones más importantes de nuestra vida. En el tiempo que nos queda hasta tomar una decisión, como país debemos plantearnos las consecuencias de reelegir a Trump. Soy consciente de que escribirlo mientras el presidente sigue en el cargo es un paso extraordinario. Algunos lo considerarán una deslealtad, pero demasiada gente ha confundido la lealtad a un hombre con la lealtad al país. Hay que contar la verdad sobre el presidente, no después de que los ciudadanos hayan entrado en la cabina electoral para plantearse si le dan otra legislatura, y no después de que haya dejado el cargo. Hay que hacerlo ahora. Con suerte otros enmendarán el error del silencio y elegirán hablar.

En estas páginas no solo se hablará de mí. Se hablará mucho de Donald Trump directamente, pues no hay mejor testimonio de su carácter que sus propias palabras, ni mejor prueba del peligro que supone que su propia conducta.

31

1

El derrumbamiento del Estado Estable

«Ningún gobierno, como tampoco un individuo, será respetado
mucho tiempo sin ser verdaderamente respetable;
tampoco será verdaderamente respetable
sin poseer cierta proporción de orden y estabilidad.»

JAMES MADISON

*E*l día empezó como cualquier otro en la administración
Trump: con una crisis provocada desde dentro. Era miércoles,
19 de diciembre de 2018, y la Casa Blanca se enfrentaba a un
problema de comunicación. El día anterior, el Departamento
de Estado había decidido revelar un plan de desarrollo económico en América Latina que según los expertos reduciría la
violencia y la inestabilidad en la región. Había una trampa: el
presidente estaba a punto de eliminarlo. Según él era demasiado caro y amenazó con acabar con él en un tuit. A sus artífices
les daba pánico que el presidente creara una crisis diplomática.

Como ocurre a menudo, el espectáculo principal acabó siendo secundario. El presidente aún no había bajado de la residencia al despacho oval. Todos sabíamos por qué. Era hora punta
para tuitear, y a las 9.29 envió un mensaje desde su residencia
oficial: «Hemos derrotado al EI (Estado Islámico) en Siria, el
único motivo que tenía para estar allí durante la presidencia

Trump». Al cabo de unos minutos, las noticias abrían con que el presidente había decidido retirarse. Más tarde tuiteó: «Tras victorias históricas contra el EI, ¡ha llegado el momento de traer a casa a nuestros fantásticos jóvenes!».

Aquel anuncio resonó en todo Washington. Iba en contra de lo que le habíamos recomendado. Desde los cargos más altos del Pentágono hasta los jefes del servicio de inteligencia, la mayoría de los principales asesores del presidente alertaron del peligro de sacar de forma arbitraria a los cerca de dos mil soldados estadounidenses de Siria. El EI seguía siendo una amenaza potente, advertimos a Trump, y la salida de Estados Unidos permitiría que el grupo se recompusiera y planeara más ataques mortales. Una retirada temprana también supondría dejar la zona en manos de un dictador que usaba armas químicas con su propio pueblo, el régimen iraní antiamericano que estaba expandiendo su alcance por toda la región, y hacia Rusia. Es más, probablemente desembocaría en una masacre de las fuerzas kurdas que nos habían ayudado a perseguir terroristas. La retirada perjudicaba los intereses de seguridad de Estados Unidos, en todos los sentidos.

El presidente no se inmutó. En vez de convocar a su equipo de seguridad nacional para comentar las opciones, las descartó con un tuit.

«Va a morir gente por esto, joder», comentó uno de los altos asesores, enfadado. Todos nos esforzamos por averiguar qué había pasado y cuáles eran los planes de Trump. Los aliados de Estados Unidos se quedaron perplejos y asustados. El Departamento de Defensa no estaba al corriente. Los empleados públicos ni siquiera sabían cómo contestar a las preguntas de la prensa porque era una decisión en la que prácticamente no habían participado. Los altos mandos militares del país estaban furiosos por la falta de planificación, pues ese repentino anuncio implicaba que los soldados que se encontraban sobre el terreno podían convertirse de inmediato en presas fáciles, potencialmente vulnerables a los ataques de adversarios oportunistas que consideraran que estaban de retirada. Los militares iniciaron a toda prisa los planes de contingencia para garantizar que las tropas estadounidenses no corrieran peligro.

Todos hemos visto a presidentes tomar malas decisiones relativas a la defensa de Estados Unidos. Esto era distinto. Nadie recordaba una decisión tomada tan a la ligera. En una Casa Blanca normal, las resoluciones de semejante magnitud son fruto de una deliberación serena. Son el tema de reuniones confidenciales —a veces demasiadas— para asegurar que los detalles sean correctos, que toda la base queda cubierta y se responden todas las preguntas. ¿Cómo lo interpretarán nuestros enemigos? ¿Qué podemos hacer para influir en su razonamiento? ¿Cómo reaccionarán nuestros socios? Y, lo más importante, ¿cuál es la mejor manera de proteger al pueblo estadounidense, incluidos nuestros hombres y mujeres de uniforme? Ninguna de esas preguntas se contestó de antemano.

Además de ser una decisión imprudente, los empleados de la administración habían declarado bajo juramento que el EI aún no había sido eliminado. También habían prometido públicamente que Estados Unidos no abandonaría la lucha en Siria. Ahora el presidente se equivocaba y daba por finalizado el EI solo porque un día decidió que era cierto. Estaba trasmitiendo al enemigo que Estados Unidos se dirigía hacia la puerta de salida. «Nos van a subir a todos a la montaña y nos van a crucificar por esto», se lamentó un alto cargo del gabinete.

En el Congreso, la reacción fue inmediata, incluida la del propio partido de Trump. «Jamás he visto una decisión como esta en los doce años que llevo aquí —explicó a los periodistas el senador Bob Corker, perplejo, entonces presidente del Comité de Relaciones Externas del Senado—. Cuesta imaginar que un presidente se despierte y tome una decisión así, con poca comunicación, con tan poca preparación.» Incluso el senador Lindsey Graham, que había intentado ganarse el favor

35

de Trump, criticó con dureza la decisión. Lindsey contó a los periodistas que esa declaración había «inquietado al mundo».

También fue un punto de inflexión por otro motivo. Marcó la caída de cargos públicos clave que pensaban que podían aportar orden al caos de la administración. Uno en concreto decidió que ya estaba harto.

Al día siguiente de los tuits de Siria, el secretario de Defensa Jim Mattis anunció su dimisión. En una carta al presidente, escribió: «Mis principios sobre el trato respetuoso a los aliados y la lucidez tanto respecto de los actores malignos como de los competidores estratégicos son firmes y se basan en cuatro décadas de inmersión en este tipo de cuestiones... Dado que usted tiene derecho a tener un secretario de Defensa con unas ideas más afines a las suyas en estos y otros temas, me parece lo correcto renunciar a mi cargo». Mattis fijó su fecha de salida para el 28 de febrero. Jim Mattis es un patriota y veterano de guerra que se había ganado el apoyo de los dos partidos al ser nombrado secretario de Defensa. Siempre estoico, había dicho a los senadores preocupados por Trump que no se quedaría de brazos cruzados ni un momento si sentía que el presidente le pedía cosas que fueran en contra de su conciencia o que pusieran en peligro vidas de forma innecesaria. Jim, como siempre, cumplió su palabra. Su dimisión hizo temblar la Casa Blanca, hasta el Despacho Oval.

La prensa consideró que era una dimisión de protesta. El presidente Trump estaba fuera de sí. Siguiendo su estilo más clásico, una mala decisión condujo a otra. En unos días, el presidente decidió en un berrinche adelantar la fecha de salida del secretario Mattis. Quería a Jim fuera lo antes posible. Una vez más, provocó turbulencias innecesarias en el Departamento de Defensa, pues a los asesores les costaba entender cuál era el plan de sucesión. Los cambios de mando en lo más alto del ejército más poderoso del mundo suelen durar varios meses para garantizar la estabilidad. Trump lo redujo a unos días. Tuiteó que el número dos del Pentágono asumiría las funciones del alto cargo el 1 de enero, dos meses antes de lo previsto. La semana siguiente, en la cultura orwelliana a la que nos habíamos acostumbrado todos en la que todo era al revés, el presidente se jactó de que «básicamente» había despedido al general condecorado de la Marina. La pérdida se notó en toda la administración y en el mundo. Acababan de tirar por la borda una de las pocas cabezas sensatas que había a bordo del barco del Estado.

Desde el inicio, los cargos designados por el presidente con un perfil parecido al general observaron con preocupación la gestión errática de Trump. Se hizo un esfuerzo conjunto por reemplazar el ambiente caldeado por un proceso político disciplinado, es decir, un sistema que garantizara que las decisiones presidenciales fueran meditadas, se siguieran los procedimientos, se tuvieran en cuenta todos los aspectos del debate y, en última instancia, que el presidente estuviera preparado para el éxito, y eso incluía asesores dispuestos a alzar la voz cuando tomara el rumbo equivocado.

Pensamos que la situación era controlable. Craso error. Si 2017 significó el auge de un grupúsculo indefinido de pragmáticos en la administración Trump —un «Estado Estable»—, 2018 supuso el inicio de su desaparición.

El Estado del caos

Los primeros días de cualquier administración presidencial son duros. No se pueden entregar las riendas de un organismo que maneja cuatro billones de dólares, con millones de empleados, y esperar una transición impecable. La Casa Blanca saliente suele instruir a sus agencias para que preparen sus relevos en el cargo. Antes de la investidura se celebran multitud de reuniones, se informa a los nuevos empleados sobre programas confidenciales y se preparan memorándums para poner al corriente al equipo entrante. En ocasiones la administración saliente ofrece mantener a algunos de sus funcionarios durante unas semanas o meses del mandato del nuevo presidente para facilitar el traspaso. Aun así, nunca es suficiente para preparar a un grupo de personas para el enorme desafío que supone dirigir el gobierno de Estados Unidos.

Para la administración entrante de Trump, la situación fue mucho más difícil.

Ahora todo parece distinto, pero poca gente de la campaña de Trump —incluido el propio candidato— esperaba de verdad ganar. Quedó demostrado. El ambiente era desolador entre los miembros de su equipo de transición, el grupo de asistentes responsable de diseñar una «administración en espera» en caso de que Trump ganara. Algunos enviaron currículos para encontrar trabajo antes de que los votantes de Pensilvania, Michigan y Wisconsin participaran en una votación histórica el 8 de noviembre.

38 El resultado de las elecciones dejó conmocionado al equipo de transición ahora que, en efecto, iban a tener a su cargo una transición presidencial. Trabajadores inexpertos admitieron no estar preparados. La mayoría nunca había dirigido un cambio de gobierno, y se quedaron sin la orientación de los experimentados veteranos de las anteriores transiciones republicanas, pues muchos habían decidido retirarse, convencidos de que no habría una presidencia de Trump. Lo que quedó fue un banquillo de segundones. Pese a todo, el jefe del equipo de transición de Trump, el gobernador de Nueva Jersey Chris Christie, creía tener un plan aunque con una plantilla que no estaba a la altura de sus antecesores. Aquellos planes terminaron en el estercolero de la historia, igual que su autor. Justo después de su victoria electoral, el presidente electo Trump decidió de pronto destituir a Christie como jefe de la transición y sustituirlo por el vicepresidente electo Pence. Ese movimiento precipitado retrasó semanas a la administración entrante en algunos aspectos, si no meses.

Abraham Lincoln creó un célebre «equipo de rivales» tras ganar el cargo y reunió a sus antiguos competidores en un gabinete cohesionado. Trump, en cambio, gracias a una mala planificación y las dudas generalizadas sobre sus opciones, logró lo contrario: «equipos rivales». Las luchas internas de la campaña salpicaron la transición presidencial. Los asesores blandieron sus cuchillos y se apuñalaron por la espalda para conseguir los puestos que querían. Al mismo tiempo una procesión de gente en busca de trabajo peregrinó hasta la Torre Trump de Nueva York para rendir homenaje al nuevo comandante en jefe y lograr un puesto en su lista de preferidos. La mayoría había cambiado de opinión sobre el presidente electo justo a tiempo. Se crearon facciones. En un mismo día se tramaban y disolvían conspiraciones para desgastar a candidatos potenciales, mientras se promovían otros. Estaba el bando de Kushner, el de Bannon, el de Conway, y otros como el de Penceland o los llamados Picapiedra de Flynn, acólitos del consagrado asesor de seguridad nacional. En ocasiones se unían y otras veces se dividían. Era una versión de *El aprendiz* en la vida real. Algunas de esas rivalidades persistieron mucho después del inicio del mandato del presidente. Trump a menudo fomentaba la falta de unión con insinuaciones sobre quién gozaba de su favor y quién no.

Pese al desaguisado interno, el presidente electo no acabó con un gobierno formado únicamente por sus lacayos. Ni mucho menos, de hecho. Pese a la larga lista de experimentados dirigentes republicanos que tenían prohibido de facto formar parte de la administración entrante por haber intentado evitar el nombramiento de Trump como candidato, los que no firmamos con nuestro nombre en diatribas contra Trump, yo incluido, teníamos una oportunidad. Figuras políticas y expertos respetados sí firmaron. A pesar de lo surrealista de la situación, el proceso dio como resultado un equipo para la Casa Blanca y un gabinete más competente de lo que los críticos estaban dispuestos a atribuir a Trump. Había exgobernadores como Nikki Haley y Rick Perry, generales con cuatro estrellas como John Kelly y Jim Mattis, altos directivos de empresas como Rex Tillerson y Steven Mnuchin, senadores de Estados Unidos como Jeff Sessions y Dan Coats y antiguas secretarias del gabinete como Elaine Chao. Era un grupo sólido de lugartenientes para cualquier presidente electo y, durante un tiempo, las decisiones de Donald Trump resultaron ser alentadoras para los que dudaban de él.

La reunión de personas externas ayudó a diluir algunos de los feudos dentro del equipo de Trump. Esa gente no tenía motivos para luchar entre sí; no estaban corrompidos por la política interna de la campaña. A diferencia de los amigos del presidente electo y los sobrantes que se había llevado con él, que eran utilizados para ganarse el favor de Trump y sobrevivir a sus veleidosos cambios de preferencias, esos cargos experimentados no habían sufrido el desgaste de la vida dentro del círculo de allegados de Trump de halagos y decepciones. Los nuevos empleados de la administración acabaron juntos porque muchos compartían un rasgo en común: no conocían al jefe.

Un falso optimismo se contagió en el nuevo equipo. Todo el mundo esperaba que el rencor de la campaña fuera sustituido por el elevado propósito de dirigir el país, que ennoblecería hasta a las mentes más distraídas. Esa «esperanza» se evaporó con el primer contacto con el presidente electo. Estaba tan centrado en su «victoria» que apenas lograba pensar en la inminente tarea de gobernar. Trump llevaba encima mapas donde se resumía su victoria electoral, y los sacaba en cualquier momento en conversaciones que pretendían centrarse en prepararlo para ocupar el cargo. Hacía señas a sus invitados, además de asistentes, asesores y funcionarios del gabinete entrante, para que contemplaran el mar rojo que inundaba el mapa, la prueba visual de que había ganado. «Sí, ya sabemos que has ganado —pensábamos para nuestros adentros—. Por eso estamos aquí.»

Era evidente que algo iba mal. La plantilla entrante intercambiaba miradas de preocupación sobre lo que veían durante la transición. «Esto ya es una locura», se contaban en secreto, y Trump ni siquiera había entrado en la Casa Blanca aún. Sus maneras turbulentas y sus comentarios fuera de lugar —como su perpetua fijación con Barack Obama y Hillary Clinton, que salían del gobierno— no formaban parte de un personaje para la televisión. Eran la realidad. Su gestión de la operación de llegada fue... Bueno, en realidad no hubo ningún tipo de gestión.

Los vínculos que a la larga dan lugar a un Estado Estable informal se tensaron poco después de la investidura del presidente. Pasados unos días de la toma de posesión, invitó a líderes del Congreso a la Casa Blanca para una reunión. En principio era una muestra de buena voluntad no partidista. Sin embargo, al comienzo de la reunión el presidente despotricó contra los, según él, «millones» de personas que votaron ilegalmente en las elecciones y que le impidieron ganar la votación popular. Dicha afirmación ya había sido desmentida con anterioridad, y era tan evidente que era falsa que nadie podía creer que volviera a defenderla. Una vez finalizada la reunión, intentamos quitarle hierro bromeando con que el presidente estaba mal de la cabeza, pero en realidad no era broma. Sentíamos auténtica preocupación por el tono que empleaba. Además, estaban sus acciones.

El presidente Trump terminó con una descarga rápida de órdenes ejecutivas destinadas a deshacer las políticas de la administración Obama, poner freno a la normativa, espolear el crecimiento económico y mucho más. A simple vista, todo el mundo estaba de acuerdo con los objetivos. Sin embargo, solo habían participado en la formulación de esas instrucciones unos cuantos asesores, y el presidente no parecía del todo consciente de lo que había hecho. Algunas órdenes se habían redactado con tanta prisa que fracasaron de forma estrepitosa, como la prohibición específica de permitir entrar en el país a ciudadanos de países supuestamente terroristas, una orden que acabó en los tribunales, fue objeto de protestas públicas y que la administración pagó innecesariamente mermando la buena voluntad parlamentaria y de la sociedad. Los nuevos cargos designados de la Casa Blanca y funcionarios de las agencias gubernamentales estaban furiosos por no haber planificado mejor el despliegue de la administración.

Luego el presidente decidió dar a su principal estratega político, Steve Bannon, un puesto en el Consejo de Seguridad Nacional (NSC, por sus siglas en inglés). Ahí todos pusieron el grito en el cielo. El NSC es un organismo de la Casa Blanca encargado de asesorar al presidente en los temas más delicados de inteligencia, defensa y diplomacia que afectan a la vida y la seguridad de los estadounidenses, en su país y en todo el mundo. Los puestos en esa mesa suelen estar reservados a las máximas autoridades de las agencias, no a asesores de medios. En principio las cuestiones del NSC no eran debates «políticos». En este caso, Bannon era ascendido al tiempo que otros, como el presidente de los Jefes del Estado Mayor Conjunto y el director del Servicio Nacional de Inteligencia, eran degradados a efectos prácticos. Los empleados con más experiencia del presidente estaban atónitos. Pese a que Trump retiró la orden pasados unos meses, no cayó en el olvido.

La administración solo llevaba unas semanas en funcionamiento y el caos hacía quedar a todo el mundo como tontos. Los susurros internos fueron aumentando de volumen: no era manera de hacer las cosas. Por consiguiente, la gente que antes era ajena al mundo de Trump se fue uniendo y se fue generando una extraña sensación de fraternidad, como rehenes en un atraco a un banco que están tumbados en el suelo a punta de pistola, incapaces de hacer sonar la alarma pero conscientes de que todos los demás son presa del mismo miedo a lo desconocido.

«*Está a punto de hacer algo*»

Me gustaría dejar claro que no hay ninguna conspiración sediciosa dentro de la administración para debilitar al presidente. El Estado Estable no es un nombre en código de un programa coordinado para sabotear a sus políticos ni, peor aún, echarlos del cargo. Uso la palabra «resistencia» entre comillas porque no es ni el miedo de la derecha a un Estado Profundo fuera de control, ni el concepto de la izquierda de una campaña activa de subversión. Los críticos de Trump, que apoyan una resistencia real, han dado rienda suelta a su imaginación con la idea de unos funcionarios que saboteaban los engranajes del gobierno para hundir a Trump. Si existe este tipo de conspiración, lo desconozco, y sería inquietante. El servicio público es un deber social. Cualquier empleado del gobierno que tuviera un objetivo final tan vil debería ser condenado.

Al contrario, el primer Estado Estable se creó para que el tren de la Casa Blanca no descarrilara. Cuando los cargos por designación presidencial empezaron a deliberar sobre sus inquietudes compartidas por la máxima autoridad del país, no lo hicieron en salas traseras llenas de humo y en la penumbra de Washington. Lo hicieron de un modo informal, en llamadas semanales por teléfono o en los márgenes de las reuniones. Gente que comparaba notas durante la jornada laboral y en el transcurso normal del trabajo se percataba de que los problemas de la administración eran más que efímeros. Eran sistémicos. Provenían de lo más alto.

Hay dos rasgos que ilustran muy bien qué unió al Estado Estable: la falta de atención del presidente y su carácter impulsivo. Ambos se documentarán más adelante en el libro. Sin embargo, aceptar esas características por primera vez causó una profunda impresión en las personas que trabajaban en la administración.

Pensemos, por ejemplo, en el proceso de informar al presidente de Estados Unidos, que es una experiencia a la que ninguna descripción hace justicia del todo. En cualquier administración los asesores quieren, y es legítimo, estar preparados para ese momento. Estamos hablando de la persona más poderosa del planeta. Así, antes de mantener una conversación con él quieres asegurarte de que tienes tus principales puntos a tratar ordenados y una agenda nítida que presentar. Estás a punto de comentar cuestiones de peso, en ocasiones de vida o muerte, con el máximo dirigente del mundo libre. Es un momento de máxima solemnidad y resolución. El proceso no se lleva a cabo así en la administración Trump. Las sesiones informativas con Donald Trump son de una naturaleza completamente distinta. Al principio se pedía a los informantes que no enviaran documentos largos: Trump no se los iba a leer. Tampoco debían llevar resúmenes al Despacho Oval. Si necesitaban llevar papel, era preferible un PowerPoint porque tiene memoria visual. «De acuerdo, no pasa nada —pensaron muchos—, cada dirigente absorbe información a su manera.»

Luego se dijo a los funcionarios que debían reducir los PowerPoint. El presidente no podía digerir muchas diapositivas. Necesitaba más imágenes para mantener el interés, y menos palabras. Luego recibieron la instrucción de recortar el mensaje general (en asuntos complejos como la disponibilidad militar o el presupuesto federal) a tres puntos principales. Bueno, seguía siendo demasiado. Pronto los asistentes del Ala Oeste empezaron a intercambiar «buenas prácticas» para salir bien parados en el Despacho Oval. ¿Cuál era el consejo más destacado? Olvida los tres puntos. Entra con un punto principal y repítelo —una y otra vez, aunque el presidente se vaya inevitablemente por la tangente— hasta que lo entienda. No cejes en tu empeño de volver al tema. Un punto. Solo ese. Porque el comandante en jefe es incapaz de centrar la atención en más de una maldita cosa durante el transcurso de una reunión, ¿de acuerdo?

Algunos funcionarios se negaban a creer que las cosas funcionaran así. «¿Lo dices en serio?», preguntaban a otros que ya se habían reunido para informar al presidente. ¿Cómo podían rebajar su trabajo a ese nivel? Estaban para facilitar las decisiones presidenciales sobre temas importantes, no para debates sobre a dónde salir a cenar. Vi a una serie de empleados que menospreciaron el consejo de los más sabios y fueron a ver al presidente Trump listos para una conversación política seria sobre los temas más trascendentales para el país y un intercambio vehemente. Todos sin distinción pagaron el precio.

«¿Qué coño es esto? —gritó el presidente al ver un documento que le entregó uno de ellos—. Solo hay palabras. Un montón de palabras. Esto no significa nada.» A veces lanzaba los papeles sobre la mesa. En todo caso, no los leía.

Uno de los cambios de cultura más difíciles tuvo lugar en el Consejo de Seguridad Nacional. La plantilla del NSC estaba acostumbrada a producir interminables informes confidenciales. Sin embargo, si el objetivo era educar a este nuevo jefe, no podían enviar un informe de cincuenta páginas con un título parecido a «Estrategia nacional integrada para la alianza y defensa indopacífica», esperar que lo leyera y luego comentarlo. Sería como hablar en arameo con Trump con una almohada en la boca; aunque se esforzara mucho por prestar atención, que no era el caso, no sería capaz de comprender lo que estaba oyendo.

La plantilla del Ala Oeste tuvo que pasar por mucho ensayo y error para darse cuenta de que era necesario un cambio en el proceso de información de la Casa Blanca. Hasta que eso ocurrió, los funcionarios salían frustrados de las sesiones informativas. «Es la persona más dispersa que he conocido jamás —confesó uno de los tenientes de seguridad del presidente—. ¡No tiene ni puta idea de qué estamos hablando!» Se ordenaron más cambios para compensar las peculiaridades de Trump. Se redujo el tamaño de los documentos de forma radical, y

45

los documentos expositivos pasaron a ser fragmentos de audio. Así, las propuestas complejas quedaron reducidas a una sola página (lo ideal era un párrafo) y traducido al tono de «ganadores y perdedores» propio de Trump.

Otros descubrieron que si entraban en el Despacho Oval con un gráfico sencillo que le gustara a Trump, era más que suficiente. De hecho, podíamos estar días oyendo hablar de él. Se aferraba a esa imagen, y nos la mostraba en las reuniones. «¿Habéis visto esto? ¿No es increíble? Esto es bonito. Algo muy especial. ¡Dan! —llamaba al gurú de las redes sociales de la Casa Blanca, que se sienta justo en la puerta del Despacho Oval—. Vamos a tuitearlo, ¿de acuerdo? Esto es lo que quiero decir…» Así la sociedad podía compartir su entusiasmo.

Un gráfico que dejó obnubilado a Trump pretendía explicar determinadas relaciones gubernamentales e industriales. Una representación básica de engranajes entrelazados, probablemente sacados de imágenes predeterminadas, mostraba cómo diferentes elementos de la burocracia gubernamental dependían de partes del sector privado. El presidente estaba tan fascinado que se lo enseñaba sin motivo aparente a las visitas en el Despacho Oval, que, como nosotros, no podían hacer otra cosa que rascarse la cabeza. En otra ocasión se enamoró de un cartel paródico al estilo de *Juego de tronos* con la frase «Ya llegan las sanciones» puesta encima de una fotografía del presidente. Pretendía ser una burla de las inminentes sanciones a Irán. Trump estaba extasiado y tuiteó enseguida la imagen a sus seguidores, lo que provocó una serie de memes burlándose del gráfico.

Presenciar este tipo de conductas era al mismo tiempo instructivo y espeluznante para el floreciente Estado Estable. Era una lección visceral de que no éramos solo empleados designados por el presidente: éramos niñeras del gobierno.

La sensación de desasosiego era fruto de tener que lidiar con la tendencia del presidente a tomar decisiones importantes con poca reflexión o debate. Esos «simulacros de incendio con cinco alarmas», como yo los llamo, parecían una maldición. Cuando Trump quería hacer algo, los asistentes podían enterarse solo unas horas antes de que lo anunciara. Entonces hacían un esfuerzo frenético para reaccionar, una carrera a contrarreloj para reformular sus opiniones antes de que saliese el tuit. Podía cambiar de forma radical días enteros de trabajo. Con el tiempo, los avisos de última hora en realidad acabaron considerándose un lujo. Mejor contar con unas horas —o minutos, en realidad— para intervenir que no tener ningún tipo de oportunidad de convencer a Trump de que pusiera el freno a una idea absurda o destructiva. Ahora mismo está menos dispuesto a anticipar sus decisiones.

Así es como funcionaba durante los primeros días de la administración: el presidente ve algo en televisión. No le gusta. Le hace pensar: «Tal vez debería destituir al secretario de comercio», o «Deberíamos salir de ese tratado, en realidad es horrible». Quizá prepara un tuit. Luego lo rebota al primer asistente con el que habla, que se queda perplejo al ver que esa idea horrible sale del cerebro del presidente de Estados Unidos y podría estar a punto de hacerse realidad. El asistente ve que al presidente no le interesa pensar en las consecuencias. «Vamos a hacerlo hoy, ¿de acuerdo? Dile a Sean que se prepare.» Quiere que Sean Spices, secretario de prensa, esté preparado para defenderlo a muerte.

Los empleados lanzan la señal de Batman, convocan una reunión repentina o una teleconferencia. «Está a punto de hacer algo», advierte alguien al grupo, y explica lo que el presidente está a punto de anunciar.

«No puede hacerlo. Quedaremos todos como idiotas, y en la prensa lo matarán», exclama otro.

«Sí, bueno, te estoy diciendo que lo va a hacer a menos que alguien lo pare rápido —advierte el primero—. ¿Puedes cancelar todo lo que tengas por la tarde?»

Los funcionarios vuelven corriendo a la Casa Blanca. El delicado horario del Despacho Oval queda destrozado para dejar hueco a una intervención inesperada, y las máximas autoridades de las agencias anulan reuniones con dirigentes extranjeros, ruedas de prensa y reuniones informativas para unirse al grupo. La conversación con el presidente es tensa. Quiere hacer lo que quiere hacer, al cuerno las consecuencias. Tampoco tiene reparos en atacar a su propia familia. «Jared [por Jared Kushner, esposo de Ivanka Trump y yerno del presidente], no sabes de lo que hablas, lo digo en serio. No lo sabes.» Tras unas cuantas advertencias urgentes («Nos citarán a todos en el juzgado», «Esto te saldrá muy caro en votos de la clase trabajadora», «Esto pondrá en peligro a los estadounidenses»), podría dar indicios de replanteárselo. El presidente, que se niega a admitir el error, insiste en que quiere seguir adelante con el plan original, pero retrocede provisionalmente o acepta una medida menos drástica, lo que evita el desastre de momento.

Estas minicrisis no ocurrieron una o dos veces al inicio de la legislatura. Se convirtieron en la norma, un hecho relativamente habitual cuyas réplicas se notaban durante días. Algunos asistentes sufrieron tal desgaste con la montaña rusa de caprichos presidenciales que empezaron a animarle a organizar más actos electorales, aunque no fuera temporada de campaña. Esos actos tenían el doble beneficio de darle a Trump algo «divertido» que hacer y además sacarlo de la ciudad, donde hipotéticamente sería menos perjudicial. Se le programaron más actos públicos, lo que permitía que los nervios crispados de Washington tuvieran ocasión de recuperarse.

No obstante, incluso cuando convencíamos al presidente de no hacer algo espontáneo y le dábamos unos días de distancia de la idea, volvía a sacarla a colación cuando regresaba a la ciudad. Ese es el esquema de muchas de las anécdotas a las que se hace referencia en este libro. Puede ser el deseo de despedir a alguien que acababa de ser confirmado por el

Senado, como su presidente de la Reserva Federal, o un ansia por emitir una orden ejecutiva para acabar con un trato que odia, como el Tratado de Libre Comercio de América del Norte (NAFTA,). Sus deseos cíclicos no se pueden reprimir durante mucho tiempo.

Los miembros del Estado Estable tenían la sensación de que se estaba convirtiendo en una presidencia de sube y baja.

El poder roto

Estuvieras de acuerdo «en todo» con el programa del presidente o no, no se podía negar una realidad: esa manera de dar tumbos de una decisión espontánea a otra era más que una distracción. La gestión diaria del poder ejecutivo se estaba desmoronando delante de nuestras narices. Trump estaba en todas partes. Era como un niño de doce años en una torre de control de tráfico aéreo, pulsando los botones del gobierno de forma indiscriminada, indiferente a los aviones que se deslizaban por la pista de aterrizaje y los vuelos que se desviaban a la desesperada del aeropuerto. No debería ser así.

Todas las administraciones de la Casa Blanca de la historia reciente instauraron un proceso deliberado de toma y ejecución de las decisiones. Las políticas se estudiaban con detenimiento, las decisiones finales se tomaban siguiendo un plan detallado, las posturas de la Casa Blanca rara vez cogían desprevenidos a los socios en otros ámbitos del gobierno, el papeleo y la información que recibía el presidente eran examinados como era debido y verificados, y alguien se encargaba de contratar y despedir. Los familiares se mantenían a una distancia segura y, en caso de que participaran en el gobierno, como Bobby Kennedy, la mayoría tenían una función claramente definida. Se mostraba un gran respeto por la ética de los cargos públicos y de la oficina del fiscal de la Casa Blanca, que ejercían de perros guardianes con el fin de detectar actividades inadecuadas por

49

parte de miembros de la plantilla presidencial. Todo ello para garantizar que la presidencia funcionaba dentro de o a veces al límite de sus poderes constitucionales y de conformidad con las leyes federales. No era así en la administración Trump. Ese planteamiento fue abandonado por negligencia, a propósito o por incompetencia, o las tres cosas a la vez.

Básicamente, el presidente jamás aprendió a gestionar las funciones del día a día del gobierno, ni mostró un interés real por aprenderlo. Sigue siendo un problema. No sabe cómo funciona el poder ejecutivo. Por consiguiente, no sabe cómo encabezarlo. El proceso de adopción de políticas se ha visto perjudicado de forma considerable. En cualquier asunto —pongamos, por ejemplo, cómo arreglar la sanidad— existe una confusión diaria en los departamentos y agencias sobre cuál es el plan y quién está a cargo de llevarlo a cabo. Le dice al secretario de defensa que haga cosas que son responsabilidad del secretario de Estado. Ordena al fiscal general que haga cosas que son trabajo del director del Servicio Nacional de Inteligencia. A veces encarga a su yerno, Jared Kushner, que haga los trabajos de todos ellos a la vez, incluido rediseñar el cuidado de los veteranos de guerra estadounidenses, negociar la paz en Oriente Medio, encabezar la reforma de la justicia penal y mantener conversaciones delicadas con aliados extranjeros. Jared es una persona agradable, un asesor joven y enérgico que escucha y empatiza. No obstante, cuando se excluye al secretario de defensa de las reuniones de Jared relativas a una parte crucial del mundo, o no se informa al asesor en seguridad nacional sobre una conversación importante que Kushner mantiene con un embajador extranjero, pueden surgir problemas, a veces graves. No queda claro si al presidente le gusta que pasen tantos asuntos por el despacho de su yerno, pero el montaje se mantiene porque Jared procura demostrar siempre su lealtad hacia el padre de su esposa, incluso a costa de su posición entre otros altos cargos públicos. Así, las vías difusas e insanas de autoridad se perpetúan.

La Casa Blanca está rota, simple y llanamente. Rara vez las políticas se coordinan o estudian en profundidad. Se desatienden asuntos importantes hasta que se genera una crisis. Dado que no existe un proceso coherente, es fácil que la administración entre en conflicto con las leyes federales, los principios éticos y otras normas de conducta. Repasaremos una mínima parte de los ejemplos más arrolladores en este libro, pero se tardará muchos años en ofrecer una imagen completa del alcance del desgobierno.

No escasean las personas, dentro y fuera de la administración, que quieren convenceros a vosotros y a ellos mismos de que esto es como una partida de ajedrez tridimensional. Trump lo hace todo por un motivo; espera y verás. Forma parte de su genialidad. Durante los inicios de la administración, unos cuantos asistentes llegaron hasta a afirmar que esa gestión mediante el caos era un activo. Entre ellos estaba Stephen Miller, alto asesor del presidente y uno de los primeros colaboradores en la campaña que Trump heredó de Jeff Sessions. Forma parte del ala dura y se hizo un nombre en determinados círculos de Washington con sus proclamas sobre los inmigrantes ilegales y por hacer filibusterismo con esos temas durante el debate. Miller, un astuto asesor que disfruta teniendo al presidente envuelto en sus garras en todo tipo de asuntos, canaliza su versión de la historia a la prensa y trabaja a diario para acabar con otros asesores que se encuentran justo al otro lado del pasillo. Como Jared, procura que no haya fisuras entre él y el presidente, por miedo a perder su categoría de hombre que susurra a Trump.

Stephen ha asegurado que hay que alimentar los impulsos de Trump, no atemperarlos. Desde el principio abogó por que la Casa Blanca «inundara la zona» con la mayor cantidad posible de cambios radicales de las políticas, sin tener en cuenta si aguantarían el escrutinio legal. Dejaría al sistema conmocionado y desconcertaría a la «oposición» (los demócratas), según él.

51

Además, generaría distracciones potentes que la Casa Blanca podía explotar y desviar la atención de las políticas reales que interesaban a los del ala dura. Para Stephen, el caos es una estrategia deliberada para gobernar.

No es el único que comparte esa opinión equivocada. A un antiguo alto asesor le gustaba comparar al presidente con el general George S. Patton, cuyos coetáneos nunca podían predecir lo que iba a decir o hacer. «Me gusta que sea así», se dice que afirmó el general. Quería mantener a todo el mundo alerta, sobre todo al enemigo. «Esa es la genialidad política de Trump —nos recordó el asesor durante un acalorado debate sobre una decisión presidencial especialmente problemática—. Es igual que Patton.» La argumentación podría tener cierto mérito si el presidente diera la sensación en algún momento de saber lo que está haciendo.

El Estado Estable estaba cada vez más preocupado por la situación del poder ejecutivo. La estrategia de Patton no funciona en una democracia. Está bien confundir a los enemigos extranjeros en un campo de batalla sobre tus planes, pero no al pueblo estadounidense ni al Congreso, tus amigos o tus aliados. Los funcionarios decidieron que no querían que la voluntad del presidente de jugar con rapidez y ligereza con los poderes se contagiara a los niveles inferiores de la burocracia, donde podían infectar la cultura de gobierno. Los jefes de departamento y de las agencias gubernamentales empezaron a aislar sus operaciones de los caprichos de Trump y crearon foros de debate independientes fuera de la Casa Blanca. Confesaron sentirse cansados de enviar empleados a reuniones en el Ala Oeste, no querían que más funcionarios jóvenes vieran la gravedad de la situación ni participaran en una mala gestión tan burda.

Las cosas se estaban poniendo feas. Como se suele decir, no son maneras de conducir un tren. De hecho, si los trenes se condujeran así, irían en la dirección equivocada, no aparecerían jamás o chocarían entre sí. El conductor carecería de la preparación adecuada, el ingeniero sería despedido en medio de un viaje y los trenes de construcción china pasarían volando por nuestro lado y observarían con asombro el desastre sin poder creer su buena suerte.

Apagar incendios

«Entre amigos, seamos sinceros», comentó en una ocasión un destacado asesor presidencial después de que la gente que defendía el caos abandonara una reunión en la Casa Blanca. Ese grupo menguado estaba formado por cargos públicos de la Casa Blanca y secretarios de gabinete. «Aproximadamente una tercera parte de las cosas que el presidente quiere que hagamos son una solemne estupidez. Otro tercio sería imposible de implementar y ni siquiera solucionaría el problema. Y una tercera parte supondrían una ilegalidad flagrante.» Muchos asintieron.

Aquel día el grupo se había reunido para comentar una propuesta presidencial que encajaba en la primera categoría. Trump ni siquiera había llegado a la mitad del primer año y ya quería cerrar el gobierno porque no le gustaban las negociaciones sobre el presupuesto del Congreso. Llevaba semanas hablando de ello a puerta cerrada. Ahora empezaba a sacarlo a colación en ruedas de prensa y tuiteó que el gobierno necesitaba un «buen cierre». En efecto, el presidente contaba con el derecho constitucional para hacerlo. Podía vetar cualquier factura de gasto que acabara en su escritorio. Pero estaba condenado a la perdición política. Los empleados federales se quedarían sin sueldo, se interrumpirían servicios básicos de forma abrupta y al final sabíamos que los demócratas estaban dispuestos a seguir insistiendo. Los asesores le advirtieron de que aquella batalla podía costarle los asientos del partido en el Congreso en las elecciones a media legislatura del año siguiente.

Aconsejamos a los dirigentes republicanos del Congreso

53

que se lo tomaran en serio. No era un mero juego para el presidente. «Está loco, como un lunático», dijo un asesor del Ala Oeste a la Presidencia de la cámara. El equipo de Paul Ryan estaba exasperado y nos instó a «aceptar la victoria» porque ya habían conseguido concesiones de los demócratas en conversaciones sobre los presupuestos. Los trabajadores organizaron una reunión de Trump con los miembros republicanos del Congreso. Le advirtieron de que pondría en peligro la mayoría del partido si provocaba un cierre al final del ejercicio fiscal. Ayudaron a convencerlo de que perdería la batalla y no valía la pena. El presidente accedió a regañadientes y frenó.

De momento, el Estado Estable había apagado el fuego, un deber que se convirtió en una función absorbente pese a las tareas diarias para las que nos habían contratado. Sin embargo, el presidente Trump volvería a la idea de un cierre del gobierno más adelante, buscando un resultado distinto.

En la segunda categoría —cosas que el presidente pide que «serían imposibles de implementar y ni siquiera resolverían el problema»— nos vimos suavizando peticiones que iban de lo poco práctico a lo desconcertante.

Remontémonos a febrero de 2018, por ejemplo, cuando el presidente propuso una manera de acabar con la violencia armada en nuestros centros educativos. Sugirió a sus asistentes que se proporcionaran armas a todos los profesores de Estados Unidos para que pudieran defenderse en los tiroteos. Era típico de Trump. Se le formaba una idea en la cabeza y decidía que era genial porque se le había ocurrido a él. La mayoría de las personas sensatas pusieron cara de escepticismo. Los profesores que recordábamos solían ser almas cándidas como Betty White, no como Annie Oakley. ¿Queríamos darles una pistola a Betty y todos sus colegas? Al ver que la idea nos parecía indigerible, la redujo al veinte por ciento de los educadores. Con 3 700 000 profesores en Estados Unidos, eso significaba entrenar o poner armas en manos de casi un millón. Como miembros del Estado Estable intentamos explicar que sería muy poco práctico y que sin duda aumentaría la polémica de la situación de la violencia armada.

Pese a todo, el presidente presentó la idea a la sociedad. «Supongamos que tuviéramos al veinte por ciento de los docentes, porque la cantidad se acerca bastante —dijo Trump al explicar el plan—. Si tuvieras un profesor hábil con las armas, podría poner fin al ataque muy rápido.» Era el momento de recrear el ritual diario de llevarnos las manos a la cabeza. No era que a todo el mundo le pareciera mal tener a funcionarios armados y entrenados y en los centros educativos, es que el presidente no tenía ni idea de lo que era factible y lo que era una locura.

Un experto en violencia armada de Harvard sintetizó la reacción social: «Es una locura de propuesta. ¿Entonces qué hacemos para reducir los secuestros aéreos? ¿Dar armas a todos los pasajeros al entrar?».

Por fortuna, la idea fue descartada porque nadie más se la tomó en serio, igual que la afirmación del presidente de que él sería el héroe civil si se viera envuelto en una masacre en una escuela. «De verdad creo que entraría ahí, aunque no tuviera arma», aseveró. No pudimos reprimir una carcajada.

El más preocupante es el tercio de «cosas que el presidente quiere que hagamos que supondrían una ilegalidad flagrante». Para ser justos, cuando Trump nos sugiere que hagamos algo ilegal, no es necesariamente algo infame. Lo más habitual es que lo haga porque no comprende los límites de la ley federal. Puede ordenar a una agencia que deje de gastar dinero en algo que no es de su agrado, sin saber que no puede eliminar unos fondos que el Congreso ya ha aprobado. Por ejemplo, Trump ha intentado en repetidas ocasiones detener el flujo de ayudas a países extranjeros porque según él estamos malgastando dinero que deberíamos invertir en nuestro país. Sus exigencias empezaron al cabo de unas semanas de tomar posesión, y empeoraron cuando le informaron de las actividades de Estados

Unidos en lugares como África y el Sudeste Asiático para combatir enfermedades letales o para invertir en actividades diseñadas para proteger los intereses económicos de Estados Unidos. «¿Por qué demonios gastamos tanto dinero ahí?», exclamaba, y daba instrucciones a los empleados públicos de parar del todo los programas, pese a que no podían hacerlo, por supuesto. Le explicaban que solo el Congreso podía llevar a cabo esos recortes. Él contestaba que le daba igual y que lo iba a hacer de todos modos, pero luego lo dejó de momento. En otros casos consideraba que esos fondos eran elementos de negociación, como el dinero que el Congreso había destinado a Ucrania, e intentaba detenerlos a su conveniencia en cada momento, tal vez hasta que le dieran lo que quería.

O podía decirle a uno de sus departamentos que llevara a cabo una acción que la ley prohíbe de forma explícita. Ocurre mucho con las adquisiciones. El presidente interfiere con regularidad en debates sobre compras en el Pentágono y olvida que el gobierno estadounidense no es como el sector privado, donde puede escoger su proveedor favorito según sus preferencias personales. Fue memorable el día que entró en el despacho resuelto a negociar una reducción de costes para el *Air Force One* de siguiente generación (algo que según él consiguió, aunque no fue lo que ocurrió en realidad). Para evitar prácticas corruptas, los acuerdos para la compra de aviones nuevos o tecnología de defensa deben ser publicados y licitados de forma competitiva, con unos estrictos criterios de selección. El presidente no puede entrar en liza sin más y escoger su empresa favorita. Cuando se le explican esas limitaciones por enésima vez suele ceder (de mala gana).

«El presidente me dejará hacer lo que me dé la gana —comentó un secretario del gabinete recién nombrado tras recibir una petición inadecuada de Trump. Al salir del Ala Oeste, se detuvo, se dio la vuelta y añadió—: Por eso tengo que tomarme este trabajo aún más en serio.» El presidente no

56

supervisa la mala conducta en su gabinete, la fomenta. Los asesores tienen que autorregularse.

Otras órdenes presidenciales no pueden atribuirse a la ignorancia. Es un problema frecuente en la cuestión candente de la inmigración. El presidente se altera con el tema, por decirlo con suavidad, y en cierto modo se ha convertido en parte de la vida de todos, aunque no figure en nuestras respectivas prioridades. En su cabeza casi todo, cualquier tema o problema, puede vincularse con la inmigración.

En un momento dado, Trump se animó con una nueva idea para solucionar lo que él consideraba la mayor crisis de la historia de Estados Unidos: tachar a los inmigrantes de «combatientes del enemigo». Cabe destacar que es la misma denominación utilizada para los sospechosos de ser terroristas fanáticos. Si decíamos que esos inmigrantes ilegales eran una amenaza para la seguridad nacional, argumentó Trump, entonces la administración tenía una excusa para sacarlos a todos del país. No quedó claro si alguien se lo había metido en la cabeza o se le había ocurrido a él solo, pero, sea como fuere, los asesores estaban desesperados.

Trump jugueteaba con esa impactante propuesta en reuniones que no tenían nada que ver con el tema, y preguntaba al azar a los asesores qué opinaban. Corrió la voz. En momentos como ese es cuando la gente se queda helada sin saber qué decir. Le contestan con una de esas sonrisas educadas reservadas para un pariente trastornado que piensa que te apetece escuchar cómo fue su retiro en solitario en busca de su alma en las Montañas Rocosas. Al ver que nadie oponía demasiada resistencia, Trump fue más allá y bromeó con enviar a los inmigrantes a la bahía de Guantánamo, donde estaban encarcelados los terroristas extremos. En su cabeza, el efecto disuasorio sería muy potente: si vienes a Estados Unidos de forma ilegal, te enviarán a un remoto centro penitenciario estadounidense en Cuba a vivir con asesinos.

57

El rumor se extendió más allá de los confines de la Casa Blanca. «¿Es broma? —exclamó un funcionario de carrera del Departamento de Estado cuando le informaron de la propuesta—. Eso es una mierda como un piano.» Los asesores trabajaron para acabar con la idea con rapidez y discreción. Argumentaron que era muy poco práctico (¿cómo iban a enviar a miles de inmigrantes al día a Cuba?) y demasiado caro (a Trump se le convencía a menudo de no hacer algo si creía que era demasiado costoso, una ironía viniendo de alguien que está provocando una profunda deuda en el país). No mencionaron el motivo más evidente. Saltaba a la vista que era una auténtica locura que Estados Unidos enviara a niños inmigrantes y sus familias a una cárcel de terroristas en Cuba.

Por último, aparte de su ineficacia y de suponer una ofensa moral, esa política sería del todo ilegal. Los inmigrantes que buscan refugio en Estados Unidos no son «combatientes del enemigo». No participan en actos hostiles contra el país en nombre de Estados extranjeros ni grupos terroristas, aunque al presidente y sus agencias fronterizas les guste insinuar que entre las multitudes de inmigrantes que llegan al país podría haber militantes peligrosos. La gente razonable sabe que la gran mayoría son personas inocentes que intentan entrar en el país en busca de una vida mejor. Pese al deseo recurrente del presidente de hacerlo, no se puede dar forma a la ley como si fuera de plastilina para que diga lo que él quiere. Antes de que el presidente pudiera hacer pública la idea, los funcionarios acabaron con ella.

¿Seguro? Esa es la cuestión con cualquiera de las ideas mencionadas. Nunca se sabe con certeza si el incendio está apagado del todo. Podrían quedar brasas encendidas. Se ven algunos destellos en ruedas de prensa y declaraciones presidenciales improvisadas. Entonces, una tarde, las llamas pueden regresar con un rugido, como las recurrentes peticiones de Trump de reunirse cara a cara con los dictadores más brutales del mundo. Algunos días las consecuencias de una insinuación a medias son inofensivas. Otros, le costarían el cargo al presidente si se llevaran a cabo. Resulta irónico que muchos de los que trabajaron para impedir que el presidente perdiera el cargo se convirtieran en algunas de las personas a las que más le interesaba despedir.

Desmontar los muros de contención

Donald Trump basó su carrera en los programas de telerrealidad presentando la imagen de jefe duro. Las palabras inmortales «¡Estás despedido!» acabaron asociadas al propio Trump y ocuparon un lugar único en el diccionario del gran público. Al presidente le encanta esa imagen y la aplicó a la Casa Blanca. Mantiene alerta a los funcionarios preguntándose en voz alta sobre su permanencia dentro de su administración. Alimenta los cotilleos sobre posibles despidos, a menudo él inicia los rumores quejándose de sus asistentes, consciente de que los presentes harán correr la voz.

Los funcionarios están en «vigilancia a muerte» constante, como se conoce dentro de la administración, a la espera de que aparezca ese tuit asesino. Todas las semanas hay una víctima potencial nueva. Para un presidente conocido por exigir un compromiso de lealtad, es una manera perjudicial de asegurarse de que sus empleados hagan lo que quiere, pues les recuerda que podría usar la guillotina en cualquier momento.

Ha bromeado en público con la posibilidad de despidos tras las elecciones parciales. «Tengo un gabinete fantástico —dijo a los periodistas cuando le preguntaron por una reorganización, pero añadió—: Estoy pensando en algunos puestos… podría dejarlo como está y quedarme tan contento, o hacer cambios y estar aún más contento con esos puestos.» Trump filtró algunos nombres a la prensa. En realidad quería que a todo el mundo le preocupara estar en la cuerda floja.

Nadie es inmune, ni siquiera los que lo conocen desde hace años. Un día, el secretario de Tesorería Steven Mnuchin fue objeto de la ira presidencial por no continuar una tarea imposible que Trump le había asignado. El presidente quería que Mnuchin usara su poder para gravar un nuevo impuesto en determinadas transacciones económicas. El secretario le explicó reiteradamente por qué no podía hacer lo que se le exigía, pero Trump se quejaba a sus espaldas.

«Siempre que le pregunto a Mnuchin por esto me sale con otra excusa. "No podemos hacer esto, no podemos hacer lo otro" —decía, imitando la voz de Mnuchin, un hombre al que conocía bien desde hacía dos décadas—. ¿De qué sirve? Pensaba que teníamos al tipo correcto en Tesorería, pero ya no lo sé. A lo mejor no. ¿Tú qué crees, es un error de personal?» Le gusta hacer encuestas cuando alguien está contra las cuerdas. La gente se ríe o le contesta con una mueca de aprobación, por lo general aliviados de que el yunque no esté sobre su cabeza.

Trump es capaz de dejar a la gente en vilo durante semanas, meses o más. Fue célebre el caso de Kirstjen Nielsen, su jefa de Seguridad Nacional, que estaba desconcertada, sin saber si la iban a echar ni cuándo. Para el director del Servicio Nacional de Inteligencia Dan Coats, el período en el limbo fue mucho más prolongado. Durante años corrieron rumores periódicamente de que el presidente no estaba satisfecho y podría estar planteándose un cambio. El despacho esquinero del Ala Oeste perteneciente al asesor de Seguridad Nacional es por lo visto el más maldito, pues todos sus ocupantes bajo el mandato de Trump se han enfrentado a especulaciones frecuentes desde el otro lado del pasillo sobre si había llegado su hora.

El presidente también pensó en cambios en lo más alto. En más de una ocasión Trump ha comentado con su plantilla la posibilidad de eliminar por anticipado al vicepresidente Pence de las elecciones de 2020. Pese a que el señor Pence ha sido leal en extremo, el presidente siempre está dispuesto a «dar un vuelco a las cosas», y el concepto de lealtad de Trump, por supuesto, es sumamente egoísta. Se estaba planteando seriamente presentar a la antigua embajadora de la ONU Nikki Haley como vicepresidenta, y ella al principio no lo descartó. Algunos de los asesores más próximos a Trump le habían apuntado que ella ayudaría a compensar la falta de popularidad de Trump entre las mujeres, lo que demuestra lo poco que entiende a las mujeres en general esta Casa Blanca.

Trump evita despedir directamente a la gente, al contrario de lo que mostraba su imagen en televisión. En cambio opta por la vía cobarde y se deshace de ellos mediante las redes sociales. En julio de 2017 prescindió de su primer jefe de gabinete, Reince Priebus, con un tuit. Priebus esperaba el despido y ofreció personalmente su dimisión, pero no sabía que era inminente. A su regreso de un viaje a Nueva York, el presidente tuiteó: «Me complace informaros de que acabo de nombrar jefe de gabinete de la Casa Blanca al general/secretario John F. Kelly. Es un gran estadounidense...» Reince estaba a unos metros dentro de la comitiva presidencial bajo la lluvia cuando le llegó la noticia. El presidente aún no había salido en el *Air Force One*. Otro espectáculo humillante.

Por increíble que parezca, la primera tarea oficial del nuevo jefe de gabinete fue deshacerse de otra persona a la que el presidente no despidió en persona, Anthony Scaramucci, el fugaz director de comunicaciones de la Casa Blanca. El día que juró el cargo, John Kelly le dijo a Scaramucci que había terminado su servicio de once días. Sería la última vez que tendría que dar las malas noticias que no daba Trump.

En general, el ascenso de Kelly a la Casa Blanca fue recibido con optimismo, aunque con cierto temor por parte de aquellos que tenían la sensación de que no contaba con la astucia política de otros miembros del equipo. Con todo, los funcionarios anhelaban un nuevo sentido del orden. Lo tuvieron durante un tiempo. El acceso al presidente se controlaba con mayor pre-

61

cisión, y así se evitaban distracciones innecesarias. La jornada se volvió más estructurada. El nuevo jefe de gabinete también estaba dispuesto a ser franco con el presidente cuando Trump se abocaba a una mala decisión. Así, el nivel de angustia bajó unos grados, y se instauró una falsa sensación de seguridad.

Kelly también intentó frenar la toma de decisiones según las circunstancias y las directrices espontáneas del presidente. John dijo a los jefes de las agencias gubernamentales que estaba instaurando un sistema que garantizara que el presidente escuchaba todos los aspectos de un debate y tomaba decisiones informadas. Para ello normalmente necesitaba suplicar algo de tiempo con el jefe para estudiar un tema en niveles de gobierno inferiores y aportar un conjunto de opciones sensatas.

Afganistán fue un excelente ejemplo. Donald Trump anunció antes de su presidencia que Estados Unidos debería retirarse de esa guerra «interminable» que era un «absoluto desastre». Una vez en el cargo, no le interesaban las opiniones contrarias. Los funcionarios de seguridad temían que una retirada repentina volviera a sumir Afganistán en el caos, y le instaron a no tomar una decisión precipitada. Lo convencieron para esperar. Entretanto, se puso en marcha un proceso para diseñar opciones, contrastadas por la experiencia del equipo de seguridad nacional.

Hacia finales de verano se organizó un retiro especial en Camp David para presentar las propuestas al presidente. Trump empezaba a dejar que Kelly gestionara el proceso y lo gestionara a él. Los resultados fueron atípicos. El equipo expuso las ventajas e inconvenientes de cada opción en el transcurso de un debate que duró horas. Trump planteó preguntas difíciles, y obtuvo respuestas detalladas. La conversación fue en buena medida serena, organizada y racional. Era todo lo que no había ocurrido con otras decisiones. Al final, el presidente accedió a usar una estrategia más reflexiva centrada en una solución a largo plazo, en vez de la retirada inmediata o la capitulación ante el régimen talibán asesino. Los miembros del Estado Estable cantaron victoria en silencio. Tal vez se podía dar estabilidad a la administración, después de todo.

Por supuesto, como todos temíamos, esa nueva sensación de orden no duró mucho. Trump acabó despreciando la idea de que él necesitara algún tipo de guía y empezó a burlar las nuevas estructuras que se habían creado. Cuando se acercaba la primavera de 2018, el presidente defendió hacer más cambios de personal en su administración aún joven. Los altos asesores se vieron obligados a invertir un tiempo excesivo en convencer al presidente de que no despidiera a los miembros de su equipo, por lo general los que se sentían más cómodos diciéndole que no. Con el tiempo, la sensación de inseguridad volvió a la administración, y el Estado Estable reconoció que no se podía moderar la conducta de Trump.

Cada vez era más difícil convencer al presidente de que evitara las decisiones imprudentes. La mejora del «proceso» no era una solución duradera, solo una venda mojada que no serviría para tapar un corte. A medida que avanzaba el segundo año nos dimos cuenta de que no podíamos fiarnos de ningún sistema para inculcar en el presidente las habilidades de mando que jamás desarrollaría. Volvimos a realizar intervenciones contra la impulsividad total, y hacíamos frente a todos y cada uno de los ardides presidenciales de poca monta tal y como llegaban, procurando salir bien parados en la medida de lo posible.

Los altos asesores y los funcionarios del gabinete pensaron en una dimisión colectiva, una «automasacre de media noche», como hemos mencionado con anterioridad, para llamar la atención de la sociedad sobre semejante desbarajuste. En todo momento durante la administración Trump hay como mínimo unos cuantos altos asesores a punto de dimitir, ya sea por principios o por agotamiento. Por lo visto estaba previsto que varios abandonos convergieran en 2018, lo que generaba la posibilidad de una salida simultánea que pusiera de manifiesto nuestra opinión sobre la gestión vacilante del presidente. Siempre que se planteó esa opción acabó descartada. Se consideraba un movimiento demasiado arriesgado porque minaría la confianza de la sociedad y desestabilizaría un gobierno que ya se tambaleaba. Tampoco queríamos inundar el poder ejecutivo con puestos vacantes. Pensamos que tal vez aún se podía ir a mejor. No fue así. Todo fue cuesta abajo, y de todos modos surgieron vacantes.

El presidente expulsó a los cargos públicos desafectos, uno por uno. Trump es especialista en identificar a cualquiera que tenga una vena independiente y pueda llegar a retarle. Otros se fueron por voluntad propia. Las filas de dirigentes con experiencia empezaban a menguar con rapidez. El asesor económico Gary Cohn anunció su dimisión poco después de superar el año. Luego el presidente destituyó al secretario de Estado Rex Tillerson. Después echó al asesor de seguridad nacional H. R. McMaster, al que le sucedió el asesor de seguridad interna Tom Bossert. Más adelante la embajadora de la ONU Nikki Haley anunció que iba a dimitir. Luego el presidente despidió al fiscal general Jeff Sessions. Después anunció que John Kelly pronto estaría fuera. El siguiente en dimitir fue Jim Mattis. Y, a medida que se iba acercando el Año Nuevo, se decía que iban a rodar más cabezas.

Cuando 2018 llegaba a su fin, al presidente le costaba encontrar un sustituto del jefe de gabinete. Trump entró en crisis cuando su primera y única opción para el puesto, Nick Ayers, asistente de Pence, rechazó el puesto. Una vez descartado Ayers, Trump recurrió a Chris Christie. Al ver su falta de interés, Trump finalmente se decidió por el director de presupuestos Mick Mulvaney, pero con categoría de «en funciones». Así es la vida en la Casa Blanca de Trump, el que suele ser el puesto de personal más codiciado y poderoso de Washington no se puede cubrir de forma fiable y, cuando se consigue, solo es una figura temporal. Los candidatos listos saben que los caprichos del presidente se convierten en su vida, y la persona nunca está en el cargo de verdad. Los hijos de Trump son sus jefes de gabinete. Presentadores de Fox News lo son a veces. Todo el mundo es jefe de gabinete menos el jefe de gabinete. No es de extrañar que la gente no esté ansiosa por cubrir ese puesto.

El elevado ritmo de rotación era consecuencia directa de la gestión del presidente. Expulsaba a gente que estaba dispuesta a defenderlo. Se aburría de los cargos públicos que no eran lo bastante dinámicos o no lo defendían en televisión. Algunos huyeron de la administración por diferencias políticas, y otros se fueron para evitar el inevitable hundimiento del barco. Para determinadas personas era una combinación de los tres factores. John Bolton, el tercer asesor en Seguridad Nacional de Trump, salvó al presidente en multitud de ocasiones de tomar decisiones irresponsables, pero se cansó de tantas turbulencias y de la torpeza de Trump en política exterior. Dimitió por voluntad propia, pero el presidente intentó que pareciera un despido.

A Trump no le importa que la administración esté plagada de puestos vacantes. De hecho, según él es bueno tener cargos «en funciones» en los puestos más altos. «Mis cargos "en funciones" lo están haciendo genial —dijo a los periodistas—. Me gusta eso de "en funciones". Me da más flexibilidad. ¿Lo entendéis? Me gusta "en funciones". Así que tenemos a unas cuantas personas que están "en funciones". Tenemos un gabinete fantástico, fantástico.» Traducción: los cargos en funciones suelen hacer menos preguntas y tienden más a hacer lo que les piden. Es la mejor explicación de la purga lenta pero sistemática del Estado Estable. Una vez desaparecidos los muros de contención, lo que quedaba por delante parecía aún más inquietante.

«Que Dios nos ampare y los hombres de principios sean nuestros principales hombres», escribió una vez Thomas Jefferson.

Se necesitan buenas personas en el gobierno para gestionar nuestras leyes. Sin embargo, nuestros padres fundadores no querían que tuviéramos fe exclusivamente en ellos. Los funcionarios son corrompibles y prescindibles. Tal y como comentaremos más adelante, por eso los fundadores propusieron un sistema de supervisiones y equilibrios, para mejorar los impulsos negativos del ser humano y que cada poder del Estado mantuviera a raya al otro.

Desde la Casa Blanca se filtran ideas horribles a todo volumen porque las filas de personas lúcidas han quedado mermadas. Cada vez menos gente alza la voz en las reuniones y, cada vez más, las únicas voces que llegan a oídos de Donald Trump son las que le dicen lo que quiere oír. Si existe una víctima del sesgo de información, la tendencia a buscar datos que validen las propias creencias, aunque no sean las correctas, es él. El peligro es que el presidente Trump dirige el gobierno más poderoso del planeta y no se puede permitir no disponer de opiniones discrepantes. Así, el Despacho Oval se ha convertido en una cámara de resonancia.

Me equivocaba con la «resistencia silenciosa» dentro de la administración Trump. Ni los cargos no electos ni los miembros del gabinete de libre designación podían dirigir a Donald Trump en la dirección correcta a largo plazo, ni pulir su perverso estilo de gestión. Es quien es. Los estadounidenses no deberían consolarse con saber si hay supuestos adultos en la sala. No somos baluartes contra el presidente y no deberían fiarse de nosotros para mantenerlo bajo control. No es nuestro trabajo. Es el de los votantes y sus representantes electos.

La fe de los estadounidenses en el poder ejecutivo debería medirse por su fe en el presidente, y solo en él, no en los empleados de su administración cuyos nombres jamás aparecieron en la papeleta para votar. Eso nos lleva a preguntarnos: ¿quién es?

2

El carácter de un hombre

«Un buen carácter moral es la primera característica imprescindible
en un hombre… Por tanto, es de suma importancia que
te esfuerces por ser virtuoso, además de instruido.»

GEORGE WASHINGTON

Las paredes de la Casa Blanca están repletas de homenajes
a nuestra democracia. En un extremo de la planta principal
está colgado el imponente retrato de George Washington en
la Sala Este para que lo vea todo el mundo. La primera dama
Dolley Madison rescató ese tesoro nacional antes de que los
británicos prendieran fuego al edificio durante la guerra de
1812. En el otro extremo, los invitados son recibidos en la
Sala del Comedor del Estado por el retrato de Abraham Lincoln colgado encima de la chimenea, uno de los cuadros más
valiosos del decimosexto presidente. Las majestuosas salas
del medio, restauradas y rediseñadas por Jacqueline Kennedy,
están llenas de obras de arte, muebles y símbolos de nuestra
historia de valor incalculable.

Arriba se encuentra la residencia privada del presidente,
donde han vivido todos los jefes de gobierno con su familia
desde John Adams. Los invitados destacados se alojan en el
Dormitorio Lincoln, que el presidente mártir usó como despa-

cho de trabajo, o el Dormitorio de la Reina, donde descansaba Winston Churchill durante las visitas a Washington en tiempos de guerra. En la planta baja los invitados especiales pueden recorrer la biblioteca de la Casa Blanca, el Salón Chino, la Sala de Mapas que usó el presidente Roosevelt para seguir las operaciones delicadas durante la Segunda Guerra Mundial y el Salón de Recepción Diplomática, donde se ha dado la bienvenida a figuras de prestigio mundial a la capital de nuestro país.

Una sala en concreto es la que despierta el mayor interés. Para acceder se sale de la residencia oficial de la Casa Blanca hasta un edificio contiguo: el Ala Oeste. Construida a principios del siglo xx para dar cabida a la creciente plantilla, el Ala Oeste alberga los despachos del presidente y sus altos asesores, la Sala de Crisis, la Sala del Gabinete y muchas más. El Despacho Oval es la joya de la corona. De gran esplendor histórico por sí misma, es un espacio emblemático, desde el sello presidencial tallado en el techo hasta el escritorio Resolute, regalo de la reina Victoria en 1880 fabricado con la madera de una embarcación recuperada. Es el mismo escritorio donde Harry Truman puso una placa que rezaba: «Asumo la responsabilidad» y donde los hijos pequeños de John F. Kennedy a veces jugaban mientras su padre trabajaba.

El Despacho Oval infunde respeto a los que lo visitan. Es donde nuestras autoridades toman decisiones a vida o muerte, marcan el rumbo de nuestro país y se dirigen al pueblo. Ronald Reagan habló detrás del escritorio Resolute tras la explosión del transbordador espacial *Challenger* en 1986, para honrar la memoria de los fallecidos. «Jamás los olvidaremos —dijo—, tampoco la última vez que los vimos, esta mañana, cuando se preparaban para su viaje, se despedían y "se deshacían de los ásperos lazos terrenales" para "tocar la cara de Dios".» George W. Bush calmó a un país de luto tras los ataques terroristas del 11 de septiembre de 2011, y les dijo a los estadounidenses desde la misma sala que «un gran pueblo se ha visto obligado a

68

defender un gran país [...] el faro que más ilumina en el mundo la libertad y las oportunidades, nadie impedirá que brille esa luz». Estés de visita o trabajes para el presidente, cuesta desprenderse de esa sigilosa sensación de solemnidad, por muchas veces que entres en el despacho.

Hasta que se rompe el silencio.

«Es un sitio infernal, ¿de acuerdo? Ya no te dejan decir "sitio de mierda". Pero ese sitio es un infierno y todo el mundo lo sabe.»

«Mira cómo empiezan a asfixiarse como perros.»

«Este sitio tiene su punto sexy, ¿no?»

«Me importa una mierda. Uh, uh, "excusas, excusas". Tú hazlo. Te lo prometo, luego te chuparán el culo.»

«Estoy más caliente que entonces, ¿vale? Porque tú sabes que también te refrescas. Sí. Pero yo estoy mucho más caliente.»

«Es muy injusto para mí. Francamente, es acoso presidencial. No se puede acosar a un presidente.»

«Cariño, tenías cara de cansada en televisión. ¿Has perdido peso?»

«Creo que he hecho más que cualquier otro presidente en su primera legislatura.»

«Si vas a toser, por favor, sal del despacho... ¿Os parece bien la tos?»

«Creo que probablemente, eh, quiero que piensen lo que piensen, eso dicen, quiero decir, he visto, he leído y he escuchado, y tuve una reunión muy breve sobre el tema. Pero la gente dice que ve ovnis, ¿me lo creo? No mucho.»

«Tenemos las peores leyes y los jueces más tontos.»

«Ese tipo, ¿lo habéis visto? El de My Pillow. Es increíble. Compra todo el tiempo de emisión en televisión. Es fantástico. Y es un gran, gran defensor de Trump.»

«Es uno de los grandes inventos de todos los tiempos: el TiVo.»

«¿Estás diciendo que es culpa mía? Se ha ido todo a la mierda, y es culpa tuya.»

Esos son los sonidos que rebotan en esas paredes curvas hoy o cualquier otro día de la presidencia Trump. Algunas de esas frases se han pronunciado con cámaras de televisión en el despacho y otras a puerta cerrada. Todas son un reflejo del auténtico Donald Trump. No todo el mundo ve del todo a Trump, sobre todo el que acaba colorado, consumido por la rabia y se tambalea en los límites del autocontrol. A veces las visitas son recibidas con algo que no esperan.

Mucha gente, incluso los que tienen una mala opinión del presidente, tiende a llevarse una agradable sorpresa en su primer encuentro con él en el Despacho Oval. No les importa que no tenga filtro. De hecho, hay algo fresco, incluso entrañable, en el hecho de que un político diga lo primero que le pase por la cabeza. También puede ser divertido. A veces se complace llamando a los empleados públicos con el altavoz puesto y bromea a su costa, lo que divierte a los empleados que están sentados en las butacas. Con tantos políticos aferrados a los tópicos y a los temas de debate, uno que sea directo de forma habitual y poco discreto tiene su encanto.

Aquellos que quieren ver lo mejor en el presidente Trump, como intentamos hacer cuando empezó su administración, pueden perdonar su conducta poco ortodoxa y sus extraños comentarios a modo de monólogo espontáneo por ser consecuencia de introducir un «disruptor» en la Casa Blanca. Además, solíamos decir, por ese despacho han pasado varios jefes que han actuado sin escrúpulos. Si las paredes del Despacho Oval hablaran, reproducirían los comentarios vulgares de Lyndon Johnson y sus groseros avances, las diferentes citas amorosas de John Kennedy y Bill Clinton y los esfuerzos de Richard Nixon por obstruir la justicia y buscar venganza contra sus enemigos.

Creedme, no es lo mismo. En toda la historia de la democracia estadounidense, hemos tenido presidentes indisciplinados, presidentes desinteresados, presidentes inexpertos. Hemos tenido presidentes amorales. Rara vez hemos tenido todo eso a la vez. Donald Trump no es como sus antecesores, todo el mundo lo sabe. Sn embargo, sus vicios son más alarmantes que divertidos. Cualquier entretenimiento derivado de ver ese tipo de conducta irreverente en el Ala Oeste se desvanece enseguida y es sustituido por un terror persistente ante cuál será el siguiente comentario, tuit u orden directa.

El carácter de un presidente debería causar una profunda preocupación en los ciudadanos. A fin de cuentas estamos cediendo el control diario del gobierno a esa persona. Además, estamos delegando decisiones que afectan al futuro de nuestros hijos y a nuestro bienestar personal. Por eso es responsabilidad de todos los estadounidenses evaluar a quien ocupa el Despacho Oval y tener en cuenta las inclinaciones y cualidades morales de la máxima autoridad, sobre todo para decidir si esa persona sigue siendo la adecuada para dicha función. Antes de estudiar cualquier otro aspecto de la presidencia de Trump, debemos hacerlo.

Para juzgar el carácter de una persona, primero necesitamos saber qué es, cómo evaluarlo y, en última instancia, por qué es importante.

Definición del carácter

El debate sobre el carácter es filosófico, en concreto pertenece a una rama de la filosofía conocida como «ética», que es el estudio de cómo debería actuar una persona, sobre todo con los demás. Ahí es donde interviene el carácter. Mucha gente ha escrito libros sobre el tema y cómo debería definirse, pero lo sabes cuando lo ves. Una persona con carácter es alguien noble, de fiar, que se comporta con dignidad. Una definición básica sería que el carácter consiste en «las cualidades mentales y morales características de un individuo», pero no basta con tener «buenas costumbres». Tu comportamiento debe beber de ellas. En resumen, tu código moral es tu «programa» —tu sistema de creencias— que hace funcionar el «dispositivo», tu cuerpo y sus acciones.

La pregunta fundamental sobre el presidente es: ¿cuáles deberían ser esas cualidades morales? ¿Cuáles son los rasgos ideales que esperamos de un líder?

La cuestión del carácter obsesionaba a los antiguos griegos. Sus mejores filósofos, entre ellos Sócrates, Platón y Aristóteles, todos se preguntaban: «¿Qué hace que un hombre sea "bueno"?». Llegaron a un consenso aproximado sobre los elementos centrales. Esas cualidades se dieron a conocer como «virtudes cardinales»: prudencia, templanza, valor y justicia. Se consideraban los comportamientos que necesitaba una persona para alcanzar una categoría moral elevada.

Unos siglos más tarde, otro pensador llevó un paso más allá esas virtudes. Cicerón, un político y filósofo romano de prestigio, fue más allá del mero carácter de una persona: quiso explorar el carácter de un hombre de Estado. La república romana estaba en crisis, infestada de hombres arrogantes y deshonrosos, así que Cicerón decidió estudiar qué cualidades morales eran necesarias en los grandes dirigentes. Bajo la influencia de filósofos anteriores a él, escribió una obra fundamental, *De Officiis* (o *Sobre los deberes*). En forma de carta dirigida a su hijo, Cicerón explicaba con todo lujo de detalles cómo debería comportarse un cargo público. Desde entonces, su obra ha inspirado a grandes figuras a lo largo de la historia mundial, incluidos los padres fundadores de Estados Unidos.

¿Qué tiene eso que ver con Donald Trump? Bueno, Cicerón nos dio una guía útil para medir el carácter de un líder. Su rúbrica en cuatro partes os resultará familiar: (1) «comprender y admitir la verdad»; (2) «mantener un buen compañerismo con los hombres y dar a cada cual lo que le corresponde, y mantener la fe en los contratos y promesas»; (3) «la grandeza y fuerza de una mente excelsa e insumisa»; y (4) «el orden y la medida que constituyen la moderación y la templanza». En resumidas cuentas, era una versión de las virtudes cardinales: prudencia, justicia, valor y templanza. Su fórmula sigue siendo igual de relevante en el ambiente actual de fractura política que durante los días más inestables de la república romana, por eso vamos a usarla para evaluar al presidente actual.

Antes de examinar el carácter de Trump, debemos preguntarnos si importa. Como he dicho, Estados Unidos ha sido dirigido por hombres cuya conducta distaba mucho de ser modélica durante sus presidencias, por decirlo con suavidad. Engañaron a sus esposas y a la sociedad. Incumplieron sus promesas. Pese a todo, esos jefes lograron hitos admirables que supusieron un avance en los derechos civiles, espolearon el crecimiento económico y defendieron el país de los enemigos extranjeros. ¿Acaso Trump no puede lograr grandes hazañas sin ser un hombre con un carácter impecable? ¿De verdad es tan importante que Trump tenga defectos, o defectos graves?

La respuesta a ambas preguntas es sí.

Hombres imperfectos pueden lograr grandes hazañas. Solo tenemos que decidir si vale la pena. En ocasiones algunos presidentes sin escrúpulos han logrado éxitos, pero con un coste. ¿Valió la pena elegir a James Buchanan, por ejemplo, un presidente que impidió que el país se sumiera en una guerra civil, pero a base de defender la instauración de la esclavitud y protegiendo los intereses de los esclavistas del Sur? Visto desde ahora, muchos dirían que no. Debería haber tenido las agallas y la entereza de enfrentarse al azote de la esclavitud. En la actualidad Buchanan se considera uno de los peores presidentes de Estados Unidos.

No hace falta que nuestras autoridades sean superhéroes. La mayoría distan mucho de serlo. Sin embargo, deberíamos invertir en alguien cuyas virtudes superen a sus vicios. Un presidente debe estar preparado para hacer más bien que mal al pueblo. Puede que su carácter no impregne todas y cada una de las decisiones, pero dará forma a su balance global, y es importante porque dependemos de nuestro presidente en muchos aspectos. Confiamos al presidente la gestión de la empresa de mayor envergadura del mundo, el gobierno de Estados Unidos; debe orientar al país en momentos de crisis, ya sea una catástrofe natural o un ataque, y elaborar un plan para que el país progrese. Por último, confiamos en que el presidente sea un modelo a seguir. Las personas que son ensalzadas son objeto de imitación. Cuando ponemos al jefe del gobierno en un pedestal, los jóvenes en particular aprenden de la conducta de su dirigente, que fija el tono del futuro compromiso cívico.

El carácter de un hombre se pone a prueba cuando se le otorga poder, eso nos lo enseña la historia. El presidente Trump lleva varios años en el poder y ha sido puesto a prueba en infinidad de ocasiones. Los resultados son reveladores. Se dice que el carácter es un árbol, y la reputación su sombra. El carácter del presidente proyecta una sombra alargada sobre todos los estadounidenses y, con el tiempo, su reputación se convertirá en la nuestra. Cuando lean este capítulo pregúntense: ¿Así somos? O si no, ¿así queremos ser?

La prudencia del presidente

Cuando pienso en la «prudencia» del presidente Trump no me refiero al conocimiento enciclopédico. Cicerón decía que la auténtica sabiduría no consiste en conocer todos los hechos de inmediato. Más bien se trata de «aprender la verdad», de las ganas de buscar los hechos y de ir a la raíz de un asunto. Advirtió que no está bien afirmar que sabes algo que desconoces, o perder el tiempo en asuntos frívolos. Es «deshonroso tropezar, dar tumbos, ser ignorante y ser engañado». Es decir, un dirigente no debería caer en la trampa de las «noticias falsas» y dar por hecho que algo es cierto cuando no lo es.

¿Donald Trump posee las características básicas de la prudencia?

Empecemos por una mente curiosa. Trump no cuenta con un conocimiento profundo de cómo funciona el gobierno. Nunca ha trabajado en él, y jamás se había presentado para ningún cargo antes de la campaña de 2016. Sería injusto esperar que comprenda todos los matices del proceso legislativo o cómo funciona una gran burocracia. El problema del presidente no es que asumiera el cargo con tan poca información sobre cómo funciona, sino que haya hecho tan poco por intentar aprender para poder hacer su trabajo.

Donald Trump no es una persona curiosa. Apenas lee, si es que lee, y riñe a los funcionarios que van a informarle con algo más que el material de lectura más sucinto posible, tal y como he comentado con anterioridad. «Es peor de lo que imaginas —escribió en un mensaje de correo electrónico el asesor económico Gary Cohn—. Trump no lee nada: ni memorándums de una página, ni los breves documentos normativos, nada. Se levanta en plena reunión con autoridades mundiales porque se aburre.»

Durante la campaña, el candidato Trump hizo alarde y despreció sus propios hábitos de lectura según le convenía. Se proclamaba gran defensor de la Biblia, y en febrero de 2016 comentó: «Nadie lee la Biblia más que yo». Era incapaz de destacar un solo versículo de la Biblia que le sirviera de inspiración, casi con toda seguridad porque en realidad nunca la ha leído. Jamás le he oído mencionar las Escrituras por voluntad propia, ni nadie que conozca. Cuando le insistieron en sus hábitos de lectura, Trump dijo en una ocasión que no tenía tiempo de sumergirse en libros. «Nunca lo he hecho. Siempre estoy ocupado haciendo muchas cosas.» En un momento dado, la presentadora de noticias Megyn Kelly le preguntó por el último libro que había leído, a lo que Trump contestó: «Leo fragmentos. Leo áreas, capítulos. No tengo tiempo. ¿Cuándo fue la última vez que vi un partido de béisbol?».

El argumento de la falta de tiempo es discutible. Al ver todas las mañanas la agenda diaria del presidente, cualquiera podría decirles que saca tiempo más que suficiente para hacer lo que quiere. Las exigencias del trabajo rara vez lo alejan del campo de golf. Los dos antecesores del presidente Trump, Bush y Obama, eran lectores voraces. Trump se acuesta tarde con frecuencia en la residencia oficial, y a menudo no empieza la jornada en el Despacho Oval hasta las diez o las once de la mañana. En vez de consumir libros, pasa el rato dándose un atracón de noticias de la televisión por cable, tuits y llamadas telefónicas. Según sus propias palabras, Trump no necesita leer para tomar decisiones informadas porque actúa «con muy poco conocimiento fuera del que ya tengo, más las palabras "sentido común", porque tengo mucho sentido común y muchas habilidades comerciales».

El elevadísimo grado de pereza intelectual es asombroso. Me dejó perplejo pensar en cómo alguien puede dirigir una empresa privada basándose en el tanque mental vacío al que recurre el presidente Trump todos los días para dirigir el gobierno. En televisión, un director ejecutivo convertido en protagonista del espectáculo puede sentarse a una mesa y dar órdenes a gritos a sus subordinados y luego dar paso a la publicidad. En la vida real, un director ejecutivo de éxito tiene que absorber mucha información sobre el ambiente económico, su competencia, el producto y las tendencias del consumidor. ¿Cómo se puede dirigir una empresa en expansión sin leer nada? Resulta que no muy bien.

No obstante, el presidente afirma ser muy inteligente. Hace años que alardea de su intelecto y le encanta fanfarronear sobre su cerebro privilegiado en reuniones privadas en la Casa Blanca. En 2013 tuiteó: «Lo siento, perdedores y detractores, pero mi coeficiente intelectual es muy alto, ¡y todos lo sabéis! No os sintáis tan tontos o inseguros, no es culpa vuestra». En 2016, cuando le preguntaron durante la campaña quién le asesoraba en política exterior, contestó: «Hablo conmigo mismo, primero porque tengo un cerebro muy bueno, y he dicho muchas cosas... Mi principal asesor soy yo mismo, y tengo, bueno, tengo buen instinto para estas cosas». Los asesores externos que le ayudaron a preparar debates, en cambio, sufrieron el martirio de su falta de comprensión. En 2018 recurrió a Twitter de nuevo para pulir sus credenciales cognitivas: «Mis dos mayores activos han sido la estabilidad mental y ser, bueno, realmente listo», publicó en enero de 2018. «Pasé de ser un empresario de mucho éxito, a gran estrella de la televisión... a presidente de Estados Unidos (en mi primer intento). Creo que eso me convierte no en listo, sino en un genio... ¡y un genio muy estable!» La inteligencia es una de esas cualidades que, si uno insiste en que las tiene, probablemente no sea cierto. No obstante, es de todos sabido que Trump interrumpe sesiones informativas con afirmaciones en la línea de: «Sí, lo pillo. Soy bastante listo, ¿vale?».

El presidente se erige con frecuencia en experto en temas sobre los que en realidad los asesores acaban viendo que sabe muy poco. Para muestra un botón, y la lista elaborada por observadores perspicaces es mucho más larga:

Sobre la financiación de la campaña: «Creo que nadie sabe más que yo de financiación de campañas porque soy el principal contribuyente».

Sobre los tribunales: «Sé más de tribunales que cualquier otro ser humano de la Tierra».

Sobre el comercio: «Nadie sabe más que yo de comercio».

Sobre impuestos: «Nadie sabe más de impuestos que yo».

Sobre el EI: «Sé más sobre el EI que los generales».

Sobre el gobierno estadounidense: «Nadie conoce mejor el sistema que yo».

Sobre tecnología: «Tecnología: nadie sabe más de tecnología que yo».

Sobre tecnología de drones, en concreto: «Sé más que nadie de drones. Conozco todas las formas de seguridad que se pueden tener».

En cambio, he visto al presidente fracasar cuando intentaba hablar de un modo inteligente sobre la mayoría de estos temas. Se ve por qué a puerta cerrada sus principales cargos se burlan de él diciendo que es un «idiota» y un «tarado» con el entendimiento de «un niño de quinto o sexto de primaria. Algunos compañeros se han visto obligados a negar en público esas citas concretas, por lo general con negaciones engañosas. Son los calificativos más suaves que se usan internamente para expresar la exasperación con el jefe. La gente suele adjuntar toda una serie de improperios por delante y por detrás de sus valoraciones.

No siempre se consigue este nivel de franqueza. Incluso en privado, los funcionarios temen expresar su opinión sobre el presidente porque no saben en quién confiar. En una ocasión en que estábamos todos de viaje, un asesor de máximo nivel esperó a estar a treinta mil pies del suelo, que todo el mundo alrededor estuviera dormido y estuviéramos fuera del país para compartir sus anécdotas diarias sobre hasta qué punto era alarmante la desinformación del presidente. Se lamentó diciendo que era un desastre y tenía una visión pueril de temas complejos. Trump daba continuos saltos al hablar y no se concentraba cuando llegaba el momento de sentarse a hablar de temas serios. Le aseguré que esa era la sensación general.

Los defensores de Trump sentirán la tentación de atribuir esas afirmaciones a sus detractores, pero no es el caso. Estamos hablando de personas que asumieron su cargo con el compromiso de servir al jefe y desempeñar su función. No estoy preparado para diagnosticar la agudeza mental del presidente. Lo único que puedo decirles es que a la gente normal que pasa tiempo con Donald Trump le incomoda lo que presencian. Se traba, farfulla, se confunde y se irrita con facilidad, y tiene problemas para sintetizar la información, no de vez en cuando, sino con regularidad. Los que afirmen lo contrario se están mintiendo a sí mismos o al país.

El presidente tampoco recuerda lo que ha dicho o lo que le han dicho. Los estadounidenses están acostumbrados a verlo negar palabras que han salido de su boca. A veces es para rehuir responsabilidades. Otras parece que realmente Trump no recuerda hechos importantes. Ese carácter olvidadizo salió a la luz cuando informaron al presidente de que un gran huracán de categoría 5 se acercaba a Florida. «No estoy seguro de haber oído hablar nunca de la categoría 5… no sé si he oído jamás ese término», dijo a los periodistas. Los asesores de la Casa Blanca estaban perplejos. Le habían informado sobre otros cuatro huracanes de categoría 5 durante el tiempo que llevaba en el cargo. ¿Se le olvidaban esas sesiones informativas? O, aún peor, ¿es que no prestaba atención? Son sucesos que afectan a millones de estadounidenses y no parecían grabarse en su cerebro.

No hace falta ser un cargo nombrado por el presidente para ser testigo de su irregular estado mental. Solo hay que observar cualquier acto electoral de Trump. Un día, mientras daba un discurso sobre producción de energía, el presidente hizo un comentario fuera de lugar sobre Japón y se quejó de que «nos envían miles y miles —¡millones!— de coches, [y] nosotros les enviamos trigo. ¡Trigo! Eso no es un buen negocio. Y ni siquiera quieren nuestro trigo. Lo hacen para que tengamos la sensación de que estamos bien, ya sabéis, lo hacen para que nos sintamos bien». Más allá de que el comercio con Japón no venía al caso en el discurso, el comentario no tenía sentido. El trigo no es una exportación importante de Estados Unidos a Japón. Ni siquiera es una de nuestras principales exportaciones agrícolas al país asiático, según nos indicaron más adelante los asesores del Departamento de Comercio. Además, su planteamiento no refleja de manera coherente cómo adquieren bienes los países. No compran productos en nombre de su gente, ni lo hacen para que «nos sintamos bien». Trump hace ese tipo de afirmaciones todo el tiempo, lo que nos lleva al siguiente punto.

El presidente suspende de manera estrepitosa la prueba de Cicerón de las «noticias falsas». El filósofo romano dice que es deshonroso vacilar por ignorancia cuando se trata de hechos y dejarse engañar. Por desgracia, Trump se ha ganado la fama de estar desinformado. Antes de ser elegido era un gran adepto de Alex Jones, el autor de teorías de la conspiración responsable de la página web Infowars. «Tu prestigio es increíble», le dijo Trump a Jones con afecto en una aparición en su programa. Por supuesto, es el mismo Alex Jones que insinuó que el tiroteo de la escuela de primaria Sandy Hook era falso y que el alunizaje del *Apolo 11* nunca ocurrió.

Trump también era uno de los seguidores más destacados de la teoría que perpetuaba la sospecha (falsa) de que Barack Obama no había nacido en Estados Unidos y que sembraba el miedo a que hubiera mentido sobre su religión. «No tiene certificado de nacimiento —le dijo Trump a Laura Ingraham en una entrevista en 2011—, o, si lo tiene, hay algo en ese certificado que es muy malo para él. Bueno, alguien me dijo (no tengo ni idea de si es malo para él o no, pero a lo mejor lo sería) que donde dice "religión" podría poner "musulmán". Y si eres musulmán no cambias de religión, por cierto.»

Entre muchas otras teorías de la conspiración, Trump insinuó sin pruebas que el padre del senador Ted Cruz estaba implicado en el asesinato de Kennedy, que el juez Antonin Scalia podría haber sido asesinado, que el presentador de MSNBC Joe Scarborough podría estar implicado en la muerte de un antiguo becario, que el suicidio de un exasesor de Clinton podría haber sido algo más siniestro, que los musulmanes estadounidenses de alrededor de la ciudad de Nueva York salieron a la calle a celebrar el 11 de septiembre, que las vacunas provocan autismo, etc. A los observadores externos les cuesta mantener actualizadas esas listas de afirmaciones. Los observadores internos no están en mejor situación. Nos preguntamos: ¿de verdad cree en esas conspiraciones? ¿Solo dice esas cosas para llamar la atención? No puedo meterme en su cabeza, pero mi intuición me dice que es un poco de las dos cosas.

La gente seria de la Casa Blanca siente vergüenza ajena cuando lo oyen sacar a colación esos temas. Trump abraza esas falacias como si fueran buenos amigos, y no le importa que la persona que las escupe sea un fraude, siempre y cuando sus palabras sirvan para el propósito que Trump tenga en mente en ese momento. Una de sus fuentes de análisis de noticias favoritas es Lou Dobbs, un presentador de Fox antes respetado cuyo programa nocturno está plagado ahora de teorías de la conspiración y especulación salvaje sobre noticias de actualidad. El presidente se acuesta con las ideas de Lou en mente, ya sean conjeturas sobre el multimillonario liberal George Soros o ideas para nuevas investigaciones del Departamento de Justicia. Lo sabemos porque suele llevar ideas de Lou al Despacho Oval al día siguiente por la mañana y exige que se lleven a cabo como Lou dijo que debería hacerse. No se me ocurre otro dirigente electo de este país que se sienta atraído con tanta facilidad por evidentes charlatanes.

El presidente difunde afirmaciones falsas casi a diario. Es el retuiteador más destacado del país de «noticias falsas» y al mismo tiempo su mayor crítico. Para ser justos, todos los presidentes malinterpretan los hechos de vez en cuando. La diferencia es que a los demás presidentes parecía importarles decir algo inapropiado. No citaban información falsa todos los días por norma sin tener en cuenta las consecuencias. Sin embargo, tras hacer una afirmación manifiestamente incorrecta, el presidente no da muestras de ningún tipo de arrepentimiento. Se siente cómodo siendo un mercachifle de medias verdades.

Tanto los cargos públicos designados por él como la sociedad en general oímos tantas declaraciones erróneas del presidente que nos hemos vuelto insensibles a ellas, desde que la precipitada afirmación de que su toma de posesión fue la más concurrida de la historia (fácil de desmentir) a su insistencia en que el informe del abogado especial lo exonera (no lo hace de forma explícita). Examinaremos con más detenimiento la frágil relación del presidente con la verdad. Sin embargo, de momento podemos decir sin miedo a equivocarnos que Trump no cumple el requisito de Cicerón de ser alguien que venera y busca la verdad, que no cae en el engaño con facilidad ni difunde información falsa.

No es un hombre prudente.

El sentido de la justicia del presidente

Cuando me refiero a la «justicia» no se trata de ley y orden. Cicerón definió el concepto como una manera de definir cómo trata un individuo a los demás. ¿Esa persona mantiene una buena relación de compañerismo con sus semejantes? ¿Da a cada cual lo que merece? ¿Ese individuo tiene fe en los contratos y promesas? Son las cualidades propias de una persona «justa». Cicerón añade a la mezcla que este tipo de persona también muestra «benevolencia y abundancia», es decir, que son amables y generosos.

Sin duda, Donald Trump piensa mucho en la justicia. De hecho, tanto que el presidente ha tuiteado sobre si algo era «justo» o «injusto» casi doscientas veces desde que asumió el cargo. Su preocupación suele estar relacionada con si él recibe un trato justo personalmente. «¡No ha sido nada divertido ese pesado *Saturday Night Live* sobre noticias falsas, NBC! —tuiteó después de que el programa parodiara una rueda de prensa de la Casa Blanca en febrero de 2019—. La cuestión es ¿cómo pueden irse de rositas los canales con esos golpes brutales a los republicanos? ¿Igual que tantos otros programas? Es muy injusto, y habría que estudiarlo. ¡Es una auténtica confabulación!» El presidente estaba insinuando que había que investigar los canales de televisión y castigarlos por burlarse de él. Por suerte nadie fue lo bastante tonto para implicar a la Comisión Federal de Comunicaciones e investigar el caso.

Invierte mucho tiempo en hablar con el personal sobre supuestas injusticias. Trump se queja de la cobertura que se hace de él, las críticas y cualquier otra cosa que considere injusta. Entonces envía a los asesores de la Casa Blanca a una aventura interminable para «arreglarlo». Puede que el presidente quiera que un asesor se ponga al teléfono para reñir a un comentarista de televisión que ha mostrado su desacuerdo con él o para decirle a un dirigente extranjero que se habían «acabado» los tratos con su país porque a Trump no le gustaba lo que habían dicho sobre las políticas de la Casa Blanca. Se ha vuelto tan agotador que los asesores aceptan la queja y prometen ponerle remedio, pero lo colocan en el último puesto de la lista de quehaceres (o fuera de ella) porque es un problema imposible de arreglar, o requiere una solución contraproducente.

Ningún espacio escapa a los límites de sus quejas por injusticias. Poco después de asumir las funciones de jefe del gobierno, Trump viajó a la sede central de la Agencia Central de Inteligencia para hablar con la plantilla de empleados secretos de Estados Unidos. Sus comentarios estuvieron salpicados de quejas por la injusta cobertura de las noticias. «Como sabéis, tengo una guerra en marcha con los medios de comunicación —dijo a los presentes—. Son los seres más mentirosos que hay sobre la faz de la Tierra.» Todos lo presenciamos con una mueca de dolor. El presidente estaba haciendo esos comentarios en el escenario menos apropiado, no solo por estar en la CIA, sino porque se encontraba frente a la pared de la agencia que recuerda a los agentes caídos. El presidente Trump lo volvió a hacer cuatro meses después delante de cientos de cadetes de la Academia de la Guardia Costera de Estados Unidos, donde convirtió parte de su ceremonia de graduación en una diatriba contra la prensa. «¡Mirad cómo me tratan últimamente! —co-

83

mentó, saliéndose del guion con un gesto de desaprobación—. Ningún político en la historia (y lo digo con toda seguridad) ha recibido un trato peor o más injusto.»

En cuanto a su trato hacia los demás, cuesta afirmar que el presidente cumpla los criterios de Cicerón. De hecho, la descripción que más se ajusta es «despiadado», en vez de «justo». No es únicamente mi valoración, es la percepción que tiene de sí mismo. «Cuando alguien me ataca, siempre contrataco… pero cien veces más», tuiteó en 2012 para explicar sus castigos desmesurados como «un estilo de vida». Trump reflejó ese sentimiento en su libro *El arte de la negociación*, donde escribió que cuando cree que está recibiendo un trato injusto, «mi actitud general, toda mi vida, ha sido la de contratacar muy fuerte».

La filosofía de golpear duro de Trump no se limita a los que lo han perjudicado de forma legítima. El presidente se pelea indiscriminadamente. La cantidad de ejemplos es sobrecogedora. No hace falta más que ver su cuenta de Twitter cualquier semana, o un noticiario breve. En un momento dado puede atacar a la estrella del fútbol Megan Rapinoe, y al cabo de un minuto estar burlándose de la primera ministra de Dinamarca, Mette Frederiksen. Otras veces arremete contra sus propios altos asesores.

Los ataques al presidente de la Reserva Federal, escogido a dedo, Jerome Powell, son un ejemplo recurrente. Trump lanza con regularidad exabruptos sin motivo aparente contra Powell y su agencia independiente porque el presidente se siente frustrado al no poder controlarla. En distintos arrebatos en Twitter, Trump insinuaba que el presidente de la Reserva Federal «no puede seguir el ritmo "mentalmente"» de los bancos centrales de otros países y preguntaba a sus seguidores quién era «mayor enemigo» de Estados Unidos, Powell o el dictador chino. Todo porque la agencia de Powell ha sido sincera con los indicadores económicos que muestran que las políticas del presidente han sido arriesgadas.

Una de sus tácticas favoritas es poner apodos a sus objetivos, lo que permite al presidente convertir sus ataques en memes instantáneos. Pone a prueba los sobrenombres insultantes con sus amigos y le fascina tener uno nuevo que decirle a Dan, el asesor en redes sociales. Está Da Nang Dick (el senador Dick Blumenthal), Pocahontas (la senadora Elizabeth Warren), Jeb Batería Baja (el exgobernador Jeb Bush), el Baboso (Jim Comey), la Amante de la MS-13 (la presidenta de la Cámara Nancy Pelosi), Mika Más Tonto que una Roca (Mika Brzezinski de MSNBC), el Hombre más Tonto de la Televisión (Don Lemon de CNN), etc. A menudo Trump recurre a rasgos físicos y usa apodos como Gordo Herry (el representante Jerry Nadler), Pequeño Marco (el senador Marco Rubio) y Dumbo (para su antiguo director de los servicios secretos). Otros presidentes de lengua afilada tenían nombres para la gente que no era de su agrado, pero no se me ocurre ninguno que se volcara en humillar a la gente con apodos infantiles. Si existe algún consuelo es que los más crudos suelen quedarse dentro del Ala Oeste.

85

No hay medias tintas. Trump es un abusón. Cree que intimidando a los demás puede conseguir lo que quiere, no lo que es justo. Le gusta presumir de esa filosofía. Agasaja a su personal con historias sobre demandas sin valor alguno en el tribunal contra otras empresas para coaccionarlas y que se retiren o para conseguir un mejor trato. Así se consigue que hagan lo que quieres. Durante la campaña de 2016, el periodista Bob Woodward le preguntó a Trump sobre la opinión del presidente Obama de que «el poder real consiste en poder conseguir lo que quieres sin ejercer la violencia». En su respuesta, Trump hizo una confesión reveladora: «El poder real se consigue a través del respeto. El poder real es, ni siquiera quiero usar la palabra, el miedo».

El presidente Trump no da muestras de misericordia. Los adversarios políticos son enemigos de guerra, y no hay que tener clemencia. Trump continúa obsesionado con su anterior rival presidencial años después de iniciar su mandato y la desacredita y denigra continuamente. Tal vez fuera distinto si existiera la posibilidad de enfrentarse de nuevo a Hillary Clinton, pero parece que se ha retirado de la función pública. No me malinterpreten: nadie en la Casa Blanca de Trump es muy partidario de Hilary Clinton, pero la hostilidad crónica del presidente hacia ella empezaba a parecernos un poco rara. Ha tuiteado sobre Clinton en centenares de ocasiones desde que asumió el cargo. Incluso ha coqueteado con la idea de usar el poder de su cargo para investigarla y procesarla, como comentaremos más adelante. La derrota electoral no es suficiente: Donald Trump quiere el fracaso total de sus adversarios.

Cicerón dijo que la «justicia» también se mide viendo si alguien cumple las promesas. Por desgracia, el pasado de Trump está plagado de acusaciones de impagos a proveedores, empleados sin cobrar, acuerdos incumplidos, etc. En una investigación de *USA Today* se descubrió que estuvo implicado en más de tres mil quinientas demandas durante un período de tres décadas, muchas de ellas reclamaciones de individuos según las cuales él y sus empresas no les habían pagado. Sus negocios también recibían reiteradas notificaciones del gobierno por infringir la Ley de Normas Justas de Trabajo y no pagar las horas extras o el salario mínimo.

El reguero de contratos incumplidos es paralelo a otro rasgo de Trump, su falta de generosidad. La bondad y la magnanimidad forman parte de la lista de requisitos de Cicerón para la justicia, pero no del carácter de Trump. Su historial filantrópico está repleto de palabras vacías y prácticas cuestionables. Los acólitos del presidente afirman que ha dado «decenas de millones» de dólares a la beneficencia a lo largo de su carrera, pero varias investigaciones periodísticas han descubierto que las donaciones eran mucho menores de lo que él alardea.

La mayor parte de las donaciones caritativas las hacía en apariencia la Fundación Trump. En vez de financiarla él, el empresario usaba donantes externos para llenar las arcas de la fundación, lo que le permitía extender cheques con su nombre sin mermar su propia riqueza. No es algo inédito, otras fundaciones personales se alimentan de donaciones externas. Sin embargo, en diciembre de 2018 la fundación se vio obligada a disolverse cuando una investigación pública en Nueva York la acusó de seguir «un asombroso patrón de ilegalidad», incluido «funcionar como poco más que una chequera al servicio de los negocios y los intereses de Trump». Uno de los ejemplos es el uso de diez mil dólares de su organización benéfica para comprar un retrato al óleo de un metro ochenta centímetros de sí mismo. Ese es su sentido de la generosidad. Con eso no quiero decir que Trump no done su propio dinero. Convirtió en un gran espectáculo dentro de la Casa Blanca su decisión de renunciar a los cuatrocientos mil dólares de sueldo presidencial, y donaba sus nóminas periódicamente y con grandes aspavientos para subrayar su magnanimidad. Ya sea en el Departamento de Transporte o en el despacho del Cirujano General de Estados Unidos, alardea de ello en Twitter y en persona. Trump ha llegado a insistir a los destinatarios en hacerse una fotografía con él y los cheques, donde su nombre ocupa un lugar prominente, firmado con un gran rotulador, para mostrar su gratitud. No recuerdo a otros presidentes que llamaran la atención así sobre su generosidad con tanta regularidad. Deberían ver la reacción incómoda de los jefes de las agencias al darse cuenta de que se espera de ellos que ensalcen con humildad al presidente cuando va tirando calderilla por donde pasa, después de quemar millones de sus presupuestos de una manera que no habrían recomendado con cualquier otro presidente. Como bromeó uno conmigo en una ocasión, por lo menos es una manera de que pague los impuestos que probablemente debe al pueblo estadounidense.

Juntos, estos ejemplos dibujan una imagen clara: Donald Trump no es un modelo de justicia. No le preocupa mantener

87

una «buena relación de compañerismo» con la gente, tratar a los demás de forma justa, cumplir sus promesas ni dar muestras de generosidad. Procura cultivar la imagen de multimillonario desprendido, pero no lo es. Muchos de los que hemos entrado en su administración sabemos que es una persona vengativa y con tendencia al autobombo que invierte un tiempo desorbitado en atacar a los demás para favorecer sus intereses. Esas cualidades influyen en la gestión del gobierno. Por consiguiente, hemos aprendido por la vía difícil que el *modus operandi* del presidente hace hincapié en el combate por encima de la pacificación, el acoso sobre la negociación, la malicia sobre la clemencia y el reconocimiento sobre la auténtica generosidad. En resumidas cuentas, es la viva imagen de un hombre injusto.

El coraje del presidente

88 Cicerón dice que el coraje es la «virtud que defiende la causa de la justicia». El presidente cree que es el defensor de grandes causas justas. Enarbola la bandera en numerosos asuntos públicos con su estilo de luchar para ganar. Una persona valiente asume tanto los honores como la culpa cuando está al frente, pero Trump se niega a hacer lo segundo. Cuando su equipo pierde, Donald Trump no aparece por ningún sitio. Ahí es cuando enseña su auténtico ser. Solo hay que fijarse en cualquier batalla legal que haya librado la administración con el Congreso. Si estaba en el bando perdedor, el presidente hacía todo lo posible por evitar la responsabilidad por miedo a ser etiquetado de «perdedor».

El ambiente creado por su actitud cobarde es desalentador para el equipo. Recuerdo cuántas veces prometió el presidente durante el primer año que íbamos a reformar el sistema de salud estadounidense, uno de los grandes ejes durante la campaña. Trump se comprometió a derogar y sustituir el Obamacare, que estaba plagado de problemas y distorsionaba el mercado.

Parecía que los republicanos tuvieran los votos en el Congreso pero, cuando los esfuerzos fracasaron de forma inexplicable, el presidente no tuvo el valor de asumir la responsabilidad. Señaló a los senadores «débiles» que votaron en contra de la derogación y en la intimidad culpaba a los empleados. Desde entonces, poco se ha avanzado. Los que están por debajo de él han copiado su actitud de «no va conmigo» y se ha creado una cultura de rehuir los problemas para evitar asumir la culpa. Scott Pruitt fue recordado por ello durante su época de jefe de la Agencia de Protección Ambiental, donde culpaba al personal del mal uso de los fondos gubernamentales en vez de asumir su responsabilidad. Al final se vio obligado a dimitir.

La valentía adopta varias formas. No es solo la predisposición a asumir un golpe en la popularidad cuando algo no sale bien. Puede ser mucho más serio. En algunos casos significa en realidad jugarse la vida. No sé cuántas veces Trump se ha encontrado en esa posición (la mayoría de la gente no lo está en toda su vida), pero el ejemplo del que disponemos resulta revelador.

En plena guerra de Vietnam, cuando otros se enrolaban en el ejército estadounidense para servir a su país, él trató de evitar que lo reclutaran. Trump consiguió cinco prórrogas: cuatro por estudios, una por causas médicas. ¿Cuál era la excusa? «Espolones óseos» en los pies. La malformación era inventada, según las hijas del podólogo que realizó el diagnóstico y el exabogado del presidente, que recuerda a Trump diciendo: «¿Te crees que soy tonto? No iba a ir a Vietnam». No crean que eso pasa desapercibido para los hombres y mujeres que dirige en el ejército estadounidense o los veteranos que no contaron con una forma fácil de evitar Vietnam. Ellos habrían ido a la guerra con o sin excusa, y merecen algo mejor que los alardes de un hombre que se quedó en casa.

La valentía no es el único componente del coraje, así que es injusto juzgar al presidente solo a partir de eso. Cicerón sugiere que una persona valiente también es alguien que no se deja influir por las masas («Quien se deja llevar por la estupidez de la masa ignorante no debería considerarse un gran hombre») y que no es «conquistado por el placer» y la codicia («Nada es más significativo de un espíritu mezquino y ruin que amar la riqueza»). La fortaleza también es importante. «El signo de un espíritu verdaderamente valiente y constante es que se mantenga impasible en momentos difíciles, y cuando se altera, como dice el refrán, no pierda la cabeza sino que se aferre a la razón, con el ánimo y el consejo siempre a mano».

Así, además de la valentía, los requisitos para ser una persona valiente incluyen la resistencia a la mentalidad gregaria, evitar la obsesión por el dinero y el placer y la estabilidad en momentos de crisis.

En primer lugar, sería difícil describir al presidente como alguien que no se deja llevar por las pasiones de la sociedad. Tal y como comentaremos más adelante, fomenta el comportamiento propio de un rebaño, en vez de evitarlo. Además, está demostrado que le obsesiona la opinión pública. Es natural en un hombre que pasó años obsesionado con las audiencias en televisión. Nuestro jefe tuiteador sobrevive a base de «me gusta» y «retuiteos». Un análisis de sus publicaciones muestra que ha mencionado encuestas de opinión casi todos los meses desde que es presidente. No es raro que en una reunión sobre crecimiento económico o seguridad nacional incluya comentarios aislados sobre resultados de encuestas recientes.

Sus encuestas favoritas son, como cabía esperar, las que indiquen que va por delante, por muy dudosa que sea la fuente. A Trump le explota la cabeza cuando los medios de comunicación informan acerca de su falta de popularidad, sobre todo los que cree que deberían jugar en su campo, como Fox News, donde su operación de sondeo profesional refleja con precisión su falta de popularidad. Las encuestas y sondeos son para él pruebas de lealtad, no medidas científicas del estado de ánimo del país. No hay datos que ayuden a nutrir las deliberaciones, como en el caso de cualquier otro político del planeta: solo van dirigidos a alimentar su vanidad. En caso contrario, tienen que estar equivocadas. Sabemos a dónde nos aboca semejante actitud de forma inevitable: al fracaso. Margaret Thatcher, una gigante de la historia moderna de cuya comparación Trump jamás podría salir bien parado, avisó una vez: «Si pretendes gustar, tienes que estar dispuesto a ceder en cualquier cosa en cualquier momento, y no conseguirás nada». Resulta irónico el deseo del presidente de obtener una elevada tasa de aprobación porque hace poco para merecerlas.

En cuanto a si está «conquistado» o no por el dinero y el placer, dejaré de nuevo que hable el propio Donald Trump.

«He tomado las decisiones difíciles siempre con un ojo puesto en el saldo final.»

«La cuestión es que es imposible ser demasiado codicioso.»

«Parte de mi belleza reside en que soy muy rico.»

«Hay que ser rico para ser grande.»

91

El amor de Trump por el dinero solo se ve superado por su afición al lujo. Sus costosos gustos personales y estilo de vida extravagante están bien documentados. Estados Unidos lo vio claro durante su primera semana en la Casa Blanca. Cuando llevaba unos días en el cargo, Trump usó una de sus primeras entrevistas importantes como presidente para alardear ante el *New York Times* de su nueva casa. «He hecho entrar a la gente: entran y solo quieren mirar durante un buen rato», dijo. Se puso a pregonar la multitud de habitaciones y las obras de arte de valor incalculable que incluye el edificio, por no hablar del servicio impecable. Se despertaba con bufets de fruta, dulces y otros caprichos preparados. El personal le proporcionaba sus tentempiés favoritos. Y los teléfonos, dijo, eran «los teléfonos más bonitos que he usado en mi vida». «Es una residencia bonita, muy elegante», contó con entusiasmo al periódico.

Reservó sus comentarios más reveladores sin querer para cuando el *New York Times* preguntó por el Despacho Oval, que ya había redecorado con cortinas nuevas y una alfombra. Trump contó una historia sobre una visita reciente. «Esa persona entró en el Despacho Oval y rompió a llorar. Es una persona dura, por cierto, pero ese espacio tiene algo muy especial —le dijo a la publicación—. Ven el poder de la Casa Blanca y el Despacho Oval y piensan: "Sí, señor presidente". ¿Quién te va a decir que no?»

Por último, Cicerón define el coraje como característico de alguien que permanece «impasible en momentos difíciles», una cualidad que no se puede atribuir al presidente Trump. Cuando se enfrenta a desafíos difíciles, se pone histérico y grandilocuente. Los efectos colaterales no siempre se limitan a la Casa Blanca. Explota todas las semanas en público. Los asesores han dejado de contar la cantidad de ruedas de prensa, entrevistas y actos que se han ido al traste porque el presidente va a la deriva por un problema, ya sea una disputa personal o una negociación con el Congreso.

Cuando está enfadado por un tema, Trump deja que la frustración desborde su mente, esté donde esté o sea lo que sea lo que esté haciendo. Puede ser un acto de lo más sencillo. «Va a hablar la persona A —le dice un asistente—. La persona B le presentará, señor presidente. Y luego usted hará las siguientes observaciones.» Le entrega un breve discurso. Trump se queda mirando la página, tacha las palabras con un gran rotulador negro y luego hace otro tipo de declaraciones. Si la prensa está en la sala, suele dirigirse a lo más profundo del abismo. Cambia el orden de los acontecimientos ahí mismo y se sumerge en una diatriba. Así es como un acto sobre una reforma fiscal puede derivar en una queja interminable sobre los «millones y millones» de votantes ilegales que están acabando con el proceso democrático.

Cuando se enfrenta a dilemas de política exterior, tiende a sacar pecho y fingir dureza, a no mantener la serenidad. Por ejemplo, en vez de hacer caso omiso de los adversarios incendiarios, Trump intenta superarlos: «El máximo dirigente de Corea del Norte, Kim Jong Un, acaba de declarar que "él siempre tiene el botón nuclear sobre la mesa". Que alguien de su régimen empobrecido y muerto de hambre le informe de que yo también tengo un botón nuclear, pero es mucho más grande y potente que el suyo, ¡y el mío funciona!». El presidente reaccionó al ruido de sables iraní con un tuit: «Si Irán quiere pelea, será el fin oficial de Irán. ¡No volváis a amenazar jamás a Estados Unidos!».

Esos arrebatos pueden ser catárticos en el momento, pero suelen agravar la situación. Con esa provocación a dictadores inestables se arriesga a provocar un malentendido que puede acabar en crisis. En el mejor de los casos, los ejemplos anteriores desembocaron en disputas públicas prolongadas que distraían del tema a tratar o retrasaban en la práctica nuestra capacidad de reaccionar con eficacia a acontecimientos internacionales.

Aristóteles escribió una vez que «un exceso de confianza en situaciones alarmantes es una imprudencia, y la persona imprudente es al mismo tiempo un arrogante y un farsante del coraje». Trump no es valiente, además se deja influir por las masas, le mueve el dinero y el placer y no es estable en momentos de crisis. Es un «farsante del coraje», y eso debería hacer reflexionar a todo el mundo.

La templanza del presidente

Por último, debemos juzgar la «templanza» de Trump, que es más fácil que las otras virtudes porque es la más obvia. Cicerón explica que corresponde a alguien que muestra «moderación» y «modestia» y «es decente». En otras palabras: «que se comporta de un modo inofensivo». Cicerón añade que esa persona no es negligente. «Por tanto, uno debe asegurar que los impulsos obedecen a la razón [...] que no hacemos nada de forma precipitada o al azar, sin consideración o cuidado.» Concluye que los hombres con templanza afrontan bien las críticas y no son fáciles de provocar.

A estas alturas debería ser evidente que Trump es uno de los personajes públicos más ofensivos de los últimos tiempos. Al presidente le cuesta mostrar moderación y lanza ataques verbales sin venir a cuento y sin motivo. Su conducta es la quintaesencia de lo inapropiado, desde la retórica grosera y las bromas vulgares a reacciones impúdicas en público. Hay demasiados ejemplos, así que escogeremos una categoría. En ningún ámbito es más evidente que en su actitud hacia las mujeres. Muchos en la administración Trump sentimos rechazo ante su actitud misógina, que empezó mucho antes de las elecciones.

¿Cómo habla Trump de las mujeres? Atractivo sexual. Un culo bonito. Buena silueta. Pelandruscas. Geniales en la cama. Un poco regordeta. No es cachonda. Loca. Psicópata. Solitaria. Gorda. Culo gordo. Tonta. Mala pécora. Perra. Fea. Cara de perro. Cara de caballo. Asquerosa. Ese es el tipo de comentarios que hace. Trump tampoco escatimó en sexismo con su adversaria, la primera candidata presidencial de un gran partido político de Estados Unidos. «Si Hillary Clinton no es capaz de satisfacer a su marido —tuiteó en 2015—, ¿cómo cree que va a ser capaz de satisfacer a los Estados Unidos?» En un acto de campaña en Ohio al año siguiente comentó: «¿Os parece presidencial, tíos? Venga ya». No me importa si eran partidarios de Hillary Clinton o no. No se puede negar el ferviente sexismo que rezuman esas palabras.

A veces sus opiniones rayan en lo que muchas mujeres hoy en día llamarían abusivas. Se cuenta que, en una ocasión, Trump hizo el siguiente comentario, refiriéndose a sí mismo en tercera persona: «Lo amas o lo odias, Donald Trump es un hombre que sabe lo que quiere y está dispuesto a conseguirlo, sin trabas. A las mujeres ese poder les parece casi tan afrodisíaco como su dinero». (Una vez más, no puedo evitar citar a Margaret Thatcher, que trató con hombres así: «Ser poderoso es como ser una señora —dijo—. Si necesitas decirle a la gente que lo eres, es que no lo eres».) En 2013, Trump opinó sobre las decenas de miles de agresiones sexuales sin denunciar en el ejército estadounidense y tuiteó: «¿Qué esperaban esos genios cuando pusieron a hombres y mujeres juntos?». Por supuesto, también es célebre su explicación a Billy Bush de NBC sobre cómo ganarse a una mujer casada y cómo afrontaba la seducción en general: «Ni siquiera espero —dijo—. Y, cuando eres una estrella, te dejan hacerlo. Puedes hacer lo que sea. Agarrarlas por el coño. Lo que sea».

Como presidente, los comentarios inapropiados sobre las mujeres no se han reducido. Yo me he visto sentado, escuchando en un silencio incómodo cómo hablaba del aspecto o la actitud de una mujer. Hace comentarios sobre el maquillaje. Bromea con el peso. Critica la ropa. Cuestiona la dureza de las mujeres de dentro y alrededor de su órbita. Usa palabras como «cariño» y «nena» para dirigirse a profesionales cualificadas. Es justo lo contrario a como debería comportarse un jefe en el entorno laboral. Los comentarios de Trump sobre mujeres concretas de su administración a veces se producen delante de sus narices. Después de una de esas situaciones, una funcionaria vino a verme, exasperada, para lamentarse. «Esto no es un lugar de trabajo sano.»

No pretendo decir que las mujeres que trabajan para Trump son víctimas que no puedan defenderse. Tuvieron que lidiar con tipos asquerosos mucho antes de que Donald Trump asumiera el cargo. No necesitan «espacios seguros» en el Ala Oeste. Aun así, las muestras de misoginia de Trump son insólitas y desconcertantes para mujeres que en ocasiones sienten que reciben un trato distinto a sus homólogos masculinos. Cuando se trata de mujeres fuertes fuera de la administración —presentadoras de televisión o personajes públicos—, corre la voz sobre los comentarios y apartes ofensivos del presidente, y nos lamentamos en privado de otro profundo defecto del carác-

95

ter del presidente sobre el que no tenemos control alguno. Ni siquiera su familia se salva, aunque compartir apellido suele ahorrarles los peores comentarios, pero no los más raros.

Por lo visto la actitud cambiante en público no ha influido mucho en su opinión sobre el acoso sexual. De hecho, Donald Trump es como el Pedro Picapiedra de la era del «Me Too». Ha sido acusado de conducta sexual inapropiada por unas dos docenas de mujeres, y su estrategia es destruir esos testimonios que denuncian su conducta inadecuada. En una conversación entre el presidente y un amigo sobre conducta inapropiada, el periodista Bob Woodward recuerda que Trump dijo: «Hay que negarlo, negarlo y negarlo, y presionar a esas mujeres. Si admites algo, alguna culpa, estás muerto… tienes que ser fuerte. Hay que ser agresivo. Tienes que contratacar con dureza. Negar todo lo que se haya dicho de ti. Nunca admitirlo». Entendido, señor presidente. Esta cita no ha pasado desapercibida a las mujeres de su plantilla.

Cicerón dice que la templanza exige previsión y no hacer nada «al azar». Sin embargo, el presidente es conocido por su toma de decisiones precipitada, como reflejamos en todo el libro. Trump alardea de hacer llamadas difíciles basándose en su «instinto» del momento, en vez de en una buena información y una estrategia clara.

Luego están las distracciones. No es exagerado decir que tenemos un jefe que ejerce la presidencia zapeando. Las reuniones sufren interrupciones constantes de la televisión. Se reciben llamadas a primera hora de la mañana desde la residencia oficial sobre lo que ha visto en televisión. Se enfurece con lo que no sale en televisión, incluyendo a los subordinados que evitan ir a un canal de televisión a defenderle. Trump se lo apunta cuando se saltan los programas dominicales o apariciones previstas en televisión para evitar tener que contestar preguntas sobre su última payasada, y lo usa en su contra. El presidente, como ha quedado ampliamente documentado, está obsesionado con la televisión, y los fragmentos que no son de su agrado pueden arruinar días enteros de trabajo en la administración. Su digestión ávida y vanidosa de la cobertura que hace la televisión de sí mismo es lo que provoca sus arrebatos más vergonzosos.

Recuerdo una mañana despejada de martes, el presidente aún estaba en la residencia oficial. Me apareció una alerta de Twitter en el teléfono. Trump se estaba desahogando sobre algo que seguramente había visto en las noticias por cable. En ese momento podría haber escogido hablar de la reunión que había tenido el día antes con el presidente brasileño. O del funeral que se estaba celebrando en Nueva Zelanda tras un tiroteo de un supremacista blanco. O del hecho de que era el cumpleaños de su hijo. En cambio, el presidente estaba despotricando de George Conway, el marido de su alta asesora Kellyanne Conway, cuyas críticas al presidente constituían una noticia menor.

«George Conway, llamado a menudo por sus conocidos "señor Kellyanne Conway", está MUY celoso del éxito de su esposa y enfadado porque yo, con ayuda de su mujer, no le di el trabajo que tanto deseaba. Apenas lo conozco, pero no hay más que verlo, ¡es un enorme PERDEDOR y un mal marido!» En lugar de centrarse en los asuntos importantes del día, permitió que las críticas del señor Conway lo distrajeran por completo. Desvió el ciclo de noticias hacia un absoluto sinsentido. Por no hablar del hecho de que ridiculizó en público al cónyuge de una de sus empleadas, otra alerta roja en el lugar de trabajo.

Esos arrebatos son constantes. Llegan en los peores momentos. Por ejemplo, en el aniversario de los ataques del 11 de septiembre, el presidente fue incapaz de postergar la política durante la mañana para honrar a las víctimas y sus familias. Arremetió contra los demócratas y los medios de comunicación. «En una hipotética encuesta, realizada por uno de los peores encuestadores de todos, ese Amazon Washington Post/ ABC, que predijo que perdería contra la corrupta Hillary por quince puntos (¿cuál fue el resultado?), Joe el Dormido, Pocahontas y prácticamente todos los demás me ganarían en las elecciones generales —tuiteó al amanecer—. Es una falsa encuesta de represión que pretende reforzar a sus socios demócratas.» «Maldita sea —pensé—, ¿no podemos concentrarnos durante unas horas?» En otras ocasiones la Casa Blanca podía estar en plena respuesta a una crisis nacional, pero una mosca que lo observara desde la pared vería que al presidente le interesaba mucho más contestar a los «odiadores» de internet que hacer su trabajo.

Los líderes tranquilos son capaces de hacer caso omiso a las críticas. El presidente Lincoln afirmaba que evitaba leer ataques personales. Cuando topaba con una crítica a su presidencia de especial virulencia, se sentaba en su escritorio y redactaba una exaltada refutación. Después se levantaba y se iba sin enviarla. Ese no es el estilo de Trump. El presidente se toma todas las críticas como algo personal. No se le ocurre dejarlas pasar sin una respuesta. A diferencia de Lincoln, no considera que la templanza sea una virtud. Pulsa «enviar».

Aún recuerdo ese dolor insistente en el vacío del estómago. Esa tensión silenciosa. Las caras hundidas en el trabajo. Éramos zombis que deambulábamos por la administración. No hacía falta intercambiar palabras. El día que todos sabíamos que llegaría estaba ahí. El día en que todas las preguntas que quedaran sobre el carácter del presidente Donald J. Trump obtendrían una respuesta definitiva. Para algunos fue un punto de inflexión. Hay muchos episodios que reflejan el carácter de Donald Trump, pero este destaca en mi memoria.

El 12 de agosto de 2017 los organizadores de lo que se llamó un acto electoral para «Unir a la Derecha» se reunieron para protestar por la retirada de la estatua de Robert E. Lee de un parque de Charlottesville, Virginia. Por lo menos esa fue su excusa para reunirse. Acogieron a conocidos grupos supremacistas blancos, incluidas organizaciones de neonazis y neoconfederados, así como el Ku Klux Klan. La prensa local cubrió ampliamente los preparativos del acto. La víspera, los supremacistas blancos realizaron una marcha no autorizada por el campus de la Universidad de Virginia, donde gritaron a coro: «Los judíos no nos sustituirán», «Lo que importa son las vidas blancas» y «Sangre y tierra». Se encontraron con estudiantes universitarios que se habían reunido alrededor de una estatua de Thomas Jefferson para oponerse al grupo. El encuentro se volvió violento, y solo sirvió para exacerbar la inquietud de la ciudad antes del acto más multitudinario, programado para el día siguiente.

Se organizó una contraprotesta al acto de «Unir a la Derecha» con representación de una amplia gama de grupos religiosos, étnicos y con otros intereses, así como ciudadanos de la zona preocupados. Se produjeron de nuevo enfrentamientos violentos. Por la tarde, el escenario se volvió mortal. Un declarado supremacista blanco de Ohio estrelló deliberadamente su vehículo contra una multitud de contramanifestantes y varios cuerpos saltaron por los aires. Hubo más de treinta heridos y falleció una mujer, Heather Heyer. La ciudad declaró el estado de emergencia. La crisis de Charlottesville se volvió noticia internacional.

Es imposible saber con exactitud qué información absorbió Donald Trump sobre aquel suceso, la primera prueba real como presidente para su capacidad de reaccionar al malestar social en nuestro país. Intervino desde su campo de golf de Nueva Jersey y declaró que «en Estados Unidos no había lugar para ese tipo de violencia». No se quedó ahí. Condenó el odio y «la violencia por parte de muchos bandos».

Muchos bandos.

«¿Pero qué demonios quiere decir con eso?», me pregunté cuando pronunció esas palabras. Trump parecía insinuar que los

99

contramanifestantes también eran culpables. No censuró específicamente a los grupos extremistas. Para ser justos, pensé que quizás el presidente, como muchos otros, no quería anticiparse a los hechos porque no conocíamos la identidad de todas las víctimas relacionadas con el incidente. Sin embargo, en mi fuero interno sabía que la verdad no era agradable. Trump no quería admitirlo porque el grupo violento había apoyado su campaña.

El clamor en ambos partidos fue inmediato. Uno de los más firmes defensores del presidente en el Capitolio, el senador Orrin Hatch de Utah, se sumó a un grupo de colegas para instar al presidente a aclarar sus comentarios y condenar por su nombre a los grupos discriminatorios. Entretanto, los supremacistas blancos se hacían eco de la declaración de Trump en sus publicaciones porque también la consideraban una defensa de su causa.

El lunes, el fiscal general Jeff Sessions tachó el incidente de acto «malvado» de terrorismo doméstico. El personal de la Casa Blanca trabajó a contrarreloj para que el presidente apróbara un nuevo comunicado que dejara claro que él también se oponía a los supremacistas blancos y los neonazis. Mientras tanto, destacados directores de empresas empezaron a dimitir de consejos asesores de la administración como acto de protesta ante la ambigüedad del presidente, incluidos los jefes de Under Armour, Intel y Merck. Pese a que más tarde informó a los periodistas de que su primera declaración tras los incidentes violentos de Charlottesville fue «bonita», el presidente cedió e hizo otra declaración pública en la que señalaba a los grupos discriminatorios.

El martes la situación dio un giro a peor. Durante una rueda de prensa en la Torre Trump de Nueva York en principio dedicada a las infraestructuras de Estados Unidos, el presidente soltó una diatriba sobre Charlottesville en la que parecía rectificar las declaraciones revisadas que había hecho el día anterior. Condenó el homicidio con vehículo, pero luego comentó que en el acto de «Unir a la Derecha» también había «gente muy

buena» y que «la prensa los ha tratado de una forma completamente injusta». La cara de perplejidad y resignación del jefe
de gabinete John Kelly se volvió viral, y con razón.

Los que lo vivimos en persona tuvimos que recoger las
mandíbulas que se nos habían caído al suelo. ¿Qué estaba diciendo? Costaba imaginar a «gente muy buena» tropezando de
forma inocente con una manifestación de neonazis que se había anunciado profusamente. Había muy pocas probabilidades
de que «gente muy buena» se uniera a unos manifestantes que
llevaban banderas con esvásticas y rugían lemas antisemitas.
David Duke y Richard Spencer, ambos conocidos supremacistas blancos, no eran «gente muy buena».

Trump no se detuvo ahí. Defendió la manifestación de la
extrema derecha y comparó la retirada de la estatua del líder de
los confederados con derribar las de los padres fundadores del
país. «Esta semana es Robert E. Lee... me pregunto si George
Washington será el siguiente. ¿Y Thomas Jefferson la semana
después? ¿Sabéis? Tenéis que preguntaros dónde se acaba todo
esto.» De nuevo culpó a «ambos bandos» de la violencia, incluidos los contramanifestantes, a los que tildó de «extrema izquierda». «¿Tienen siquiera una pizca de culpa?», preguntó. El
que hablaba era el auténtico Trump, no el que seguía un guion.

Donald Trump ha sido acusado de ser un fanático, es discutible si lo es por convicción o por conveniencia. Personalmente,
nunca he creído que el presidente sea racista en el fondo de su
corazón, pero ¿qué importa si el efecto es el mismo? Que haga
declaraciones que incentivan a los racistas y lo haga a conciencia, está mal, pero más inexcusable es su desinterés. La sociedad estadounidense ve que la administración no está haciendo
lo suficiente para combatir la violencia con una motivación
racial. ¿Por qué? Porque, en última instancia, el de arriba del
todo no muestra interés. En la mente de los adeptos a Trump,
problemas como la supremacía blanca son un invento de la izquierda para imponer su agenda de políticas de identidad. Por

101

tanto, el presidente se muestra reticente a actuar, duda de si encabezar el ataque en un tema que podría distanciar a algunos de sus seguidores, al tiempo que pasa por alto un incendio letal que arrasa los corazones y las mentes de una facción pequeña pero peligrosa aquí, en casa.

Tras los sucesos de Charlottesville, la desilusión se palpaba en toda la administración. Sentíamos que la reacción del presidente dejaba al descubierto la parte más fea de su naturaleza: el político superficial y demagógico propenso a provocar desastres hasta para sí mismo. Muchos ya nos sentíamos frustrados con la gestión que hacía el presidente de su trabajo. Ahora, a propósito o no, estaba canalizando las opiniones de los fanáticos, que a su vez estaban entusiasmados de ver que un presidente de Estados Unidos daba la cara por ellos. Cuando una persona normal recibe elogios de gente como David Duke, enseguida entiende que va por mal camino y corrige el rumbo. Donald Trump no.

De todas las declaraciones demenciales y vergonzosas que soportábamos todas las semanas, sus comentarios sobre Charlottesville se llevaban la palma. Era repugnante. Pensé en cómo el Partido Republicano, que en su momento ayudó a impulsar el movimiento en defensa de los derechos civiles, ahora tenía de portavoz a un hombre cuyas palabras alimentaban la intolerancia racial. Me preguntaba: ¿aprendería algo de aquello? ¿Era capaz de aprender algo de aquello? Y ¿cómo diablos me quedo en el equipo?

Sé que es una pregunta que os estáis haciendo muchos: ¿por qué no se fue nadie? Dios sabe que habría sido fácil. Todos tenemos borradores de cartas de dimisión en nuestros escritorios o portátiles. Es el consejo que te dan, medio en broma medio en serio, el primer día que entras en la administración Trump o justo después de la confirmación del Senado: «Asegúrate de escribir tu carta de dimisión. Puede que la necesites en cualquier momento, sin previo aviso». Algunos nos planteamos dimitir ahí mismo. Un periodista informó de que un miembro del gabinete le dijo que le daban ganas de escribir una carta de dimisión, llevársela al presidente y «metérsela por el culo». Era un sentimiento compartido, pero al final nadie se fue enfadado. No hubo dimisión a modo de protesta.

«¿Por qué se queda la gente? —me preguntó un buen amigo en aquella época—. Deberíais dimitir todos. Es un desastre.»

«Por eso —contesté—, porque es un desastre». Era cierto en muchos casos. Pensábamos que podíamos aguantarlo. La respuesta parece más vacía que antes. Tal vez mi amigo tuviera razón. Quizás perdimos una oportunidad cuando una estampida habría tenido sentido.

El ambiente en la administración se fue enturbiando durante los meses siguientes. La polémica dejó una huella permanente en la presidencia de Trump. Solo estábamos en la mitad de nuestro primer año, pero me temía, y sabía, que era un presagio de lo que estaba por llegar. También fue el momento en que recibí la repuesta a esa pregunta pendiente sobre él. La pregunta no era si Trump era un dirigente modélico; a esas alturas semejante conclusión habría resultado ridícula. La pregunta era si la presidencia por lo menos inculcaría en este hombre la capacidad de ser mejor persona de lo que era, si era capaz de elevarse y estar a la altura de las circunstancias.

Poco después, mientras recorría la primera planta de la Casa Blanca, contemplé los retratos de líderes estadounidenses que adornaban los pasillos. Me asaltó una idea que nunca me abandonó: Donald Trump no es uno de ellos. No es un hombre de gran carácter, ni de buen carácter. No tiene carácter.

3

Opiniones falsas

«Debemos presentar al mundo un Estados Unidos que no solo sea
fuerte en el ámbito militar, sino que sea moralmente poderoso,
un Estados Unidos que cuente con un credo, una causa, una visión
de un futuro en la que todos los pueblos tengan derecho al
autogobierno y a la libertad personal. Creo que los conservadores
estadounidenses cuentan con una preparación extraordinaria
para presentar al mundo esta visión del futuro:
una imagen digna del pasado de Estados Unidos.»

RONALD REAGAN

«Hay un tuit para todo.» Es un comentario habitual de hastío por parte de los críticos del presidente. Les gusta señalar que Trump adopta una posición y luego, unos años o incluso días después, tuitea la opinión contraria. Ahora se ha convertido también en un dicho común dentro de su administración, donde la asombrosa incapacidad del presidente de mantenerse firme provoca asombro y maldiciones a partes iguales.

El fenómeno de sus opiniones cambiantes dio lugar a toda una industria. Un emprendedor en línea creó un pequeño negocio gracias a ellas: President Flip Flops. La tienda en línea vende literalmente sandalias con un tuit de Trump en la izquierda y otro en la derecha que lo contradice, incluidas joyas como cuando afirmó que el sistema del Colegio Electoral era «un desastre para una democracia», seguido de una publicación en internet en la que afirmaba que dicho sistema «en realidad era genial» después de ganar las elecciones. Su tuit en el que citaba una «fuente extremadamente creíble» con rumores sobre Barack Obama, seguido de una advertencia a sus seguidores: «Recordad, no creáis lo de "mis fuentes me han dicho"... Si no mencionan las fuentes, las fuentes no existen». O su mensaje en el que instaba a la administración Obama: «No ATAQUÉIS A SIRIA» porque sería «MUY TONTO», seguido de un tuit en el que elogiaba a «nuestro gran ejército» por hacerlo «tan bien en el ataque a Siria», ordenado por él.

Las incoherencias me recuerdan algo que me dijo una vez una amiga encuestadora. Me explicó lo que ella llamaba «la prueba del hecho y el problema». Era una manera sencilla de determinar si los votantes escuchaban las «opiniones» de un candidato y por tanto se estaba creando una marca fuerte y de confianza. Ronald Reagan obtenía una puntuación alta. Por ejemplo, si a un votante de 1980 se le diera un escenario político falso sobre cualquier tema importante y luego se le preguntara «¿Cuál sería la posición de Reagan en este asunto? ¿A, B o C?», el votante contestaría sin dudar: «C». Reagan comunicaba sus opiniones con claridad y actuaba con decisión, así que la gente sabía cuál era su posición.

Imaginen a los votantes ante la misma prueba de contrastar hechos y problemas para Donald Trump. «¿Cuál sería la posición de Trump en este asunto? ¿A, B o C?» Se puede completar con cualquier escenario. Pongamos que el asunto fuera la sanidad, el aborto, el comercio con China o las armas. Me compadezco del votante que diera una respuesta convencido, porque Trump ha cambiado de opinión en todos ellos.

Ha exigido en reiteradas ocasiones una «derogación total» del Obamacare como presidente, y ha arremetido contra los republicanos del Congreso por no cumplirlo; después, tras dejarlos tirados, dijo que no quería una derogación completa. Quería mantener algunas partes. Durante mucho tiempo dijo que él era «proelección», pero más adelante, cuando era candidato a la presidencia, dijo que era tan profundamente «provida» que creía que «tendría que haber algún tipo de castigo» para las mujeres que abortan. Trump aseguró que el gobierno chino debería ser considerado «manipulador de divisas» y exigir responsabilidades; más tarde dijo: «No son manipuladores de divisas», y luego que eran unos manipuladores de divisas «históricos». Afirmó que «¡Legislar el control de armas no es la solución!», y luego coqueteó con la idea de apoyarlo como presidente; después la Asociación Nacional del Rifle lo adoctrinó y se desdijo; más adelante, tras los tiroteos de Ohio y Texas, tuiteó sobre «debates serios» en el Congreso sobre la legislación del control de armas; luego desmintió sus declaraciones de nuevo. Para cuando lean esto, tal vez el presidente haya cambiado de opinión en esos asuntos varias veces más.

La brillante Abigail Adams, una de nuestras primeras damas más antiguas y líder por mérito propio, dijo una vez: «Siempre me ha parecido que la inteligencia de una persona se mide directamente en la cantidad de puntos de vista contradictorios que puede tener en cuenta a la vez sobre el mismo tema». El problema de Donald Trump es que nunca termina con una posición final. Sus convicciones están en conflicto constante y son susceptibles de cambiar sin motivo aparente, y nunca como consecuencia de una reflexión profunda.

Ningún presidente de la historia reciente ha llegado al Despacho Oval con semejante batiburrillo de ideas y opiniones como su inquilino actual. En cuanto a ideología, la Casa Blanca de Trump es como un Telesketch. El presidente despierta por la mañana, lo agita y dibuja algo. Puede que sea el mismo dibujo del día anterior. A veces es completamente distinto o imposible de descifrar. No obstante, llama a un alto asesor para hablar de su dibujo y toda la jornada parecerá una

107

sesión espiritista en la que los funcionarios se juntan para adivinar qué significan esos misteriosos garabatos y fingir que representan algo importante.

¿Debería importarnos que un presidente no defienda nada con firmeza? ¿Que cualquiera que sea el último en hablar con él pueda influir, ya sea un presentador de televisión, un miembro del Congreso de su agrado o su propia hija? La posición de un presidente en asuntos públicos lo es todo. Las opiniones que expresa informan las acciones de su administración, las prioridades del Congreso y, lo más importante, el apoyo y la confianza de la sociedad. ¿Cómo puede alguien sentirse cómodo con un presidente que tiene «opiniones falsas» que cambian a cada momento?

Este capítulo va dirigido sobre todo a los republicanos. El Partido Republicano afirma ser el partido de los principios, debería asustarles que la filosofía de nuestra cara visible no sea «seguir los ideales», sino arrojarlos contra la pared y esperar a «ver qué queda». Si sus cambios de actitud indican algo es que da prioridad a la conveniencia, no a las convicciones. Hay que sumarlo a la lista de despropósitos propios de la administración Trump, una lista tan larga que hace que los efectos secundarios que se incluyen en las instrucciones de los medicamentos suenen atractivos.

Para ser justos con el presidente, en el gobierno hay mucha tontería. La gente cambia de rumbo continuamente según sople el viento político para asegurarse de estar en «el bando correcto» de un asunto. Quieren estar en sintonía con la sociedad, o las bases, o su partido. En eso consiste la política. A veces resulta admirable cuando un dirigente tiene en cuenta información nueva y adapta sus ideas preconcebidas. No es el caso de Donald Trump. Él cambia de actitud sin dar explicaciones, y aun así convence a los republicanos más reaccionarios de que cuenta con un conjunto fijo de creencias y una ideología, cuando no es cierto. Les ha hecho pensar que es conservador, cuando no lo es. Esperan que muestre una lealtad inquebrantable a sus causas, y no lo hará.

Los defensores de Trump discrepan. Algunos lo han proclamado el mejor presidente desde Reagan, otros han rozado el absurdo al considerarlo el mejor desde Lincoln. Él fomenta las comparaciones. «Vaya, los mejores resultados de una encuesta de la historia del Partido Republicano —tuiteó en julio de 2018—. Eso incluye al honesto Abe Lincoln y Ronald Reagan. Tiene que haber un error, ¡revisad esa encuesta!» Es el mismo hombre que declaró con orgullo en el césped de la Casa Blanca: «Soy el Elegido», con un gesto elocuente hacia el cielo delante de un montón de periodistas. Dijo que era una broma, pero no lo era. Esa es la percepción de sí mismo que tiene Donald J. Trump.

Sus seguidores citan una serie de victorias conservadoras bajo el mandato de Trump, desde designaciones judiciales a cambios de normativa. Sin duda, en esos aspectos ganan. Ha progresado en una serie de objetivos conservadores de un modo inimaginable antes de ser elegido. Pensemos en el Tribunal Supremo, con una bancada conservadora más fuerte, o la engorrosa cinta roja que cortó, para gran alivio de las empresas estadounidenses. Sumémoslo a los cambios en nuestro demencial código fiscal, que han generado más dinero para los bolsillos de los ciudadanos.

Siento decir que con frecuencia esos logros poco tenían que ver con el liderazgo de Trump. El mérito suele ser de los republicanos del Congreso o los altos asesores del presidente, que lo han convencido para que se ciñera al programa. Cuando se tambalea en algunos asuntos, los dirigentes del Partido Republicano intervienen de improviso o a última hora, por lo general por teléfono.

Recuerdo la mañana en que se despertó y tuiteó sobre la «polémica» votación que iba a tener lugar en el Congreso sobre la renovación de las autorizaciones de la Agencia de Seguridad

Nacional en pinchazos telefónicos extranjeros. El presidente arremetió contra los poderes de los espías. Declaró que se usaron «para vigilar y perjudicar mucho la campaña de Trump». Nos cogió desprevenidos. Hasta ese momento, la administración había brindado su entusiasta apoyo a aquella legislación respaldada por ambos partidos. Los frívolos comentarios del presidente ponían en duda el futuro de la ley, además de herramientas cruciales para la seguridad nacional. Dirigentes republicanos llamaron furiosos a la Casa Blanca para explicar la legislación. Según ellos, era evidente que el presidente no la entendía. Las herramientas de espionaje de la NSA se usaban para perseguir a los malos, no para hacer un seguimiento de las campañas políticas nacionales. Hubo presiones internas en varios niveles para que Trump se retractara de sus comentarios. Dos horas después lo hizo, y tuiteó a favor de la ley: «¡La necesitamos! ¡Superagente 86!».

110   Sin esas intervenciones, en multitud de ocasiones Donald Trump se habría adentrado en la selva política, lejos del Partido Republicano. Se puede tardar un buen rato en convencerlo, su miedo a decepcionar a «las bases» es lo que lo mantiene bajo control de forma más constante. En el caso anterior, el presidente no quería que el Partido Republicano lo viera flojo en seguridad nacional, por eso se retractó. Eso solo debería ser un consuelo provisional para los republicanos preocupados, porque las bases no importarán si Trump es reelegido en 2020.

El Partido Republicano

Como el resto del país, los miembros del Congreso Republicano al principio no se tomaron en serio a Donald Trump. Sin embargo, a medida que fue tomando impulso pasaron de estar inquietos a quedarse petrificados. Nadie estaba más preocupado que el presidente de la Cámara Paul Ryan. Este prometió en una ocasión transformar el Partido Republicano y que pasara a ser un partido de «oposición» durante los ocho años del presidente Obama a un partido de «propuesta», según sus palabras, que produjera en masa ideas conservadoras para arreglar el país. Invirtió meses en redactar nuevas propuestas políticas —desde combatir la pobreza hasta arreglar la sanidad— que esperaba fueran aceptadas por el candidato republicano en 2016. Entonces apareció Donald Trump.

Con el empresario neoyorquino en la casilla de salida dispuesto a asegurarse la candidatura, el presidente de la Cámara corrigió el rumbo. No estaba seguro de si el candidato era un auténtico conservador. ¿Trump respaldaría las políticas republicanas, o las malbarataría en cuanto fuera elegido? Su historial demostraba que ante todo era un oportunista político. Ryan convocó una reunión a puerta cerrada con sus colegas. Tenían que conseguir que Donald Trump se ciñera al programa del Partido Republicano, de inminente publicación. Todos los republicanos elegidos tenían que promoverlo para trasmitir un mensaje claro al candidato: «Si ganas las elecciones, este es el partido que encabezarás y esto es lo que defiende. No nos rechaces». Según recordaba uno de los presentes, Ryan miró a sus colegas en la mesa y dijo con absoluta confianza: «Este es el plan de inoculación de Trump».

El Partido Republicano, también llamado «el gran partido antiguo», recibió su apodo honorífico justo después de la Guerra de Secesión como reconocimiento a su papel en la salvación de la Unión y el fin de la esclavitud. El partido se basaba en la idea de que el papel del gobierno en la sociedad debería ser limitado, y que la libertad de las personas debería potenciarse al máximo. La administración federal era responsable de determinadas áreas, entre ellas las relaciones comerciales y la defensa nacional, pero había que transferir la mayor parte del poder a los estados y las personas.

El Partido Republicano se fundó sobre la base de lo que se conoce como «liberalismo clásico». Antes de que el término «liberal» se asociara a los demócratas, significaba algo muy distinto. El liberalismo clásico se desarrolló durante siglos. En síntesis, postulaba que las personas deberían poder llevar su vida como quisieran, siempre y cuando no se coartara la libertad de otros. El gobierno existía con el único propósito de preservar la libertad y proteger a las personas unas de otras. Todo lo que excediera ese ámbito era una extralimitación del gobierno. Una de las convicciones básicas de los liberales clásicos era que los individuos estaban en mucha mejor posición para tomar sus propias decisiones que el propio gobierno; cuanto más control tengan sobre sus vidas, más prósperas serán sus sociedades.

Pese a que se asociaran otros aspectos al Partido Republicano, esas creencias constituían su esencia. Es la herencia del partido, o esa era la idea. Como cualquier grupo, el Partido Republicano ha evolucionado. A veces ha sido más «populista», ha reaccionado a los caprichos de la gente y ha respaldado un ámbito de acción de gobierno más amplio en la sociedad, y otras veces ha sido más «libertario» y se ha acercado más a una interpretación estricta de sus principios fundacionales relativos a un gobierno limitado.

Cuando Donald Trump entró en escena en el Partido Republicano, a sus dirigentes les preocupaba si apoyaba, o siquiera entendía, el movimiento conservador. Y con razón. Durante las últimas tres décadas Trump ha cambiado su afiliación a un partido político en cinco ocasiones. Ha sido miembro del Partido de la Independencia, el Partido Demócrata, el Partido Republicano, independiente registrado y luego decidió ser republicano de nuevo. Dudo que durante alguno de esos cambios «estudiara» mucho la identidad filosófica de cada grupo.

Los miembros del Partido Republicano tenían razón al mostrar cautela. En 2004 Trump confesó a la CNN: «En muchos aspectos, probablemente me identifico más como demócrata». En 2007 elogió a Hillary Clinton y dijo: «Hillary siempre se ha rodeado de gente muy buena», y añadió: «Creo que Hillary haría un buen trabajo [como presidenta]». Por increíble que parezca, siendo el candidato presidencial republicano en 2015 Trump repitió que se identificaba como «demócrata» en asuntos clave como la economía. En los años anteriores hizo donaciones a los demócratas más importantes en todos los niveles de gobierno: Hillary Clinton, Joe Biden, Anthony Weiner, John Kerry y Harry Reid. Dio dinero a Andrew Cuomo, Terry McAuliffe y a Eliot Spitzer. Hasta que no empezó a plantearse en serio presentarse como candidato a presidente «republicano» no dio dinero principalmente a candidatos republicanos.

Trump no es el único presidente de la era moderna que cambia de chaqueta. Fue sonado el cambio de Ronald Reagan del Partido Demócrata al Partido Republicano, pero lo hizo impulsado por sus principios, y perduró. No fue dando tumbos de un lado a otro, una y otra vez. Costaría afirmar que Donald Trump cambió de partido «por principios» como Reagan.

Algunos han intentado indagar en la evolución ideológica de Trump para averiguar qué cambió o qué le inspiró para volverse republicano. Voy a ahorrarles ese esfuerzo innecesario. Donald Trump se volvió conservador cuando le convino políticamente. No me cabe ninguna duda de que habría sido la estridente estrella en auge del Partido Demócrata si le hubiera parecido una vía más corta para llegar al Despacho Oval. Sea como fuere, hizo con su sistema de creencias lo que hacía con todos los productos Trump: lo externalizó para que otra persona lo fabricara a bajo coste, y luego estampó su nombre en él. Un montón de secuaces contratados le proporcionaron las mínimas bases «conservadoras», y él le añadió un llamativo revestimiento dorado para apropiársela.

Los analistas republicanos fueron cayendo en la cuenta uno tras otro de que era un lobo con piel de cordero durante las pri-

113

marias de 2016. Los defensores más destacados del credo conservador advirtieron al resto del Partido Republicano de que Trump era un apóstata. David McIntosh, el jefe de la organización conservadora Club for Growth Action dijo que el candidato no era «un conservador de libre mercado». Rush Limbaugh criticó severamente el apoyo de Trump a programas de prestaciones inflados, y mantuvo un diálogo retórico consigo mismo en directo: «¿Alguien puede señalarme el conservador que figura en la papeleta? ¿A qué te refieres, Rush? ¿Estás admitiendo que Trump no es conservador? ¡Pues claro que sí!» El difunto columnista Charles Krauthammer escribió: «Trump no tiene afinidad de ningún tipo con el eje central del conservadurismo moderno: el regreso a menos gobierno y más reducido».

Yo también tenía mis recelos, como cualquiera. Observaba cómo Trump pasaba más tiempo burlándose de otros candidatos que entrando en materia. Tras su aparición los debates eran poco más que riñas de patio de colegio. Cuando hablaba de lo que defendía, a menudo era un anatema para los principios del Partido Republicano, desde su visión de la medicina socializada al gran papel que debería desempeñar la administración federal en la educación. Me preocupaba en particular y me sorprendieron las opiniones de Trump sobre economía, mucho más «intervencionistas» que las políticas que el Partido Republicano había promovido durante los años anteriores.

Donald Trump no se estaba mostrando como conservador porque no lo era. Por eso muchos republicanos intentaron levantar «barricadas» ideológicas antes de su nombramiento como candidato poniendo de relieve sus severas desviaciones de la base del Partido Republicano. Esas barricadas no sirvieron de mucho para detener a un hombre que no iba en la misma línea. Ganó primaria tras primaria. El presidente de la Cámara Ryan siguió adelante con su opción de refuerzo y lanzó una plataforma diseñada para que el candidato aceptara la ortodoxia republicana. Trump hizo caso omiso, y siguió avanzando hacia la victoria del día de las elecciones. El «plan de inoculación» de los republicanos falló. De hecho, nunca tuvo ninguna posibilidad.

El lobo con piel de cordero

Con los plenos poderes de la dirección ejecutiva del presidente, Donald Trump ha convertido el Partido Republicano en una maraña de contradicciones. Confunde a diario a los dirigentes del partido con declaraciones fuera de lugar y posiciones encontradas. Sin embargo, sus acciones en los temas más cercanos y queridos para el Partido Republicano —el alcance del gobierno, defensa nacional y políticas económicas— son las que más llaman la atención. En conjunto, la gestión del presidente en esas cuestiones ha dado un resultado neto negativo para el partido y el país.

Un gobierno grande y bonito

115

Por mucho que el presidente Trump hable últimamente de que los demócratas intentan convertir Estados Unidos al socialismo, la realidad es que él es el rey del gran gobierno. La administración federal es igual de grande, centralizada, descuidada con los gastos e intrusiva con Donald Trump que cuando Barack Obama ocupaba el cargo. En muchos aspectos, más. Es una verdad incómoda para los seguidores de Trump. En vez de ceñirse a las creencias conservadoras tradicionales sobre el papel limitado de la administración federal, Trump ha permitido que el gobierno se infle. Le molesta en particular que le digamos que el gobierno jamás será lo bastante amplio o poderoso para ejecutar sus propuestas espontáneas.

De hecho, el déficit en el presupuesto federal de Estados Unidos estaba disminuyendo con la administración Obama, y pasó de 1,4 billones en 2009 cuando Obama asumió el cargo a 587 000 millones en 2016, justo antes de dejarlo. El mérito de tan destacado descenso es de los republicanos del Congreso, que forzaron un enfrentamiento con la Casa Blanca en 2011 y exigieron un acuerdo presupuestario para controlar el déficit. El resultado fue la Ley de Control Presupuestario, que redujo los gastos federales, impuso límites anuales estrictos a los futuros gastos y puso un tope a la «tarjeta de crédito» del gobierno. Se consideró el mayor logro del movimiento conservador «Tea Party».

A Donald Trump no le interesaba regatear. Tal vez intente proyectar la imagen de hombre que trabaja para ahorrar dólares a los contribuyentes, y es cierto que se le puede disuadir de ciertas ideas absurdas si cuestan demasiado. Pero no es porque intente ahorrar dinero para devolvérselo a la sociedad estadounidense. Sigue queriendo gastarlo, pero en cosas en las que él tenga un interés personal, como bombas o seguridad fronteriza. Trump se aleja de la gente «tacaña». Hoy en día no escatima en gastos en la gestión del poder ejecutivo, gasta con tanta libertad que hace que la época de quemar dinero de la Trump Organization parezca una mesa donde jugar cinco dólares en un casino de Las Vegas. Por consiguiente, el déficit presupuestario ha aumentado todos los años desde que Donald Trump asumió el cargo, y ha vuelto a niveles peligrosos. El presidente va en camino de gastar un billón de dólares más de lo que ingresa el gobierno al año.

Estudiemos 2019. El presidente propuso un presupuesto récord de 4,7 billones de dólares. Es la cantidad que según él gastaba el gobierno federal en un solo año. Desde que Trump asumió el cargo, la deuda estadounidense —que en gran parte debemos a otros países a los que pedimos dinero prestado— ha crecido en billones, hasta llegar a un total sin precedentes de veintidós billones. Para devolver nuestras deudas, según una estimación, cada contribuyente de Estados Unidos debería soltar una media de 400 000 dólares. Eso debería activar las alarmas de tornado fiscal en todo el país. No podemos seguir pidiendo prestado un dinero que no podemos devolver, de lo contrario nuestros hijos pagarán un precio muy alto, terrible.

El presidente también decidió tirar por la ventana los antiguos límites de gasto. No quería ser titular de una tarjeta de crédito con un límite tan fácil de alcanzar. Así, en un acuerdo redactado con Nancy Pelosi, esquivó a todos los efectos la preciada Ley de Control Presupuestario de los conservadores, aumentó los límites de gasto en más de trescientos mil millones de dólares al año y añadió otros dos billones a la deuda estadounidense durante la década siguiente. Cuesta explicar el significado de este revés. Si el presidente Obama hubiera tramado un plan parecido con un presidente de la Cámara del Partido Republicano, los republicanos se habrían enfurecido.

Los conservadores deberían considerarlo una traición absoluta y extrema. Trump prometió hacer lo contrario con los gastos federales. Durante la campaña presidencial prometió eliminar la deuda estadounidense durante su mandato. Sí, es correcto: eliminarla. Nunca explicó del todo cómo iba a devolver billones de deuda en un período tan breve, pero no importaba porque no era cierto. Lo dijo para apaciguar a los conservadores que estaban preocupados y para asegurarles que era «uno de ellos», un tiburón presupuestario que quería reducir el gasto. Más «opiniones falsas». Para mi gran asombro, en vez de amotinarse contra el presidente Trump, los congresistas republicanos se hicieron los suecos cuando fueron a votar su desastroso acuerdo presupuestario, y demostraron una vez más que Trump tiene el poder absoluto de Darth Vader sobre los republicanos con poca voluntad.

Donald Trump ha vuelto a poner al país en la senda hacia la quiebra, un ámbito en el que tiene una experiencia inigualable como presidente de Estados Unidos. El pequeño grupo de conservadores fiscales que siguen en la administración Trump advirtieron al presidente de los posibles peligros de su adicción desmesurada al gasto. En una de esas reuniones, se cuenta que

Trump dijo: «Sí, pero yo ya no estaré aquí». Yo nunca le oí decirlo, pero no me sorprende. Así piensa. ¿A él qué le importa que el gobierno federal quede patas arriba? Para entonces ya no será su problema.

En el período de campaña, Trump también prometió reducir la excesiva plantilla federal. Por lo visto eso también fue un farol. La cantidad de empleados gubernamentales no se ha reducido mucho bajo su mandato. De hecho, en la segunda mitad de 2019 la plantilla federal estaba aumentando de nuevo hasta sus niveles más altos desde el final de la administración Obama. El presidente no ha considerado la reducción una prioridad en su participación en el Congreso, pese a la infinidad de oportunidades de sacarla a colación en las negociaciones presupuestarias.

Entretanto, Trump se ha esforzado mucho en que el poder ejecutivo esté más activo, no menos. Además de eliminar normativas, ha publicado un montón de órdenes ejecutivas para saltarse el Congreso y sus representantes electos. Trump atacó a Obama por hacer lo mismo y lo tildó de ser «básicamente un desastre» y antidemocrático. «Tenemos un presidente que no consigue hacer nada, así que no para de firmar órdenes ejecutivas por todas partes —dijo—. ¿Por qué Barack Obama no para de firmar órdenes ejecutivas que son importantes injerencias en el poder de las autoridades?» Eso fue antes de que el propio Trump asumiera el cargo. Ahora él emite órdenes a un ritmo equivalente al de sus antecesores demócratas. En sus primeros tres años, Bill Clinton emitió 90 órdenes ejecutivas. En ese mismo período Barack Obama emitió 110. Donald Trump había emitido 120 antes de que terminara su tercer año.

La administración Trump no es un lugar gratificante para trabajar para un fiscal conservador. La mayor parte de nuestros intentos de lograr que al presidente le importe han fracasado. Ahorrar dinero suele resultarle aburrido. Cuando muestra interés por poner fin a lo que considera programas que despilfarran dinero —que para él son iniciativas muy concretas como proyectos medioambientales que le han contado o dólares que se envían a un país con el que está enfadado— no entiende por qué no se pueden detener las iniciativas con un solo gesto. La gente le recuerda que hace falta estudiarlas de forma coherente y con tiempo. Tiene que trabajar con el Congreso. Sin embargo, eso es demasiado esfuerzo. Unos cuantos hemos perdido la esperanza de que, ante unas inminentes elecciones, mostrara más interés en reducir el gasto y los apabullantes presupuestos de las agencias para satisfacer a los conservadores. En cambio, llegó a un acuerdo rápido con la presidenta de la Cámara Pelosi porque era más fácil y le daba más dinero. Esa manera insensible de comerciar cayó como una losa sobre nuestros sueños de equilibrar los presupuestos.

Trump, como persona que adora las cosas «grandes», quería que su gobierno lo fuera. No debería sorprendernos.

Defensa indefendible

En defensa y seguridad nacional, la historia parece mejor a primera vista. El presidente ha aumentado el gasto militar (aunque a costa de incrementar la deuda). Se ha centrado en modernizar las fuerzas armadas estadounidenses y aumentar el sueldo de nuestras tropas, y ha convertido la seguridad del país y sus fronteras en una de las prioridades de su presidencia.

En realidad, Trump ha sido un desastre para el Pentágono. Se refiere a los mandos del ejército no como defensores neutrales de la república, sino como «sus generales», a los que puede desplazar como le plazca, como piezas en un tablero de ajedrez. Duele oírle hablar así. Algunos de esos mandos han perdido hijos en la defensa del país. Han visto cómo hombres y mujeres llamaban a su puerta para comunicarles la noticia más desgarradora que puede recibir un padre, que su hijo se ha ido para siempre. Con todo, se encuentran recibiendo órdenes a gritos de un hombre que se acobardó al pensar en el servicio militar. Los patriotas que siguen llevando uniforme no darán un paso al frente para decirlo porque no quieren discrepar en público de su comandante en jefe, pero muchos están horrorizados con la falta de decoro de Trump y su liderazgo imprudente de las fuerzas armadas.

En más de una ocasión ha puesto a nuestras fuerzas armadas en una posición terrible al intentar introducir al ejército en debates políticos o usarlo para demostrar su propia dureza. Empezó antes de que asumiera el cargo. Como candidato, Trump sugirió que las agencias militares y las de inteligencia aceptaran la tortura como táctica contra los enemigos de Estados Unidos, y prometió: «Voy a volver a las inmersiones. Y voy a volver a un montón de cosas peores que las inmersiones». Los analistas señalaron que los terroristas usaban ese tipo de declaraciones como propaganda, y les ayudaban a reclutar seguidores aduciendo la supuesta crueldad de Estados Unidos. Alimentan su relato y ponen en peligro a las fuerzas estadounidenses en el extranjero. Por suerte, el nuevo equipo convenció al presidente para que dejara el tema al principio de su legislatura, pues se percataron de que los cambios de actitud de Trump tendrían efecto sobre todo en la defensa nacional.

El daño infligido por el presidente a nuestra seguridad es consecuencia de sus terribles decisiones en política exterior, un ámbito en el que el instinto de Trump es tan nefasto que le dedicaremos un capítulo entero. De momento, tomemos el ejemplo de Irán. El presidente Trump asumió el cargo ansioso por reunirse cara a cara con las autoridades iranís, que dirigen uno de los gobiernos más hostiles hacia Estados Unidos del mundo. «Cuando quieran», dijo. Sin condiciones. Ningún presidente estadounidense lo había hecho antes, y con razón. El gobierno iraní tiene las manos manchadas de sangre de nuestros soldados. Es el responsable de la muerte de cientos de soldados estadounidenses en Irak y Afganistán. Concederles audiencia con el líder del mundo libre los colocaría en el mismo nivel y aportaría material de un valor incalculable para los medios de comunicación al regresar a su país. También demostraría a los disidentes iranís que Estados Unidos aceptaba ese régimen violento, y no se oponía a él. Donald Trump no entendía o no le importaba nada de eso, y a los mandos militares se les revolvió el estómago al oír la oferta del presidente.

Luego Trump empezó a cambiar de opinión. Fue testigo de la conducta hostil de Irán y reconoció que la pacificación no era el mejor modo de proceder. Su péndulo interno oscilaba con fuerza en la dirección contraria. Cuando Irán derribó un dron estadounidense de vigilancia en junio de 2019, el presidente quiso que la reacción fuera supercontundente. Los funcionarios del Pentágono advirtieron de una posible escalada de violencia en Teherán, pero Trump abogó de todos modos por un ataque militar. Cuando los aviones de guerra estaban en el aire a diez minutos del objetivo, por lo visto decidió anularlo y hacer caso de los consejos de los escépticos, entre ellos Tucker Carlson, presentador de Fox News. Al cabo de solo unas semanas, el péndulo volvió a oscilar. Volvió a insinuar a sus asistentes la posibilidad de sentarse con las autoridades iranís en una reunión cara a cara, algo que muchos considerábamos un error garrafal. Trump se burló de la posibilidad de una reunión del G7 en Francia.

Cuando los cambios de actitud de Trump hacen referencia a algo como los uniformes nuevos del ejército («muy caros», se lamentó en una ocasión, aunque por otra parte dijo que eran «bonitos»), resulta agotador. Cuando se trata de ataques aéreos, es aterrador. El carácter impetuoso del presidente pone en peligro a nuestros militares, y durante años no se sabrá hasta qué punto. Es más que un dolor de cabeza para el Pentágono: es una migraña cegadora. Los que han trabajado en los niveles más altos del Pentágono, los que se han sentado con Trump en el momento de tomar decisiones, lo saben muy bien. Todas las semanas blindan lo mejor que pueden a los hombres y mujeres que visten uniforme para que no sepan lo indisciplinado que es el comandante en jefe ni que trata al ejército estadounidense como si formara parte de un gran juego de guerra de mesa. Nuestros guerreros lo arriesgan todo para aventurarse en los rincones más oscuros del mundo y cazar a los que nos harían daño. Merecen algo mejor por su inquebrantable sentido del deber que un hombre que carece de un código moral básico.

Es espeluznante ver que nosotros, los cargos nombrados por él, nos hemos acostumbrado a eso. Una vez salí de una reunión con el presidente y uno de los participantes, visiblemente alterado y nuevo en el circo de Trump, me llevó a un lado.

«¿Es broma?», exclamó. Unos instantes antes Trump había anulado sobre la marcha una misión militar. Quería ir en otra dirección, y a su cambio de actitud le sucedió una orden presidencial que ejecutar, de inmediato.

«¿Qué se supone que debemos hacer? —preguntó el experto, nervioso—. Quiere que descartemos todo lo que la agencia ha estado planeando.»

«Relájate —le dije—. No vamos a hacer nada. Te juro que mañana cambiará de opinión.»

Me equivoqué. El presidente cambió de opinión esa misma tarde.

Después tenemos la seguridad nacional. Para los conservadores consiste en un subconjunto de la «defensa» y la obligación general del gobierno de proteger a sus ciudadanos. Para el presidente Trump, es una pieza central de su programa. Se presentó candidato con la promesa de controlar las fronteras y apoyar a los agentes en primera línea. De todos los temas aleatorios que saca de repente en reuniones y actos, el premio al mayor disparate de Trump se lo lleva «el muro».

Una de las bromas habituales en la Casa Blanca es que uno de los peores trabajos de la administración es el de los pobres diablos encargados de diseñar el muro fronterizo del presidente. Por supuesto, Trump habla sin cesar del muro con un brillo en los ojos. Cuando era candidato a la presidencia prometió que construiría «un gran muro, nadie construye muros mejor que yo, creedme, y lo haré muy barato… Y haré que México pague ese muro. Recordad lo que os digo». Amonestó a Jeb Bush, su rival en la candidatura, por hablar de vallas en las fronteras: «No es una valla, Jeb. Es un MURO, y es MUY distinto».

Debo admitir que es desternillante ver a Trump abordar este tema. A finales de 2015 dijo que su muro estaría hecho de «cemento duro… barras corrugadas y acero». En un momento dado de 2017, propuso que el muro contara con paneles solares para generar electricidad limpia. Un mes más tarde dijo que había que «poder ver a través de él». El muro ya no era una placa de cemento, sino «un muro de acero con aperturas». Luego tenía «listones de acero de diseño artístico». Más adelante, en 2018, el presidente dijo que podría ser «un muro de acero, o una valla de acero, pero será más potente que ninguno de los muros de cemento de los que estábamos hablando». A finales de 2018 dijo que «NUNCA SE ABANDONÓ la idea de un muro de cemento, como han dicho los medios», y menos de una semana después tuiteó: «Estamos planificando una barrera de acero en vez de cemento». A mediados de 2019 volvió a cambiar y alardeó del «nuevo muro alto de acero y cemento» que ya había construido y vaticinó que había mucho más por llegar.

Los funcionarios salían de las reuniones sobre el tema como si acabaran de bajar de la atracción del Gravitron en la feria. El presidente cambiaba sin cesar el diseño. ¿Tres o quince metros de altura? ¿Valla eléctrica o no? Los empleados se quejaban de que era incapaz de aclararse. Se tiraban de los pelos por la frustración. Las preferencias cambiantes en la estética solo eran equiparables a sus distintas explicaciones del calendario de construcción. En varias ocasiones Trump nos dijo que la obra estaba en marcha, luego que los demócratas estaban im-

123

pidiendo que se construyera el muro, después que el Congreso tenía que actuar, o que sus críticos se equivocaban y se estaba construyendo no sé cuánto muro, luego que los tribunales lo estaban entorpeciendo, y después —sin importar lo dicho sobre el Congreso y los tribunales— que podía construirlo solo y que «tendremos toda [la frontera] sellada» a finales de 2020.

Esta es la verdad: Trump apenas ha construido nada de muro, y sus políticas han sido un profundo fracaso en cuanto a seguridad fronteriza. Por lo visto, la mayor parte de lo que ha construido el presidente es un reemplazo de las antiguas vallas en la frontera. Los expertos insisten en que, aunque de verdad haya cientos de kilómetros de muro nuevo en camino, como promete nervioso a los votantes, seguirá sin resolver el problema. Incluso con un muro gigante de cemento (o una valla de acero, o una valla-muro de cemento-acero) en toda la frontera, los inmigrantes podrán llegar a nuestra frontera y solicitar protección. Después se les deja estar en Estados Unidos durante años mientras se revisan sus casos. Eso es lo que los republicanos suplicaron a Trump que solucionara, pero, en vez de utilizar su capital político para arreglar las leyes infringidas, se obsesionó con uno de sus pasatiempos favoritos: un proyecto de construcción. El resultado es que el sistema seguirá sin funcionar mucho después de su presidencia.

En el proceso de hacer chapuzas con la seguridad fronteriza, Donald Trump ha destruido la reputación de Estados Unidos como país de inmigrantes. Es un concepto fundamental del liberalismo clásico, republicano, conservador: Estados Unidos es un refugio para los que buscan una vida mejor. Esa era la situación de la república en el momento de su fundación y así ha sido desde entonces. El país fue moldeado por personas que abandonaron sus hogares en sitios remotos, por idealistas que asumían riesgos y trabajadores que, contra todo pronóstico, lucharon para llegar literalmente a un nuevo mundo. Las raíces de nuestra república no son «la sangre y la tierra», sino una aspiración compartida a empezar de nuevo. No obstante, Trump, que no es un hombre aficionado a la historia, jamás adoptó esa visión.

Un día un asesor salió perplejo de una reunión en el Despacho Oval, vino a mi despacho y me contó una anécdota sobre una conversación con el presidente. La reunión trataba otro tema cuando Trump se fue por la tangente de la inmigración y se quejó de la cantidad de gente que cruzaba la frontera.

«Dejamos que esas mujeres entren con sus siete hijos —dijo a los presentes, imitando por un instante el acento hispano—. Dicen: "¡Oh, por favor, ayudadme! ¡Mi marido me ha dejado!". No sirven para nada. No hacen nada por nuestro país. Por lo menos si llegaran con un marido podríamos enviarlos al campo a recoger maíz o algo así.»

Los presentes en la sala se revolvieron incómodos en sus sillas, pero no dijeron nada, me informó el asistente. Ni siquiera sabían qué decir. Así piensa y habla el presidente de Estados Unidos de la gente que daría la vida (y a veces ocurre) por llegar a este país. Si esos comentarios llegan a la prensa, se envía a un empleado de comunicación de nivel intermedio a decir que Trump estaba bromeando. Os aseguro que no es cierto.

Por mucho que digan sus seguidores, o que os intenten convencer los cargos designados por él, Donald Trump está en contra de la inmigración. Puede estar en una reunión sobre defensa con misiles, pero en su fuero interno probablemente esté pensando en su muro… en impedir la inmigración a Estados Unidos… en los mexicanos. En una ocasión dijo de ellos: «No están enviando a los mejores… traen drogas. Traen delincuencia. Son violadores. Y algunos, supongo, son buena gente». Imaginen lo que hace sentir a la población de estadounidenses mexicanos. Por desgracia se oyen pocas reacciones de rechazo a la retórica antiinmigratoria de Trump por parte de sus funcionarios de seguridad nacional, que parecen vivir aturdidos, como si sufrieran síndrome de Estocolmo.

El presidente también ha sopesado la idea de reducir a cero la cantidad de refugiados extranjeros admitidos en Estados Unidos, que suelen ser personas que huyen de la persecución en países pobres y no blancos. Sí, habéis leído bien: cero... *zilch*... nada. Ya ha reducido la cantidad a mínimos históricos. Entretanto, ha anunciado una serie de estrictas restricciones para los posibles nuevos inmigrantes, entre ellas la imposición de una prueba de riqueza. Me pregunto si, en todos los años que pasó en Nueva York, Trump vio alguna vez la frase que figura en la base de la Estatua de la Libertad, que dice en parte: «Dadme a vuestros rendidos, a vuestros pobres, vuestras abigarradas masas que anhelan respirar con libertad». Si la leyó, no significó nada para él.

Lo fundamental para los republicanos es lo siguiente: Estados Unidos puede tener la puerta abierta sin tener «fronteras abiertas», pero no podemos conservar el país que amamos cerrándole la puerta en la cara a aquellos que más aspiran a sumarse a él.

Comerciar con los principios

La mayor abdicación del presidente de las políticas conservadoras corresponde al ámbito de la economía. Hace mucho que los republicanos defienden el libre comercio, convencidos de que el intercambio abierto de bienes es un derecho fundamental. Estados Unidos es más próspero que cualquier otro país de la historia gracias a eso. Sin embargo, Donald Trump es un proteccionista tenaz. Ha creado nuevas barreras para el comercio, justificadas por una visión inversa de la economía que ha quedado desacreditada durante siglos.

Básicamente, Trump no entiende cómo funciona el comercio. Cuando los expertos intentan explicárselo, o escucha a medias o solo oye lo que quiere oír. Y lo que quiere oír, por supuesto, es que sus guerras comerciales con otros países constituyen un movimiento brillante y un gran éxito. Su arma favorita en esos conflictos económicos son los aranceles. El presidente cree que añadir tasas a los productos que entren del extranjero «aportará MUCHA MÁS riqueza a nuestro país». Lo hemos soportado durante años vomitando ese concepto erróneo.

Muchos expertos saben que es una locura. ¿Por qué iba un presidente a negar a los estadounidenses la oportunidad de pagar menos por sus productos? ¿Por qué encarecer a propósito los bienes que compran? Tal y como explicó un economista, debería ser de interés público «en todos los países» dejar que la gente «compre lo que quiera a quien lo venda más barato [...] La propuesta es tan evidente que me parece ridículo molestarse en demostrarla». No es un comentario reciente. Lo escribió el padre del capitalismo, Adam Smith, en el siglo XVIII. Su enfoque es más relevante que nunca.

Para comprender hasta dónde llegan las reservas del presidente hay que mirar el mundo a través de su prisma. Trump cree que imponer un arancel, o un impuesto, en bienes de importación nos hará ricos. Supongamos que impusiera un arancel del veinte por ciento en los jerséis de la India. Según Trump, eso significa que, por cada jersey de treinta dólares enviado desde la India, recaudaremos seis dólares en tasas, lo que significa que los indios básicamente nos estarían pagando para vender sus jerséis. Suena bien, ¿no? La cosa mejora. Con el precio resultante más elevado de los jerséis, las empresas estadounidenses pueden permitirse volver al negocio de los jerséis, y empiezan a competir con la India porque la tarifa solo se aplica a los productos extranjeros. Así que empiezan a venderlos a un coste un poco más bajo a los estadounidenses. El resultado son nuevos puestos de trabajo en la industria de los jerséis de Estados Unidos. ¡Un beneficio seguro para el país!

No tan rápido. Esta lógica pueril se ha repetido durante siglos, pese a las palabras atemporales de Adam Smith. Esto es lo que ocurre en realidad: en cuanto se impone un arancel en

127

los jerséis, el coste adicional pasa a los consumidores. Los seis dólares no los pagarán los indios, sino los estadounidenses. Esos mismos estadounidenses se verán obligados a gastar más dinero en ropa que antes. Multiplicadlo por todo el país y son miles de millones de dólares que tendrán que gastar en jerséis, y menos en otros productos que necesitan. Sin duda, algunas empresas del país se verán incentivadas a empezar a fabricar jerséis y crearán trabajos con sueldos bajos. Sin embargo, lo que pasará desapercibido es el efecto en otros sitios, los miles de millones de dólares que perderán otras empresas porque los estadounidenses se están gastando el dinero en algo en lo que no deberían. En otros sectores desaparecerán trabajos mejor pagados.

La economía es tan evidente que duele. Los aranceles no funcionan. Solo son un impuesto masivo para los estadounidenses que les roba el dinero que tanto les ha costado ganar. Por desgracia, no ha habido forma de que ningún ser humano ayude al presidente a ver esta realidad. Creedme, muchos lo hemos intentado. Su intrincada visión de la economía no tiene solución.

El debate ha creado un cisma dentro del equipo. El secretario de Tesorería Steven Mnuchin ha luchado a puerta cerrada por adoptar una medida serena con los aranceles. Ha recomendado no llevar a cabo algunos de los movimientos arbitrarios y repentinos que ha hecho el presidente. Mnuchin también ha intentado en reiteradas ocasiones que no cundiera el pánico en el sector privado quitándole hierro a las guerras comerciales, y solo ha conseguido recibir reprimendas de los asesores de la Casa Blanca por hablar cuando no toca. Compañeros como Peter Navarro han visto subir sus puntos con Trump por jalear sus acciones, aunque en privado admiten su frustración por no saber si cambiará de opinión en cualquier momento y aumentará las tarifas sin un plan. Como en cualquier otro tema, las voces sensatas quedan relegadas a un segundo plano.

Los conservadores deben admitir que eso es intervencionismo del gobierno «por la puerta de atrás». Trump ayudó a aprobar una importante ley de reducción de impuestos en el Congreso en 2017, pero las consecuencias de sus tarifas costarán al pueblo estadounidense más dinero del que ahorraron con esa legislación, según las estimaciones. Es una manera sigilosa y deleznable de subir los impuestos sin que la gente se dé cuenta. Trump sabe que es así. Ya ha hablado con sus asesores de cómo gastará el dinero extra de los impuestos por aranceles. En una rueda de prensa también lanzó la posibilidad de gastar una parte en reaccionar a catástrofes naturales. Mañana podría ser un anexo a la Casa Blanca o un muro fronterizo adicional, quién sabe.

No estoy argumentando que no haya circunstancias que justifiquen las limitaciones en el comercio con países extranjeros, o su interrupción. A lo largo de nuestra historia ha habido momentos en los que hemos decidido que Estados Unidos no tenía interés en comerciar con determinados países, sobre todo cuando mantenemos un conflicto armado contra un agresor. He defendido ante mis compañeros de la administración Trump que gobiernos como China no merecen tener acceso a determinados bienes estadounidenses, que les permitirían espiar a su pueblo o lograr una ventaja militar competitiva. No obstante, también hay que reconocer que el libre comercio es una de nuestras armas más potentes para sacar a la gente de la pobreza y darles el poder de tomar las riendas de sus destinos, en vez de permitir que los autócratas dicten su futuro.

La mayor preocupación en nuestro país es que, con sus guerras comerciales, el presidente pueda provocar una recesión y hacer naufragar la economía. En su fuero interno debe de compartir esta inquietud. Quizá sea uno de los motivos por los cuales prescinde de jefes de agencias gubernamentales y asesores que le han advertido de las consecuencias de unos aranceles elevados. Entretanto, Trump actúa como un dictador. En un momento dado tuiteó: «Quiero ordenar a nuestras grandes empresas estadounidenses que empiecen de inmediato a buscar una alternativa a China». Así no funciona un sistema democrático, señor presidente. No puede «ordenar» a las empresas estadounidenses dónde fabricar sus productos. Los mercados se asustaron con su conducta cada vez más demencial en el asunto, y grandes ejecutivos advirtieron al presidente de que debía cambiar el rumbo.

Tal vez sea demasiado tarde. Las acciones anticomerciales de Trump están perjudicando a los estadounidenses en este preciso instante. Las estimaciones indican que la economía ya ha perdido cientos de miles de puestos de trabajo por su guerra comercial. Si Trump sigue por este camino, subirán los precios de todo, desde los teléfonos hasta los muebles. Al final todos los sectores sufrirán el efecto dominó. Granjeros, fabricantes, cualquiera. Otros países ya están tomando represalias con sus propios aranceles, lo que magnifica el problema. Los estadounidenses pobres y de clase trabajadora serán los que más sufrirán. Son los que dependen de los precios bajos para sostener sus hogares, donde hay poco margen de error. Si Trump sigue viviendo en las tinieblas económicas, esa gente se verá obligada a trabajar más horas y desempeñar trabajos adicionales solo para llegar a fin de mes.

El comercio no debería usarse como arma de guerra en tiempos de paz. Es una batalla donde todos pierden. Ha llegado el momento de que el Partido Republicano abra los ojos. Las políticas económicas del presidente son malas para los estadounidenses, contrarias a los principios republicanos y crueles, como su artífice.

Se acabó la fiesta

Tras el intento fallido de Mitt Romney de desbancar al presidente Obama en 2012, el Partido Republicano vivió un momento de epifanía. ¿Cómo pudimos perder las elecciones? A los dirigentes del partido les parecía evidente que Barack Obama estaba desconectado de la mayoría de Estados Unidos. A su juicio, las elecciones deberían haber sido un camino de rosas. Sin embargo, Romney fue derrotado 332 a 206 en el Colegio Electoral. Quedó claro que eran los republicanos los que estaban desconectados. Los que conocían a Mitt creían que habría sido un líder muy competente, pero incapaz de conectar con la parte más amplia del electorado que necesitaba.

El Comité Nacional Republicano (RNC) encargó un «informe de la autopsia» de las elecciones. Los resultados fueron contundentes. Publicado cuatro meses después del día de las votaciones, aquel documento de cien páginas destacaba los problemas del partido con las minorías, las mujeres y los jóvenes. Decía que las políticas republicanas se basaban en unos cimientos sólidos, pero había que reformularlas para un público nuevo. Los republicanos necesitaban dar cobijo a más gente, según los autores, y en cambio los estábamos aislando.

«Los votantes jóvenes cada vez desprecian más lo que representa el partido, y muchas minorías piensan, aunque no sea cierto, que no son del agrado de los republicanos o que no los quieren en el país —afirmaba el documento—. Si los estadounidenses hispanos oyen que el Partido Republicano no los quiere en Estados Unidos, no prestarán atención a nuestra siguiente frase.» El informe instaba a los republicanos a centrarse en «ampliar la base del partido», sobre todo en ser más inclusivos con «los estadounidenses hispanos, negros, asiáticos y homosexuales», y en particular las mujeres, a las que el partido no lograba atraer. Los resultados se dieron a conocer en una rueda de prensa de Reince Priebus, presidente del RNC. Tres años después, Reince se convirtió en el primer jefe de gabinete de la Casa Blanca de Trump.

Quien haya estado por lo menos semiconsciente durante la presidencia de Trump sabrá que el presidente no ha seguido prácticamente ninguno de esos consejos. De hecho, parece que haya escrito a propósito un contraguion y se haya saltado de forma flagrante las recomendaciones del RNC para alejar a las

131

poblaciones a las que el Partido Republicano necesita llegar. Bajo el mando de Donald Trump, el partido se ha vuelto menos conservador fiscalmente, más polarizador, menos diverso, más contrario a la inmigración y menos relevante. Entretanto, ha dejado la marca republicana con una carga única y nociva y delega en los demás la gestión de un partido «de base amplia» que al final incluirá a poca gente.

Y os preguntaréis: ¿cómo ha ocurrido? Bueno, si existe una constante en la vida de Trump —en la política, los negocios y la familia— es la deslealtad. Los republicanos entregaron las llaves del reino a un hombre que pagó dinero para comprar el silencio de una estrella del porno con la que se había acostado mientras estaba casado con su tercera esposa, que acababa de dar a luz a su tercer hijo. ¿Nos sorprende que se haya alejado de los ideales más preciados del partido? Si es elegido para un segundo mandato, engañará a los ingenuos republicanos una y otra vez. Cuando le preguntaron sobre la posibilidad de acabar con los desastrosos aranceles a los que se ha condenado, el presidente resumió sin querer toda su filosofía política: «Sí, claro. ¿Por qué no? Podría ser. Cambio de opinión sobre todo». ¿Se puede ser más paradójico? Sí, porque Trump se retractó de ese comentario.

Los conservadores que sueñan con que Donald Trump sea nuestro salvador tienen que despertar. No solo no es conservador, representa una amenaza a largo plazo para el Partido Republicano y lo que este propone defender. Nos está redefiniendo hasta tal punto que hace que nuestra base sea incoherente. Los que lo animan a seguir durante una segunda legislatura —y afirman babeando que está «arrasando» la Izquierda— están enterrando sin saberlo el Partido Republicano y sentando las bases del fin del partido tal y como lo conocemos para introducirnos en un territorio inhóspito.

Dejadme afinar un poco más. Si los republicanos creen que la gestión del presidente de los temas esenciales es aceptable, entonces no queda nada del partido más que el nombre. Sí, aún hay conservadores solitarios que intentan defender las causas tradicionales del Partido Republicano desde dentro de la administración, pero el liderazgo de Trump del partido (o la ausencia de él) será lo que se recuerde, no el trabajo de limpieza de sus lugartenientes.

La traición del presidente a la fe conservadora tal vez no sea un problema para algunos de los lectores de este libro. Tal vez os sintáis cómodos con administraciones de mayor envergadura, el gasto a crédito o la economía proteccionista. Estáis en vuestro derecho. Con todo, el presidente ha transformado el largo brazo del gobierno en una bola de demolición que persigue algo mucho más fundamental que el programa del Partido Republicano. Todos los estadounidenses, sea cual sea su filiación política, deberían estar atentos.

133

4

Ataque a la democracia

«El poder siempre cree que tiene una gran alma y una visión amplia, fuera del alcance de los débiles, y que está al servicio de Dios cuando está violando todas sus leyes.»

JOHN QUINCY ADAMS

*E*l presidente Trump no tardó mucho en usar los poderes de su cargo contra las bases de nuestra democracia. La cultura de la Casa Blanca estaba plagada de abusos de la autoridad ejecutiva desde el principio, dado que Trump pasó la mayor parte de su vida anterior al gobierno en puestos donde contaba casi con el control absoluto. Esas empresas no requieren un sistema democrático o de cooperación en su gestión. No le hacían falta coaliciones entre ambos partidos ni respetar una administración que se expande. Era su espectáculo, y todo iba dirigido a sus victorias, sus audiencias y su nombre en lo alto de grandes edificios. Tras las elecciones de 2016, en las que pronunció las palabras habituales de unidad política y solidaridad, Donald Trump dio un giro brusco y recurrió a otras maneras de usar su Casa Blanca y a los investigadores federales pagados por los contribuyentes —a los que considera sus investigadores— para perseguir a sus enemigos políticos.

La mayoría de los estadounidenses se encoge de hombros

ante la grandilocuencia de Trump. Seguro que en realidad no quiere investigar y encarcelar a los demócratas que ejercen la oposición, es solo otro rasgo de su extravagante personaje televisivo. No puede poner a Hillary Clinton entre rejas porque no le guste, ¿no? Donald Trump cree que sí. Va en serio con su orden de procesar y perseguir a todo el que ose desafiarlo. Muchos hemos acabado aprendiendo a base de golpes lo mucho que se enfada cuando la ley y sus abogados de la administración no se pliegan ante los dictados presidenciales.

La rabia de Trump alcanza su máximo apogeo cuando no se cumple su mandato poco ético. Los asesores pueden estar sentados en el Despacho Oval, en principio para comentar la política monetaria o algún otro tema, y de pronto vemos cómo al presidente se le ensombrece el semblante. Echa un vistazo a la sala, jugueteando nervioso con la Coca-Cola Zero que tiene delante, y luego se sumerge en una larga arenga sobre cómo le han fallado sus abogados, igual que el fiscal general, o que hay que investigar a esta persona o a tal otra. Un día, sin venir a cuento, soltó una invectiva contra el fiscal general Jeff Sessions, que para entonces llevaba mucho tiempo fuera del cargo: «¡Tío, es una de las criaturas más tontas sobre la faz de la Tierra que haya creado jamás Dios!» Los asistentes presentes en la sala procuraron no intercambiar miradas. Con la esperanza de que la tormenta amainara, se preguntaron, como de costumbre: «¿Qué tiene qué ver nada de esto con... nada?».

Trump siente una frustración particular por la inacción del Departamento de Justicia para acosar a los Clinton. En su primer año en el cargo, se quejó a Jeff Sessions de que el departamento no hubiera investigado a personas que lo merecían, y citó el escándalo del correo electrónico de Hillary Clinton. Al cabo de unos días tuiteó sobre el tema y escribió: «¿Dónde está el Departamento de Justicia?», y apuntó que había «RABIA Y UNIDAD» por la «falta de investigación» sobre la exsecretaria de Estado. «¡HACED ALGO!», exigió. La orden no estaba dirigida a nadie en concreto, pero es evidente a quién se refería Trump. No obstante, Sessions fue recusado de forma efectiva del asunto por estar vinculado a la investigación sobre Rusia.

En diciembre de 2017, el presidente llevó aparte a Jeff tras una reunión del gabinete para mantener una supuesta conversación en privado. «No sé si podrías revocar esa recusación —le dijo Trump, según las notas de un asesor, que pensaba que el presidente hablaba de investigar a Hillary Clinton—. Serías un héroe. No te estoy diciendo que hagas nada.» Según cuentan, el presidente afirmó que podía ordenar al fiscal Sessions que investigara si quería, pero luego añadió que no iba a hacerlo. Todos conocíamos esa manera de «guiñar el ojo y asentir» de Trump. Insinúa que puede ordenar a alguien que haga algo, pero espera no tener que hacerlo de forma explícita, así no hay vínculo con las consecuencias. De hecho, las pequeñas insinuaciones de Trump son exigencias inapropiadas disfrazadas de sugerencias inocentes, y el historial de la administración está sembrado de ellas. Jeff no hizo ningún amago en ningún caso, lo que sin duda contribuyó a su despido final.

Trump nombró a otro fiscal general, y acto seguido empezó a telegrafiar peticiones parecidas. En una entrevista en marzo de 2019, el presidente envió señales nada sutiles a Bill Barr, el fiscal general recién confirmado, al decirle a un periodista que esperaba que Barr «hiciera lo que es justo» respecto a la investigación de Clinton. Poco después, de nuevo recurrió a Twitter y pidió abiertamente una investigación de los «delitos cometidos» por su rival demócrata en 2016. Los mensajes no iban dirigidos a organizaciones no gubernamentales ni investigadores privados para que hicieran suya la causa. Iban claramente dirigidos al Departamento de Justicia. Estaba bordeando de nuevo las líneas de lo adecuado. Se supone que los presidentes no deberían influir en decisiones como esa, pero Trump sabía lo que se hacía. Bill Barr también. Todos lo sabíamos.

137

ϒ

Nuestros fundadores tuvieron muchas diferencias, pero sobre todo estaban unidos en su aversión a los presidentes poderosos. A fin de cuentas, acababan de librarse de un rey tiránico. Los pensadores de la era de la revolución debatieron el tema hasta la saciedad. Tal y como explicaba el historiador estadounidense Bernard Bailyn, las conversaciones de los fundadores sobre el poder «se centraban en su carácter agresivo en esencia: su tendencia infinita a expandirse más allá de los límites legítimos. Como el agua, penetrará en todos los espacios que pueda alcanzar y los inundará».

Así, los colonos estadounidenses concluyeron que para proteger la libertad era necesario imponer controles a las autoridades. Crearon instituciones con el fin de que ejercieran de interruptores del poder gubernamental. Gracias a un sistema de controles y compensaciones, tenían la esperanza de que incluso las peores intenciones de los funcionarios se vieran frustradas por la propia maquinaria. Esa era la lógica de división de las responsabilidades al crear un poder ejecutivo, dirigido por el presidente; compensarlo con un poder legislativo, formado por el Congreso y el Senado; y seguir allanando el campo de juego con un poder judicial, que incluía a los tribunales y el Tribunal Supremo de Estados Unidos como árbitro último de la ley del país.

La presidencia de Trump constituye uno de los mayores retos para el sistema de controles y compensaciones de nuestro país en la era moderna. Donald Trump ha abusado de su poder para minar los tres poderes del gobierno, en ocasiones de forma flagrante y otras en secreto. Durante el proceso ha debilitado instituciones vitales para el funcionamiento de nuestra democracia, y las ha tachado de «corruptas». A Trump no le altera el hecho de estar sentando un precedente para sus sucesores al usar el poder ejecutivo para obtener un beneficio personal o político.

De hecho, se esfuerza por librarse de las protecciones inherentes al sistema estadounidense que pretenden limitar ese poder.

Debería importarnos. Mucho.

Enterrar al Estado Profundo

Theodore Roosevelt no encarnaba la idea del «poder establecido» republicano. Muchos republicanos tradicionales lo menospreciaban. A lo largo de su carrera fue considerado un renegado, un inconformista, un tipo al que le gustaba sacudir el sistema. Cuando logró acceder a la presidencia, también comprendió que no podía cambiar el gobierno solo. En su autobiografía, Roosevelt ofrecía una reflexión sobre los que le ayudaron, incluido su gabinete y el gran grupo de gente dentro de la administración federal.

«En cuanto a mis empleados en el poder ejecutivo, la deuda de gratitud que tengo con ellos es infinita —escribió Roosevelt—. Desde los jefes de departamento, los funcionarios del gabinete a los empleados de menor rango, el rasgo más impactante de la administración fue la labor consagrada, celosa y eficiente que llevaron a cabo en cuanto se entendió que el único vínculo de interés que nos unía a todos era el deseo de hacer que el gobierno fuera el instrumento más eficaz para alcanzar los intereses de la gente.»

No podría haber palabras más disonantes sobre la administración Trump. En vez de elogiar con afecto al funcionariado, el presidente actual los ha atacado con crueldad. Estamos hablando de los millones de personas que desempeñan las funciones diarias del gobierno, ya sea entregar el correo o supervisar evoluciones económicas. Ejercen de «control» del poder asegurándose de que las leyes se cumplan con lealtad y no las subvierta un político deshonesto. Sin embargo, últimamente esa gente sufre burlas y deshonras habituales, son ignorados y debilitados por la oficina del presidente. Para Trump, sus filas están atestadas de traidores que forman parte de un malvado Estado Profundo que quiere atraparlo y destruir su presidencia.

Al principio decía que no le gustaba ese término. En una entrevista con el periódico *Hill*, Trump dijo que lo evitaba porque «suena a conspiración». Añadió: «Lo creáis o no, no soy amante de las conspiraciones». Era como si el hombre de Marlboro dijera que no era fumador. No era creíble ni de lejos. Tal y como comentó el *Hill*, Trump usó el término solo dos semanas antes para describir un artículo de opinión escrito por... mí. El Estado Profundo era una amenaza para la democracia, afirmó en un tuit, pero lo que quería decir en realidad era que constituía una amenaza para él porque estaba sacando a la luz quién era en realidad.

Los que buscan el favor de Trump, o dinero de sus partidarios, han hecho referencia al término en reiteradas ocasiones. Han escrito variaciones del mismo libro, desde *The Deep State: How an Army of Elected Bureaucrats Protected Barack Obama and Is Working to Destroy the Trump Agenda* («El Estado Profundo: cómo un ejército de burócratas electos protegen a Barack Obama y trabajan para destruir el proyecto de Trump») de Jason Chaffetz; a *Killing the Deep State: The Fight to Save President Trump* («Matar al Estado Profundo: la lucha para salvar al presidente») de Jerome Corsi; o *Deep State Target: How I Got Caught in the Crosshairs of the Plot to Bring Down President Trump* («En el punto de mira del Estado Profundo: cómo fui objetivo de la conspiración para derribar al presidente Trump») de George Papadopoulos; o *Trump's Enemies: How the Deep State is Undermining His Presidency* («Los enemigos de Trump: cómo el Estado Profundo está socavando su presidencia»), de Corey Lewandowski y David Bossie, así como una serie de títulos aliterados obra de la jueza Jeanine Pirro, que hacían exactamente las mismas observaciones: en lo más profundo del gobierno existe un grupo de gente dispuesto a derrocar la democracia, a Donald Trump y a los Estados Unidos.

Dado que una de esas personas, según el presidente, soy yo, me gustaría aprovechar la oportunidad para aclarar las cosas y contestar con una acusación más fundada: Trump está mal de la cabeza. He trabajado en estrecha colaboración con funcionarios durante muchos años, dentro y fuera del gobierno. Por lo general son buenos ciudadanos, patrióticos, que quieren servir a su país. Pese a que algunos mantienen posiciones políticas fuertes como cualquier ciudadano, la gran mayoría no deja que afecte a su trabajo y, sea quien sea quien esté a la cabeza de la Casa Blanca, hacen su trabajo. No conspiran para revertir en secreto las políticas de la administración en funciones.

¿Crees que tu cartero celebra reuniones secretas para destruir a Donald Trump? ¿Que los agentes que aplican la ley federal, cuya cultura tiende a ser conservadora, van por ahí intentando encontrar la manera de que los demócratas sean elegidos? ¿El bibliotecario del Pentágono es un topo de Bernie Sanders? La idea del presidente de un Estado Profundo suena absurda porque lo es. La persona que pretende destruir los cimientos de la democracia es Donald Trump, no los respetables funcionarios que van a trabajar todos los días para asegurarse de que nuestro gobierno funcione: que los cheques de la Seguridad Social salgan a tiempo, proteger a las comunidades de los delincuentes, mantener la comida y los medicamentos a salvo de la contaminación, defender nuestra Constitución.

¿No os lo creéis? Pensadlo: la administración ni siquiera es capaz de definir de forma coherente quién forma parte exactamente del Estado Profundo, y cambia según el día. Quién forma parte exactamente del Estado Profundo en el mundo de Trump depende del día. El término se usa para minar a cualquier agencia, informe, hallazgo, cita anónima, noticia o cualquier otra forma de discrepar con el presidente. ¿Que alguien en el gobierno discrepa con el presidente Trump sobre el calentamiento global? Eso es el Estado Profundo. ¿Que sale un informe que dice que los funcionarios de Trump han violado las leyes sobre ética? Eso es alguien del Estado Profundo. ¿Que los abogados le dicen al presidente que no puede hacer algo? ¡Otra vez los del Estado Profundo!

En una ocasión, Sean Hannity dedicó parte de su programa de noticias a lo que llamó «la familia criminal de Mueller», incluidos individuos supuestamente despreciables que formaban parte de la trama del Estado Profundo para investigar a Donald Trump. Uno de ellos era su propio sustituto en el puesto de fiscal general, Rod Rosenstein. Este se ha ganado desde entonces los elogios del presidente Trump por su servicio público, pese a que el presidente retuiteó una vez un meme donde aparecía Rod entre rejas por traidor. Lo que significa que los miembros del «Estado Profundo» en realidad solo son personas que no son del agrado de Trump. En cuanto logran gustarle, ya no forman parte de él.

El concepto ha fomentado un ambiente paranoide y reservado en nuestra administración. La Casa Blanca aísla y acalla a los funcionarios del poder ejecutivo, a menudo con el consentimiento del presidente, por ser sospechosos de deslealtad. A menudo las reuniones son «solo para políticos», un término usado para describir escenarios donde solo son bienvenidos los cargos nombrados por el presidente. A veces dichas reuniones se celebran dentro de la Sala de Crisis de la Casa Blanca, cuando no tienen nada que ver con información confidencial, porque los asesores no quieren arriesgarse a que un empleado no político pueda oír cómo se elabora una política controvertida.

El presidente también está atento, se muestra precavido cuando ve caras que no conoce. Si en algún momento intervienen expertos de dentro de la administración en debates delicados de la Casa Blanca, tienen que ser los «de confianza». El escepticismo hacia los funcionarios de carrera es tan pronunciado que en ocasiones los asesores de Trump revelan a propósito información falsa en las reuniones para ver si llega a la prensa y así seguir el rastro de los sospechosos de traición. (La gente que lo hace son los que cabría esperar, y los he visto filtrar información con hipocresía a la prensa para promocionarse, pese a dirigir sus propias operaciones contra las filtraciones.) Eso significa que Trump limita la información que obtiene desde dentro de su propio gobierno a tipos políticos con menos experiencia que tienden a darle la razón y a los que considera leales a su persona.

La peor parte es que los funcionarios estadounidenses, cuyos trabajos pagamos con nuestros impuestos, no cuentan con su confianza para hacer su trabajo. Tenemos un gobierno lleno de expertos en todos los temas imaginables, desde profesionales sanitarios premiados a economistas de prestigio internacional. No son útiles si no se les hace caso, y aun así la Casa Blanca ha dado la autorización implícita a los departamentos y agencias para que reubiquen o descarten de alguna manera esas voces cuando supongan un problema para los objetivos de la administración. Bajo mínimos, el trabajo de esos empleados del gobierno con frecuencia queda anulado.

Una de las tácticas habituales para silenciarlos es decir que se están «examinando las políticas» de una oficina. Significa que los políticos están intentando decidir si esa oficina será promocionada, trasladada, desmantelada o reorganizada de otra manera. Con su futuro pendiendo de un hilo, los empleados procuran no causar problemas mientras se mantienen a la espera. Por consiguiente, muchos han abandonado su trabajo en la administración, como los científicos centrados en el cambio climático o los expertos en salud que recelan de la desregulación medioambiental. Si algunos políticos de Trump esperan que esas funciones vayan desapareciendo o que la gente se vaya por frustración, lo están consiguiendo. Estamos perdiendo a profesionales con talento todos los días por culpa del presidente.

El resultado es que nuestro gobierno en expansión a menudo está dirigido por una plantilla esquelética de partidarios de Trump. Temas importantes se descuidan con regularidad.

143

De hecho, buena parte de las crisis a las que nos enfrentamos en los niveles más altos del gobierno se deben, en parte, a que nadie vigila la pelota. Algunos de los actos más absurdos que habéis visto cometer a nuestra administración fueron fruto de un plan urdido por un grupo tan minúsculo que no fue capaz de ver la montaña de efectos secundarios que tenían delante de las narices. Se hace caso omiso de los buenos consejos porque ni siquiera se piden. Incluso las políticas que el presidente quiere dominar —como la reforma educativa— se están abandonando porque no hay suficiente gente alrededor que le preste atención (una realidad que llevó a la secretaria de Educación Betsy DeVos a admitir que «es evidente que la educación no ocupa uno de los primeros puestos de la lista de prioridades [del presidente]»). En última instancia, con la administración pública expulsada de la gestión del gobierno, el pueblo estadounidense está recibiendo menos de lo que paga, y mucho menos de lo que merece.

El ejemplo más ilustrativo de empleados del gobierno difamados por Trump es la comunidad del servicio de inteligencia estadounidense. Esas agencias, como la Agencia Nacional de Seguridad, desempeñan algunos de los trabajos más importantes de Estados Unidos. Ojalá más estadounidenses pudieran conocer en persona a esos patriotas para comprender del todo su devoción por el deber y el país. Son responsables a diario de mantenernos a salvo y van a trabajar a lugares que no pueden mencionar para solucionar problemas que no pueden revelar. Sus derrotas más sangrantes son sometidas a exposición pública, mientras que sus mayores victorias en la protección del pueblo estadounidense se celebran en silencio. Muchos arriesgan su vida —y algunos la sacrifican— sin que su duro trabajo llegue siquiera a conocerse jamás. Pensadlo. Una cosa es perder la vida, pero renunciar además a tu legado por voluntad propia es un acto de sacrificio eterno. Esa es la filosofía que define a los servicios de inteligencia.

Los ataques de Donald Trump a los trabajadores secretos empezaron antes de ser elegido. Estaba resentido por las conclusiones a las que habían llegado de que los rusos habían interferido en las elecciones de 2016 para beneficiarle. Los asesores instaron a Trump durante la campaña a que desafiara a los rusos en público y negara su intromisión. Tenía que pronunciarse, le dijeron, pero Trump permaneció impasible. Durante una sesión para preparar el debate, tomó la palabra un miembro del equipo. Defendió que el candidato tenía que reconocer la labor del servicio de inteligencia y usar el escenario del debate como plataforma para denunciar a Moscú. Si en algo tenía que mostrar su solidaridad con la secretaria Clinton, era en esto.

«Ya, no me lo trago —dijo en tono despectivo con un gesto—. Es una tontería como una casa.»

Fue incentivado por Mike Flynn, un desertor de los servicios de inteligencia que al final se convirtió en el primer asesor en seguridad nacional de Trump, que sin embargo pronto fue destituido por mentir sobre sus contactos con Rusia. «Tiene razón —comentó Flynn más tarde—. Es una tontería politizada.»

Su entorno estaba atónito. ¿Qué estaba diciendo? ¿Por qué demonios creían que se había creado el servicio de inteligencia?

Como exjefe de la Agencia de Inteligencia de la Defensa (DIA), Flynn sabía lo que se hacía. Como candidato a la presidencia de los republicanos, Trump también debería haberlo sabido: ya había empezado a recibir informes oficiales de los servicios de inteligencia del país. Aquella extravagante reacción agudizó los temores, también dentro del círculo más próximo a Trump, de que Putin se lo hubiera metido en el bolsillo de alguna manera. Una vez elegido, siguió ridiculizando las valoraciones oficiales y dijo a los periodistas que le preguntaron sobre las conclusiones de las agencias de espías a bordo del *Air Force One*: «A ver, dadme un respiro. Son piratas políticos». Es su

145

manera de describir a la gente que daría su vida por el país. Su rechazo informal de los informes de los expertos en inteligencia resultaba perturbador. Los servicios de inteligencia habían trabajado mucho desde su gran error con las armas de destrucción masiva en Irak para consolidar la recopilación de información y su análisis. Sin su dedicación, jamás habríamos encontrado a Osama bin Laden ni frustrado ataques letales contra Estados Unidos, y aun así Trump está dispuesto a anteponer su «instinto» a su experiencia.

Donald Trump no siempre mostró tanto desdén hacia los servicios de inteligencia. En determinados momentos intentó defenderlos. Trump culpó a Barack Obama en reiteradas ocasiones de obviar los informes de los servicios de inteligencia. Durante la campaña de 2016 insinuó que los profesionales que le enviaban para informarle (por los que, según él, sentía «un profundo respeto») se sentían marginados por Obama, que supuestamente no seguía sus consejos. «En casi todos los casos diría (soy bastante bueno en lenguaje corporal), que no estaban contentos. Nuestras autoridades no siguen sus recomendaciones.» Todo eso cambió cuando decidieron ir a por él por formar parte de una conspiración contra Obama. Una vez elegido, Trump insinuó que un presidente no necesita informes diarios de los servicios de inteligencia. «Los tengo cuando los necesito —le dijo a Chris Wallace, de Fox News—. Soy, bueno, una persona lista. No hace falta que me digan lo mismo con las mismas palabras todos los días durante los próximos ocho años.»

Cuando acude a una sesión donde se trata información confidencial, es igual que cualquier otra sesión informativa con Trump. Oye lo que quiere oír y descarta lo que no le interesa. La información de los servicios de inteligencia debe corresponder a su visión del mundo para tener efecto. De lo contrario, es que «no es muy buena». Así, el presidente de Estados Unidos a menudo desconoce las amenazas más graves para la seguridad nacional a las que nos enfrentamos y, por tanto, no está preparado para defenderse de ellas. De hecho, me atrevería a decir que está menos informado de lo que debería sobre casi todas las amenazas globales importantes, desde la proliferación de las armas nucleares hasta la ciberseguridad.

Trump sigue insultando a esos diligentes profesionales al manejar con temeridad la información que le dan y que se supone debería proteger. Se dice que en mayo de 2017 el presidente reveló información clasificada con un alto grado de confidencialidad en una reunión en el Despacho Oval con el ministro de exteriores ruso. El incidente quedó reflejado en un reportaje del *Washington Post* según el cual Trump contó detalles de operaciones de espionaje en Siria. En cuanto la historia salió a la luz, corrió como la pólvora. «¿Qué demonios pasó?», se decían unos asesores a otros.

Las acusaciones atormentaban a los funcionarios del servicio de inteligencia, ya al límite por los comentarios del presidente en público. Fuera o no cierta la anécdota, el hecho de que alguien considerara plausible que el presidente de Estados Unidos filtrara información confidencial a un adversario dice mucho de la percepción que se estaba creando de la máxima autoridad del país. Solo unos meses antes, Trump fue grabado por una cámara revisando documentos confidenciales sobre Corea del Norte en una terraza al aire libre en su complejo de Mar-a-Lago, usando la luz de las pantallas de teléfonos móviles (que podrían llevar cámaras, claro) para leer a oscuras junto a su homólogo japonés, que estaba de visita.

El manejo incompetente de Trump de la información confidencial quedó patente de nuevo un día cuando dejó que un periodista echara un vistazo rápido a documentos confidenciales en la Casa Blanca. «¿Ves? —dijo, con un puñado de papeles en la mano, agitándolos mientras intentaba explicar hasta qué punto estaba enterado de los asuntos internacionales—. Muchos países nos han dado una fantástica información confi-

147

dencial.» Pese a que el periodista no logró ver el contenido, el incidente fue objeto de comentarios dentro de la Casa Blanca. El presidente tiene autoridad para clasificar o desclasificar información como confidencial a su conveniencia, así que técnicamente podría haberle enseñado al periodista lo que quisiera. Aun así, los máximos cargos del Consejo de Seguridad Nacional se inquietaron al ver la despreocupación del presidente, pues podría poner en peligro programas secretos.

La lista creciente de fallos de seguridad amenazaba con tener repercusiones más lamentables que la mera exposición de información «muy reservada». Algunos se dieron cuenta de que podía poner a personas en peligro y aumentar el riesgo de causar daños a ciudadanos estadounidenses y comprometer la seguridad de los agentes a los que contratamos para recabar esa información, los que se juegan la vida para ayudar a Estados Unidos a prever y anticipar nuevas amenazas. Según los reportajes de la prensa, las agencias se vieron obligadas a elaborar un plan para sacar a una fuente de información confidencial de máximo nivel de un país extranjero hostil, en parte por miedo a que las reiteradas revelaciones de Trump pudieran poner a esa persona en peligro. Más allá de la veracidad del reportaje, sin duda la conducta de Trump hizo sentir escalofríos a toda la comunidad responsable de la seguridad nacional y dificultó el trabajo ya de por sí complicado de los responsables de salvaguardar nuestro país.

Como si quisiera superarse, el presidente tuiteó una fotografía del lanzamiento fallido de un misil iraní en verano de 2019 para provocar al gobierno de Irán. ¿Cuál era el problema? Por lo visto la imagen procedía de un satélite espía de Estados Unidos y el presidente la vio durante una sesión informativa confidencial. Nos quedamos anonadados. Las «fuentes y métodos» utilizados para recabar información confidencial en el extranjero son uno de los secretos mejor guardados del país, y Trump los estaba poniendo en riesgo de nuevo por ignorancia o indiferencia. Excargos públicos expresaron en público su preocupación por si nuestros adversarios podían utilizar el tuit del presidente para llevar a cabo una «ingeniería inversa» y ver cómo Estados Unidos seguía el programa de misiles iraní, pero no hacía falta la habilidad de los adversarios extranjeros. En unos días, investigadores aficionados usaron las pistas de la fotografía para identificar el supuesto satélite del gobierno que había captado la imagen en el cielo nocturno lo que, de ser cierto, les permitiría seguirlo en el futuro.

Peor que su incapacidad de guardar un secreto es que Donald Trump es el máximo «politizador» del servicio de inteligencia. Se podrán decir muchas cosas de George W. Bush y Dick Cheney, que llevaron al país a la guerra supuestamente picoteando en la información confidencial sobre Irak. Por lo menos se basaban en información real recabada en ese momento, respaldada por los analistas de los servicios de inteligencia y aceptada por mayorías de ambos partidos en el Congreso. Trump quiere que la información que le trasmiten refuerce sus objetivos, y que sus empleados de los servicios de inteligencia sean «leales», en vez de ser claros con él. Es lo contrario de lo que nuestras agencias de espionaje deberían hacer. Es más, en realidad constituye una amenaza para la seguridad del país porque a nuestro jefe de gobierno no le importa la verdad.

Cuando los profesionales de los servicios de inteligencia no le dan las valoraciones que quiere, Trump los ataca. Su mayor preocupación es que hablen en público o ante el Congreso porque sabe que contarán la verdad. No quiere que compartan información que contradiga sus opiniones. En más de una ocasión el presidente se ha planteado destituir a un jefe de los servicios de inteligencia por ofrecer una valoración imparcial y apolítica a los representantes del pueblo estadounidense en el Congreso.

Recuerdo un día con mucha claridad. Una máxima autoridad de los servicios de inteligencia fue a testificar al Capitolio. Una funcionaria me llamó a casa más tarde esa noche.

«El presidente está fuera de sí —me contó—. Parece que mañana por la mañana habrá despedido a alguien.»

«Pero ¿qué ha pasado?», pregunté.

Me explicó que el jefe de una agencia había ofrecido una valoración sobre uno de los adversarios extranjeros de Estados Unidos. La conclusión contradecía lo que Trump había dicho en público. La información confidencial era precisa, pero a Trump no le gustaba. Alguien en el Congreso debió de preguntar al presidente sobre aquella contradicción, y lo puso sobre aviso.

Salimos disparados para asegurarnos de que Trump no acudía a Twitter para anunciar un nuevo despido. Si lo hacía, le dijimos, parecería que intentaba manipular el proceso de los servicios de inteligencia en un momento en que sería muy perjudicial para él, sobre todo con la investigación de Mueller en curso. Por suerte frenó, pero solo de manera provisional.

En enero de 2019, el presidente se puso furioso cuando los jefes de la oficina del Director de Inteligencia Nacional (DNI), la CIA, el FBI y la DIA testificaron en el Senado. Lanzaron una serie de advertencias directas que contradecían las opiniones del presidente, entre ellas que era poco probable que Corea del Norte renunciara a las armas nucleares y que el Estado Islámico no había sido derrotado. El presidente montó en cólera. Ni un defensa de la NFL habría impedido que entrara en Twitter ese día. «¡A lo mejor los del servicio de inteligencia deberían volver al colegio!», tuiteó, y echó por tierra las conclusiones «pasivas e ingenuas» de sus jefes de espionaje.

Se moría de ganas de destituirlos, pero sabía que no podía. En cambio, Trump los convocó a una reunión en el Despacho Oval, publicó una fotografía de los jefes de la CIA y la DNI sentados a su mesa y declaró que «no habían sido citados correctamente» en el Capitolio. Según él, «habían sacado de contexto» sus palabras. Trump intentó que pareciera que los jefes de espionaje se habían arrepentido, como si la información sobre la que habían testificado no fuera correcta. No fue así. Y no es ni mucho menos lo que le dijeron al presidente cuando las cámaras salieron de la sala.

Entretanto, en la sede central de esas agencias, sus empleados se desanimaron al ver que Trump (otra vez) atacaba el producto de su trabajo. Es más, estaba humillando a sus jefes al utilizarlos de accesorios para demostrar que él estaba al mando y que podía controlar sus hallazgos. La lógica dicta que la polémica durara semanas en la comunidad de los servicios de inteligencia, pero no fue así. A esas alturas, nuestros profesionales de los servicios de inteligencia estaban tan abatidos por las bufonadas del presidente que habían desistido de enfadarse, aunque eso no significa que hubieran perdido la voluntad de llamar la atención sobre su falta de profesionalidad. La historia tiene maneras de recuperar el equilibrio y, ese mismo año, un empleado de un servicio de inteligencia desafiaría a Trump por llevar a cabo una doble negociación política con su cargo y el posterior encubrimiento de la Casa Blanca.

La reunión en el Despacho Oval con los jefes de espionaje fue una de las pocas ocasiones en las que el presidente esperó con paciencia para hacer lo que realmente quería hacer en caliente. Se quedó mano sobre mano. Pasados unos meses no pudo esperar más y despidió al director de la Inteligencia Nacional Dan Coats y a su adjunta, Sue Gordon, por haber sido demasiado sinceros en su análisis y mostrarse poco dispuestos a convertirse en portavoces políticos. Trump quería jefes de espionaje más leales, dijo a la plantilla. Tampoco ocultó sus sentimientos. «Necesitamos a alguien fuerte que pueda tirar de las riendas —dijo el presidente a los medios de comunicación—. Porque, como creo que ya sabéis, las agencias de inteligencia están fuera de control.»

Trump decidió dar la vuelta a la tortilla. Tras soportar meses de presión presidencial, el Departamento de Justicia empezó a investigar a los servicios de inteligencia y sus hallazgos sobre Rusia y las elecciones de 2016, que Trump llevaba tiem-

151

po poniendo en entredicho. Se explicó que sería una indagación «amplia». El presidente apenas podía reprimir su regocijo. «Fue una traición. Fue un delito flagrante», dijo Trump del trabajo realizado por los profesionales de los servicios de inteligencia. Quería hacer algo más que despedir a esos traidores del Estado Profundo. Quería verlos en la cárcel.

Hacer inclinar la balanza

El sistema judicial estadounidense fue diseñado para combinar dos sectores. El poder ejecutivo investiga y procesa delitos, y el poder judicial determina en los tribunales si alguien es culpable o inocente. Para Trump esa distinción carece de relevancia. El presidente intenta amedrentar a los abogados que lo defienden, busca influir en los que lo investigan y ataca a los jueces que lo juzgan. Así, ha socavado todos los aspectos del sistema de justicia en un intento de hacer que «la balanza se incline» a su favor.

Cuando se trata de manipular el sistema, el primer instinto de Trump es forzar las respuestas que quiere oír de sus abogados. Los presiona a diario, y ellos lo notan. Los amonesta en la cara por no ver la ley como él la ve, y no soporta que le digan que no, aunque, por cierto, tienen que hacerlo constantemente. Los presiona para conseguir un sí en asuntos donde sería totalmente inadecuado, incluso para el oyente más lego en la materia. Trump dice a los jefes de las agencias que despidan a sus abogados y contraten otros si no obtienen los resultados adecuados. Si la American Bar Association (el Colegio de Abogados) lo viera desde dentro, estaría encantada. El antiguo abogado de la Casa Blanca del presidente, Don McGahn, tuvo las agallas de hacer frente a Trump, algo que no todo el mundo puede decir. Por eso es tan preocupante su trato a los abogados del gobierno. Trump los lleva al límite de lo razonable o legal y luego los fastidia hasta que dan el salto y arrastran la administración a la caída. Esa actitud sería indigna de un alcalde de una ciudad pequeña, pero es muy impropia de un presidente de Estados Unidos.

Sabemos cuándo Trump se prepara para pedir a sus abogados que hagan algo poco ético o absurdo porque empieza a examinar la sala a ver quién está tomando notas.

«¿Qué coño estás haciendo?», le gritó a un asesor que garabateaba en una libreta durante la reunión. Es habitual que los asesores apunten recordatorios durante las conversaciones con el presidente. ¿Cómo se supone que deben registrar todas sus órdenes?

La sala quedó en silencio. El asesor no entendía del todo qué había hecho mal.

«¿Estás tomando notas, joder?», prosiguió Trump, furioso.

«Eh… lo siento», se disculpó el asesor, que cerró con discreción la libreta y se irguió en la silla.

Su paranoia es la mejor prueba del cargo de conciencia. Tras una serie de filtraciones especialmente graves desde la Casa Blanca, el presidente Trump indagó sobre la posibilidad de rastrear de forma subrepticia los teléfonos de la plantilla de la Casa Blanca. Para evitar entrar en «terreno ilegal», la plantilla lo interpretó como si el presidente estuviera pidiendo un sistema mejor de «detección de amenazas internas», una práctica habitual en las empresas o agencias gubernamentales que trabajan para evitar revelar información sin autorización. Ese hombre que se enfurecía con la teoría (completamente falsa) de que Barack Obama tenía «cableada» la Torre Trump pero estaba encantado de hacerlo con su entorno.

El presidente no permite que la cautela de los abogados del gobierno le impida hacer lo que quiere. Si de verdad no consigue las respuestas que exige busca un asesor externo, examinando la comunidad legal en busca de sus miembros más indecentes. Los ha encontrado en personas como Michael Cohen, el que hace tiempo que le arregla todo, cuya lealtad al presidente se desvaneció cuando actos cometidos en nombre de Trump lo dejaron legalmente con el agua al cuello, y Rudy Giuliani, el exalcalde de la ciudad de Nueva York caído en desgracia. Pocos de los que hemos interactuado con Rudy a lo largo de los años habríamos imaginado que se inmolaría de semejante manera, pero es la consecuencia inevitable de recorrer el planeta (y los canales de televisión) defendiendo la corrupción presidencial.

La animadversión de Trump hacia la ley se extiende a jueces y tribunales. Tiene menos control sobre sus acciones, así que utiliza su púlpito intimidatorio para menospreciarlos y cuestionar su legitimidad. Recordemos la campaña de 2016, cuando el candidato Trump denigró a un juez por un fallo relacionado con una demanda contra la Universidad Trump diciendo que la herencia mexicana del juez comprometía su imparcialidad. En aquel momento, Jake Tapper, de la CNN, se enfrentó a Trump. «No me importa que le critiques. No pasa nada. Todas las decisiones son criticables. Lo que digo es que, si aduces la raza como motivo por el cual no puede hacer su trabajo…» «Creo que ese es el motivo», le interrumpió Trump, que dobló la apuesta e insistió en que debería abstenerse. El juez, por cierto, no era de México, sino de Indiana. Paul Ryan lo calificó de «definición por antonomasia de comentario racista».

Tras un fallo contra las políticas migratorias de la administración, el presidente Trump tachó la decisión del tribunal de «desgracia», atacó al juez que lo presidía por ser «un juez de Obama» y dijo que el tribunal en el que trabajaba aquel hombre era «algo que de verdad deberíamos estudiar porque no es justo». El juez presidente del Tribunal Supremo John Roberts rechazó el ataque del presidente y escribió que Estados Unidos no tiene «jueces de Obama o de Trump, jueces de Bush o de Clinton… todos deberíamos agradecer que la judicatura sea independiente».

El presidente no dejó pasar el comentario. Se lanzó a una tormenta de tuits en los que se burlaba de la «judicatura independiente» con comillas e insinuaba que Estados Unidos necesitaba disolver el noveno tribunal superior, según él un «absoluto desastre», y empezar a obtener resoluciones más favorables para la administración Trump. Más de cien mil personas pusieron un «me gusta» a sus comentarios. En otro arrebato, el presidente atacó a un juez por un requerimiento en su prohibición de viajar. «La opinión de este supuesto juez, que básicamente aleja el cumplimiento de la ley de nuestro país, ¡es ridícula y será revocada!» Prosiguió: «Si pasa algo será culpa suya y del sistema judicial». Esa es la amenaza real. Trump puede tener su visión perversa de la justicia, pero está exhortando a los demás a compartir su postura de que los tribunales estadounidenses son corruptos y un peligro público en potencia, lo que va carcomiendo aún más un pilar clave de nuestra democracia.

El presidente ha propuesto deshacerse de los jueces en más de una ocasión. Según él, demasiadas políticas suyas se quedan estancadas en un limbo legal.

«¿No podemos quitarnos de encima a los jueces y ya está? 155 Quitémonos de encima a los jueces, joder —soltó enojado una mañana—. No debería haber ninguno, de verdad.» Fue un paso más allá y pidió a su equipo legal que elaborara un borrador de ley y la enviara al Congreso para reducir el número de jueces federales.

Los empleados hicieron caso omiso del arrebato y la absurda petición.

Pese a todo, Trump siguió quejándose.

«Solo he ganado dos casos en los tribunales como presidente. ¿Y sabéis cuál fue uno de ellos? Un caso contra una estríper.»

La alusión al caso fue recibida con caras de asombro. Más tarde repetiría el comentario, sin duda para lograr la misma reacción de un grupo nuevo de oyentes cautivos.

La conclusión inevitable es que el presidente considera que está por encima de la ley, una perspectiva espeluznante para alguien que jura ante Dios y el país que la «hará cumplir con lealtad». Esa percepción queda patente en su fascinación casi mítica por el poder del indulto presidencial, que le permite eximir de culpa a delincuentes convictos. Para Donald Trump es como tener tarjetas ilimitadas para salir de la cárcel en un tablero de Monopoly.

Ha dicho a funcionarios que, si llevan a cabo acciones ilegales en su nombre, él los indultará. Los medios de comunicación informaron de que el presidente ofreció indultos a los constructores de su muro y les instó a saltarse la normativa que se interponía en el camino de su preciosa barrera y seguir adelante sin tener en cuenta las consecuencias. Él los apoyaría, indulto en mano, si se metían en líos legales. Se enviaron a varios portavoces de inmediato para apagar el fuego del reportaje. Resulta revelador que no negaran lo que dijo el presidente, y en cambio insistieran en que eran comentarios en tono jocoso. Una vez más, para que conste, así se sabe cuándo no bromea Donald Trump: cuando envía a alguien a decir que era broma.

Trump también ha llegado a afirmar que puede indultarse a sí mismo, en caso de necesidad. En junio de 2018 tuiteó: «… tengo el derecho absoluto a indultarme, pero ¿por qué iba a hacerlo si no he hecho nada mal?». Resulta inquietante el parecido del comentario con la afirmación de Nixon: «Si lo hace el presidente, no es ilegal». Preguntaos si son palabras de un hombre que tiene previsto cumplir la ley. Es triste, pero casi es un alivio que haga ese tipo de declaraciones porque así la sociedad ve lo que los asesores viven todos los días entre bastidores, sin que el presidente lo tache de «noticias falsas» de fuentes anónimas.

Trump reserva un lugar especial en su corazón para nuestra última categoría del sistema judicial: los investigadores. En una democracia es primordial que los que investigan delitos sean imparciales y sus indagaciones no se vean afectadas por influencias externas. Con todo, no hay nada que haga explotar tanto la cabeza del presidente como la perspectiva de ser investigado, como confirmó con su obsesión por lo que etiquetó de «caza de brujas», que lo mantenía en vela y lo consumía. El informe Mueller sacó a la luz hasta dónde era capaz de llegar el presidente para interferir en el proceso de investigación. Antes siquiera de sumergirse en el texto, el resumen ejecutivo apunta que su conducta incluía «ataques públicos a la investigación, intentos no públicos de controlarla y esfuerzos en público y en privado para que los testigos no cooperaran con la investigación». Se podría aducir que el calvario de Mueller no habría tenido lugar si el presidente se hubiera contenido y no hubiera intentado influir en la investigación de Rusia. El 9 de mayo de 2017 el presidente destituyó a Jim Comey, director del FBI. Envió al director una carta de despido donde decía que el fiscal general y su adjunto le habían recomendado destituir a Comey. «He aceptado su recomendación, así que por la presente queda rescindido su contrato y destituido del cargo, con efectos inmediatos —escribió el presidente—. Aprecio mucho que me haya informado, en tres ocasiones distintas, de que no soy objeto de investigación, pero coincido con la valoración del Departamento de Justicia de que ya no puede dirigir de forma eficaz el Buró». Concluía con: «Le deseo mucha suerte en sus proyectos futuros».

157

Decir que su entorno estaba enfadado y asustado a la vez ante lo que parecía un intento de Trump de impedir ser investigado sería quedarse corto. Llegados a este punto, los seguidores del presidente levantarían la mano. «Venga ya —podrían decir—, el presidente destituyó a Comey porque perdió la confianza de la sociedad por su carácter presuntuoso. Hasta Clinton estaba contenta.» Lo que no veían esos defensores de Trump era la velocidad a la que funcionaba la centralita de Washington D.C. aquella tarde, cuando los asesores del presidente se llamaron unos a otros especulando con preocupación sobre su actitud. Nadie creía de verdad que intentara «hacer lo correcto».

Poco después empezó a aclararse la motivación del presidente. Pese a afirmar que había tomado la decisión por consejo de las dos máximas autoridades del Departamento de Justicia, las explicaciones del propio Trump durante los días siguientes lo contradecían. En una entrevista con NBC News citó la investigación de Rusia como uno de los motivos por los que había prescindido de Comey. «Me dije, "Sabes, todo esto de Rusia es una historia inventada"», contó al canal. Ese mismo mes, en una reunión con funcionarios rusos en la Casa Blanca, el presidente les confesó que la destitución de Jim había aliviado una «gran presión». Pronto salió a la luz que Trump pidió al Departamento de Justicia que redactara la recomendación de despido que le entregaron, y ellos obedecieron a regañadientes. Todo era un montaje.

El súbito despido del director del FBI por parte del presidente —y luego las explicaciones cambiantes— se consideraban un movimiento peligroso dentro de la Casa Blanca que podía desencadenar una serie de eventos cuyo resultado podría ser la caída de la administración. Por lo menos un miembro del gabinete se planteó dimitir. «Estoy realmente preocupado por el país», confesó, aunque por lo visto no lo estaba lo bastante como para expresarlo en público. Los cargos públicos contuvieron el aliento, y solo fue a peor.

Trump se desquició cuando Rod Rosenstein, el número dos del Departamento de Justicia, tomó la decisión el 19 de mayo de iniciar una investigación sobre las interferencias rusas. Rosenstein nombró al exdirector del FBI Bob Mueller «asesor especial» para dirigir la investigación. Todos observamos con desolación cómo Trump pronto empezó a buscar maneras de deshacerse de Mueller. Unos días después de la destitución de Comey, defendió que el asesor especial tenía que irse por «conflicto de intereses», pues según él Mueller era un opositor a Trump, quería volver a ser nombrado director del FBI y era socio de un campo de golf Trump. Sin embargo, los asesores le dijeron al presidente Trump que los «conflictos» eran imaginarios y que temían que sus exigencias pretendieran obstaculizar la investigación.

Un día de junio recibí un mensaje de un colega de la administración que estaba viendo cómo un sustituto externo de Trump recorría los medios de comunicación insinuando que el presidente podría estar pensando en destituir a Mueller. Jamás lo habría dicho si Trump no se lo hubiera ordenado.

«Tío, ¿qué coño está haciendo?», se lamentaba mi colega.

«Ni idea», contesté. Si la destitución de Comey no había acabado con la administración, la de Bob Mueller sin duda lo conseguiría. ¿Cómo Trump no veía lo evidente? Supuse que su rabia desmesurada le impedía ver que se estaba jugando la presidencia.

Trump contó en privado al asesor de la Casa Blanca Don McGahn que necesitaba que Rod Rosenstein prescindiera del abogado especial. De ningún modo, le advirtió McGahn. «Acabar con Mueller», dijo, sería «otro hecho utilizado para afirmar» que Trump había cometido obstrucción a la justicia, según el informe final de la investigación. El presidente lo intentó de nuevo el 17 de junio de 2017 y llamó a McGahn desde Camp David. «Tienes que hacerlo —insistió—. Tienes que llamar a Rod.» Trump reiteró la orden al día siguiente. McGahn hizo caso omiso de ambas peticiones y amenazó con dimitir. Cuando la historia se hizo pública, el presidente le dijo a Don que la negara y que «creara un registro donde figurara que no había recibido la orden de deshacerse del abogado especial». McGahn se negó a mentir, y el presidente lo convocó en el Despacho Oval para presionarlo, una súplica que su abogado rechazó de nuevo.

Cuando se publicó el informe Mueller, cientos de antiguos fiscales federales firmaron una carta donde se defendía que los intentos de Trump de hacer descarrilar la investigación constituían una obstrucción a la justicia. Se enfrentaría a «múlti-

159

ples acusaciones de delitos» si no fuera el presidente de Estados Unidos. Algunos de los firmantes eran gurús de la izquierda, como cabría esperar, pero otros trabajaban en administraciones republicanas, entre ellos Jeffrey Harris, un exfiscal del Departamento de Justicia con Ronald Reagan y amigo personal de Rudy Giuliani. «No era que hubiera poco margen procesal para perseguir ese tipo de conducta —explicó Harris a un periódico cuando le preguntaron por su firma en la declaración—. Es muy sencillo.» Dejaré que otros extraigan sus propias conclusiones, pero episodios como el de McGahn son como mínimo del todo inexcusables para un dirigente de Estados Unidos.

Una de las principales víctimas de la historia de Mueller fue el FBI. Los agentes que trabajaban en el edificio Hoover, su sede central, no cuentan con otra motivación más que servir a su país y sacar a la luz la verdad. He visto su trabajo de cerca. Pese a todo, han recibido continuos golpes despiadados por parte del presidente. Muchos de esos investigadores animaron en silencio al candidato Donald Trump fuera del trabajo y ahora no pueden creer que el hombre que dice a las fuerzas policiales que «tendrán su respaldo» los apuñale por la espalda con regularidad. El director del FBI ha intentado defender a sus empleados contestando a las críticas del presidente: «Las opiniones que me importan son las de la gente que nos conoce de verdad a través de nuestro trabajo». No basta para contrarrestar el megáfono de Trump.

El presidente asegura que el buró es un criadero de conspiradores del Estado Profundo, y por tanto no es de fiar. Repite una y otra vez que el FBI está «corrupto» y denigra a sus empleados. «Terribles filtraciones, mentiras y corrupción en el máximo nivel», «una herramienta de los actores políticos contrarios a Trump», «politizan el sagrado proceso de investigación», «contaminado», «muy deshonestos», «los peores en la historia», «su reputación está hecha trizas». Un presidente estadounidense jamás ha apuntado a un objetivo con tanta frecuencia, a tanta gente, por motivos tan horribles. No ha habido gente suficiente en torno a Trump que le hiciera retroceder y le dijera que se dejara de tonterías, así que el presidente sigue apaleando otra institución democrática sin cesar.

El resultado es que ahora millones de estadounidenses tienen una excusa para dudar de las conclusiones de la principal agencia de seguridad del país. Los exabruptos de Trump contra el FBI sirven de inspiración a comentaristas para politizar las actividades de la agencia y luego inventar teorías de la conspiración, como hizo Tucker Carlson de Fox News no hace mucho cuando ridiculizó las advertencias del FBI sobre el aumento de la violencia entre nacionalistas blancos al considerarlo «un chiste». Que se lo diga a las familias que han perdido a sus seres queridos en tiroteos masivos por motivos raciales.

Vigilancia en la oscuridad

161

Los ataques de Donald Trump al poder ejecutivo y judicial hacen que otra institución ponga a prueba su poder: el Congreso de Estados Unidos. Las autoridades del poder legislativo se enumeran en el artículo primero de la Constitución. Este orden era intencionado. Los padres fundadores creían que el Congreso era la institución más cercana a la gente. Era el organismo de sus representantes, elegidos con más frecuencia que ningún otro poder del gobierno y, aunque los tres debían ser equivalentes, si algún poder tenía prioridad, era el legislativo.

El Congreso de Estados Unidos ha sido una molestia persistente para el máximo mandatario de nuestro país, incluso cuando las dos cámaras —la Cámara de Representantes y el Senado— estaban controladas por los republicanos. Cualquiera que haya mantenido un debate serio con el presidente sobre el proceso legislativo tiene claro que no tiene ni idea de cómo funciona, o cómo debería funcionar. Las tradiciones del Senado, como la del obstruccionismo filibustero, no significan nada para él, y le parece ridículo que los comités del Congreso tengan autoridad para supervisar sus agencias. Se ve obligado a reaprender a diario que es necesario generar un consenso entre los dos partidos para llevar a cabo algo sustancial, y luego se le olvida de repente.

Ahora más que nunca es un momento adecuado para que el Congreso desempeñe su función de perro guardián. El presidente también lo sabe, por eso intenta seguir minando el apoyo social al organismo desviando las críticas por sus propios fallos hacia los congresistas de Estados Unidos y sus senadores, despreciando los dictados del poder legislativo y obstruyendo de forma activa la supervisión de su administración por parte del Congreso.

El presidente agradece tener a otros políticos a quienes culpar. Cuando no logró el primer acuerdo presupuestario que quería, la culpa era del Congreso controlado por los republicanos. Cuando no consiguió el segundo acuerdo presupuestario, era por el Congreso, aún controlado por los republicanos. ¿La tercera vez? El Congreso, esta vez dirigido por los demócratas. ¿Que cierran fábricas en Estados Unidos? «¡Superagente Congreso!» ¿Inmigración? «¡Congreso, financia el muro!» ¿El cuidado de los veteranos del país? «El Congreso debe arreglarlo.» ¿El fracaso de la reforma sanitaria? «El Congreso tiene que aprobar una ley fuerte.» ¿Mueren niños bajo la custodia de la seguridad nacional? «Todas las muertes de niños o de otras personas en la frontera son estrictamente culpa de los demócratas.» Ya os hacéis una idea.

El Congreso es un objetivo fácil porque no se mueve muy rápido, en parte debido al plan constitucional. Los artífices de nuestro país querían que todos los bandos se unieran cuando tuvieran intereses compartidos, y evitar que una mayoría ajustada pudiera arrollar a los demás. Por eso Trump nos pidió que lo contratáramos a él, ¿no? Dijo que podría obtener buenos acuerdos, era el mejor del mundo en eso. Sin embargo, para ser alguien con cierto prestigio en negociaciones, Trump ha resultado ser bastante malo alcanzando acuerdos. Su historial de consenso en el Capitolio es deprimente. Por eso se ve obligado a declarar emergencias en asuntos que van desde la gestión de la frontera hasta la política exterior, que le permiten llevar a cabo acciones que sabe que jamás obtendrían el respaldo suficiente de ambos partidos. Invierte más tiempo en publicar mensajes ingeniosos sobre miembros del Congreso que en intentar lograr apoyos para sus objetivos, prefiere una buena pelea de patio de colegio a la complicada labor de legislar. Por consiguiente, sus asesores en relaciones con el Congreso viven en un perpetuo estado de consternación.

Trump decide cada vez más obviar del todo al Congreso. Ha dicho a sus asesores que hagan lo mismo, y los ha incitado a desafiar de forma flagrante sus restricciones. Un día, un dirigente de una agencia de seguridad nacional pidió apoyo al presidente para convencer al Congreso de que aprobara una inminente ley de defensa. Trump podía usar su megáfono para hacer reaccionar a los representantes que estaban indecisos en cuanto a su apoyo a la ley.

«No te preocupes por el Congreso —dijo el presidente—. Haz lo que tengas que hacer.»

El funcionario le explicó que no iba así. Había que aprobar la ley para poder levantar determinadas restricciones de defensa. Hasta entonces, la agencia no podría hacer su trabajo de proteger al pueblo estadounidense. Por eso necesitaban que Trump abogara por aprobar la ley.

«No, no. No importa. Tienes permiso para hacer lo que haga falta, ¿de acuerdo? Tú olvídate de ellos.»

El funcionario se quedó en silencio, atónito, y luego se rindió y pasó al tema siguiente.

Donald Trump también se siente cómodo despreciando al Congreso cuando la ley establece de forma explícita que no se debe soslayarlo, hay que consultarle y debe aprobar algo antes de pasar a la acción.

Enfureció al Capitolio al avanzar hacia la controvertida venta de armas a Arabia Saudí y a Emiratos Árabes Unidos sin permiso del Congreso. Por ley, el presidente debe notificarlo al Congreso treinta días antes para que la venta de armas siga adelante, lo que les da la oportunidad de bloquear las transacciones. Trump sabía que había oposición en ambos partidos, así que se acogió a una disposición «de urgencia» en la ley, la envió al Congreso en el último momento y siguió adelante con la venta por encima de todos. Que quede claro que no había ninguna «urgencia», y Trump sentó otro mal precedente para futuros jefes de gobierno al dar a entender que el poder legislativo no importa.

El presidente no ha intentado ocultar el hecho de que rehúye de forma activa el papel esencial del Congreso en «recursos humanos». La Constitución exige que el presidente nombre a los cargos más altos del gobierno y los asigne a sus puestos solo «con el consejo y consentimiento del Senado». Sin embargo, Trump prefiere mantener a personas sin nombramiento oficial ni confirmación en puestos clave, tal y como apuntamos con anterioridad, según ha admitido él mismo. Es descorazonador ver a los jefes de agencia intentar ganarse su favor constantemente y seguir sus instrucciones cuando esperan ser nombrados para un cargo algún día, pues así son más leales a él y menos responsables ante el Congreso. Dicho esto, a mediados de su tercer año Trump tenía casi 1400 días acumulados de vacantes en el gabinete de su administración, muchos días en los que las principales agencias no tuvieron un jefe confirmado. En comparación, Barack Obama acumulaba 288 días de vacantes en el gabinete en el mismo momento, y George W. Bush solo 34.

Esos vacíos significan que para el Congreso solo hay un funcionario provisional que asuma la responsabilidad. Las autoridades «en funciones» parecen más niñeras que ejecutivos de pleno derecho, y a menudo dudan si meterse en terrenos del Congreso hasta que se nombre una máxima autoridad de verdad. Las peticiones legislativas acaban «en espera». Las vistas se retrasan. La transparencia se debilita. Cuando los órganos del Estado van dando tumbos durante meses, sin rumbo y sin una supervisión sólida por parte del Congreso, las funciones del gobierno se desvirtúan. El riesgo de abusos aumenta, y al final el resultado es perjudicial para la gestión organizativa y para la democracia.

Para colmo, el presidente ha luchado para obstruir de forma activa consultas legislativas. Se ha convertido casi en algo recurrente que conteste con desaires a las solicitudes del Congreso, incluso a sus requerimientos, en principio el arma más poderosa del Capitolio para exigir información al poder ejecutivo. Trump ahora trata esas exigencias oficiales como si fueran correo basura. Sus abogados las desestiman jactándose del «privilegio ejecutivo», la prerrogativa de un presidente de impedir la revelación de determinada información y recomendaciones confidenciales. Las negativas van más allá de la práctica habitual y se han convertido en un ejercicio de contrapeso contra los investigadores del Congreso en una serie de polémicas de la administración Trump. El presidente admite esa subversión del control legislativo, pues declaró de forma categórica que la administración «combatirá todos los requerimientos» del Congreso y desafió al poder legislativo a impedirlo.

Francamente, así es mucho más difícil defender las políticas del presidente cuando vamos al Capitolio. Los miembros del Congreso no quieren escucharnos si nosotros no los escuchamos a ellos. Últimamente las reuniones empiezan con una lista de agravios. A puerta cerrada, los senadores y congresistas sueltan una retahíla de situaciones en que nuestra administración ha minado sus mandatos o los ha ignorado por completo, y no hablo solo de los demócratas. He recibido el mismo trato de republicanos. Nos vemos obligados a decir a esos representantes que tenemos las manos atadas hasta que el presidente cambie de opinión o tengan algo con lo que negociar con él.

La obstrucción forma parte de un plan deliberado y coor-

165

dinado. Antes de las elecciones de mitad de período, la oficina del fiscal de la Casa Blanca empezó a elaborar un plan de contingencia para blindar al poder ejecutivo en caso de que los demócratas llegaran al poder. Se contrataron nuevos abogados, y se instauraron nuevos procedimientos. El objetivo no era solo prepararse para un aluvión de solicitudes legislativas. Fue un intento organizado de esquivar la supervisión del Congreso. Cuando los demócratas se hicieron con la Cámara de Representantes, la política tácita de la administración hacia el Capitolio pasó a dar lo menos posible y esperar lo máximo posible. Ahora incluso las consultas rutinarias son derivadas a los abogados, que han descubierto maneras únicas de decir «Ahora mismo no podemos», «Dadnos unos meses», «Vamos a tener que hacerle esperar», «Probablemente no», «No» y «No tiene ninguna posibilidad».

Por supuesto, aquí nadie es inocente. Los demócratas llegaron al poder con una rabia descontrolada hacia Donald Trump y una actitud de que el fin justifica los medios, siempre y cuando sea para derrocarlo. Prometieron a sus bases que investigarían a todo lo que se moviera, un tono muy absurdo cuando esperas que el poder ejecutivo coopere en una investigación, aunque solo sea al principio. Hay una serie de investigaciones de la Cámara de Representantes que son de naturaleza evidentemente política y carentes de fundamento. Al mismo tiempo, otras son el deber legítimo del Congreso, desde examinar las infracciones éticas del poder ejecutivo a analizar si las acciones oficiales del gobierno se llevaron a cabo con fines políticos.

El trabajo de la Casa Blanca no es decidir qué debería supervisar el Congreso. La decisión se tomó hace siglos y se consagró con eficacia en la Constitución. El Congreso es un poder del gobierno de igual rango que los demás, y una de sus muchas funciones legítimas es supervisar al ejecutivo. Cuanta más vehemencia despliega el presidente para inhibir ese correcto funcionamiento, más probable es que las futuras administraciones

166

eviten la responsabilidad y se creen así nuevas oportunidades para las malas prácticas en el gobierno.

Una frase habitual que se oye en la administración Trump después de que el presidente maquine algo inoportuno es «nos van a enviar directos a los tribunales». Sus ideas viran hacia la incorrección y la ilegalidad con tanta frecuencia que prácticamente todos los altos cargos han oído esa frase, la han dicho o la han temido. Es la señal de alarma de que una mala idea está a punto de caer como un latigazo. Donald Trump es como un minero con los cascos puestos y la música a tope, ajeno a las advertencias. A veces parece que disfruta de verdad con acciones que van a acabar con una demanda a la administración.

Un día, mientras estábamos de viaje, un compañero asesor se desahogó sobre una petición surgida del Despacho Oval. Trump quería usar un poder presidencial nacional para hacer algo absurdo en el extranjero, que por motivos de seguridad no puedo revelar.

«No tiene sentido. Así que le dije que no lo entendía. Es confundir el tocino con la velocidad —comentó el funcionario—. No lo entiende. Es que no lo entiende. Además, si lo hacemos, nos van a enviar directos a los tribunales».

La frase se me quedó grabada en la cabeza. El tocino con la velocidad. Cuando el presidente mezcla palabras, el resultado es extraordinario: cuando mezcla conceptos, el resultado puede ser ilegal. Es como aquella vez que Trump le dijo a George Stephanopoulos, del canal ABC, que se plantearía aceptar porquería de un gobierno extranjero, como China o Rusia, sobre un adversario político. El presidente dijo que la aceptaría, y equiparaba la información con una investigación de la oposición, o «investigación opo». Para Trump, sería mera política. Para algunos expertos, sería «una ilegalidad de libro». ¿No acababa de investigar el abogado especial si había ocurrido en

2016? ¿Cómo podía el presidente Trump, después de esa pesadilla nacional, seguir sin entender la diferencia entre la política habitual y la pura corrupción? ¿No le importaba? La entrevista de la ABC predijo la respuesta: no le importaba.

Pasados tan solo unos meses, Trump decidió usar su influencia como presidente para presionar a Ucrania para que investigara a uno de sus potenciales rivales en las elecciones de 2020. Instó al presidente del país a iniciar una investigación sobre Joe Biden y su hijo, Hunter, cuyo rentable trabajo para una compañía de gas ucraniana fue objeto de escrutinio, sobre todo teniendo en cuenta la relación de su padre con Ucrania como vicepresidente. Tuviera o no razón de ser la acusación de tratos de favor, el sistema no debería funcionar así. El Departamento de Justicia es el encargado de investigar posibles delitos. Los presidentes de Estados Unidos no suplican a autoridades extranjeras que abran investigaciones sobre adversarios políticos de su propio país. Sin embargo, cuando la campaña le fue consumiendo su banda ancha mental diaria, Trump no pudo resistir la tentación de utilizar su cargo para lograr una ventaja competitiva.

A los que hemos presenciado este tipo de acciones imprudentes, una y otra vez, nos dan ganas de darnos golpes contra la pared. Nadie en su entorno creyó la explicación de que quería ayudar a combatir «la corrupción» en Ucrania. La evidente corrupción estaba en el Despacho Oval. Por lo visto el presidente no había aprendido nada de la historia de Mueller. Nosotros sí. Aprendimos que, si le dan el tiempo y el espacio necesarios, Donald J. Trump intentará ejercer todo el abuso de poder que le dejen. Es un hecho que hemos aprendido dentro de su administración gracias a reiterados ejemplos. Ninguna fuerza externa puede corregir su atracción por los actos indecentes. Por tanto, su presidencia se encuentra en constante peligro, así como las instituciones nacionales.

Si el ataque del presidente a la democracia parece muy lejano para la mayoría de los estadounidenses, no hay de qué preocuparse. Podéis buscar más cerca, porque el presidente Trump ha intentado abusar de su autoridad de una manera que os afecta directamente. Ha intentado en repetidas ocasiones movilizar a su oficina para castigar a los que llama «estados demócratas», aquellos donde la mayoría de los ciudadanos votaron a Hillary Clinton en 2016, sin tener en cuenta el hecho de que sus seguidores también viven en esos sitios. El presidente sorprende a sus empleados con maneras horribles de complicar la vida a esas partes de Estados Unidos.

California es el ejemplo por antonomasia. Trump odia California. No puede creer que un artista del entretenimiento como él sea incapaz de ganar en la cuna de Hollywood. Despotrica de su gobernador, Gavin Newsom, por criticar las políticas de la administración, y cree que el estado le «robó» votos al permitir que tantos supuestos votantes «ilegales» acudieran a los centros electorales. Después de que los incendios devastaran hogares y propiedades en California, Trump insistió en recortar los fondos federales para el estado. Los californianos no recibirían ni un dólar para emergencias, dijo el presidente a sus empleados. Aquella exigencia rencorosa corrió como la pólvora por todo el edificio, en parte porque Trump presentaba la idea, como tantas otras veces, a personas escogidas al azar. Nos dejó boquiabiertos, sobre todo teniendo en cuenta que en las pantallas de nuestras televisiones seguían apareciendo imágenes de casas quemadas y estadounidenses viviendo en refugios temporales.

Para proteger al presidente de sí mismo, los miembros de la plantilla intentaron asegurarse de que la historia no llegaba a la prensa. Los asesores de comunicación soltaron un suspiro de alivio cuando parecía que la tormenta había amainado. Varias semanas más tarde, el presidente empezó a disparar tuits en los que decía que iba a ordenar la interrupción de las ayudas para California, probablemente por frustración al ver que no se habían interrumpido. Que yo sepa, los funcionarios nun-

169

ca obedecieron esa demanda pública. El asunto se diluyó. Sin embargo, aquella petición sacaba a la luz su verdadero ser, la del político que busca sin disimulo perjudicar a la gente de los lugares donde no ve un beneficio electoral.

Sin embargo, ha encontrado otras maneras de perseguir a ese estado. El presidente Trump anunció que la administración iba a revocar la reducción de las emisiones de los tubos de escape, que durante años permitieron que California impusiera unas condiciones más duras para reducir la contaminación de los automóviles. Ha pasado a recortar la financiación de sus proyectos de tren de alta velocidad, y ha amenazado con trasladar más inmigrantes a California para castigarla por las políticas estatales que protegen a los inmigrantes ilegales, y solo es una muestra de una lista más larga. Si el Congreso estudia las actividades con motivaciones políticas en el poder ejecutivo, yo sugeriría que ese tipo de amenazas y decisiones fueran objeto de un mayor escrutinio.

El efecto real de la guerra del presidente contra las instituciones democráticas es que ha convertido el gobierno de Estados Unidos en una de sus empresas: un organismo mal gestionado definido por una personalidad sociópata en la dirección, lleno de luchas internas, enredado en pleitos, cada vez más endeudado, alérgico a las críticas internas y externas, abierto a acuerdos turbios, que funciona con una mínima supervisión y que está al servicio de su propietario, que solo se mira el ombligo, a costa de sus clientes. Deberíamos haberlo visto venir. Esto es solo lo que el presidente Trump ha hecho aquí. Recordad que ese hombre es también de facto el líder del mundo libre.

5

Debilidad por los hombres fuertes

«Que todos los países sepan, nos deseen el bien o el mal,
que pagaremos el precio que haga falta, soportaremos todas
las cargas, afrontaremos todas las dificultades, apoyaremos
a todos los amigos, nos opondremos a todos los adversarios
para garantizar la supervivencia y el éxito de la libertad.»

JOHN F. KENNEDY

«¿*L*GTB...Q...I...ZXW? Quién sabe —se burló un emplea-do público de Trump al intentar deletrear la abreviatura que se usa para definir aspectos de la sexualidad y el género—. Acabo de enterarme a qué correspondía la I.»

«¿Interracial?», intervino otro.

«No. Intersexo —explicó otro—. Pero aún no sé qué demo-nios significa eso en realidad.» Más risas.

Era un grupo de altos cargos de Trump charlando sobre la participación del presidente en una cumbre del G7. El Grupo de los Siete (G7) está formado por los países más ricos del mundo, es decir, Estados Unidos, Canadá, Francia, Alemania, Italia, Japón y el Reino Unido, y se reúne con regularidad para comentar cuestiones económicas y de seguridad. En ju-nio de 2018, Canadá fue la anfitriona de la reunión anual de autoridades. Los canadienses anunciaron que la igualdad de género y el empoderamiento de las mujeres sería uno de los ejes centrales, entre otros temas, y varios altos cargos plantearon si también podría incluirse la orientación sexual. No era el programa que esperaban.

Algunos asesores de la Casa Blanca no se tomaban en serio la reunión en parte porque esa era la actitud del presidente. A Trump no le gustaban los foros donde no tenía garantizado un papel estelar, o donde se vea en minoría respecto a otros líderes con opiniones distintas. Nunca fue muy aficionado a asistir a reuniones largas, y la mayoría de los asuntos que preocupaban a nuestros aliados no eran de su interés. Además, antes de la cumbre, Trump se había alejado, o estaba en proceso de alejarse, de la mayoría de los aliados del G7. Acababa de imponer aranceles a varios de ellos y recibía críticas del grupo, que siempre ha trabajado para derribar las barreras comerciales, no levantar más. El presidente se planteó no asistir, pero fue imposible inventar una excusa adecuada para dejar plantados a los mayores aliados de Estados Unidos.

Trump tenía dos opciones: podía tomarse con filosofía las críticas y orientar la conversación en el G7 hacia temas que unieran a los aliados, o interpretar el papel de mal perdedor y seguir sembrando la discordia. A nadie nos sorprendió que se decantara por la segunda. Los asesores estaban preparados para que la cumbre fuera un fracaso antes de que el *Air Force One* saliera de Washington.

La profecía de que iba a ir «mal» se cumplió. Los anfitriones se molestaron cuando el presidente llegó tarde. Trump reprendió a otras autoridades por sus «prácticas comerciales injustas». Se mostró cada vez más irritado con el primer ministro japonés Shinzō Abe, al que por lo visto dijo durante una reunión: «Shinzō, tú no tienes ese problema [de inmigración ilegal], pero puedo enviarte a veinticinco millones de mexicanos y pronto habrás dejado el cargo». Tiró un caramelo Starburst a la canciller alemana Angela Merkel diciendo: «Ten, Angela. No digas que nunca te doy nada». Se fue antes de que terminara la cumbre, remató la visita con una tormenta de tuits en los que la emprendía contra el primer ministro canadiense Justin Trudeau por ser «tan dócil y suave... muy falso y débil», y anunció que Estados Unidos iba a retirarse del acuerdo conjunto firmado horas antes con los demás dirigentes.

«Qué desastre, es horrible», pensé. Ni siquiera actuábamos así con nuestros enemigos en una cumbre internacional, y esos eran nuestros mejores amigos. No solo eso, habíamos desperdiciado la oportunidad de mostrar solidaridad con ellos en temas importantes en los que teníamos intereses comunes. Y, tal vez lo peor de todo, el presidente hizo saltar todas las alarmas en la cumbre al requerir en público que un rival del país, Rusia, fuera readmitido en las reuniones del G7. Rusia había sido expulsada del grupo por la invasión de Crimea. Desde entonces, Vladímir Putin había hecho poco para demostrar que era un socio internacional responsable, pero el presidente ponía en duda la reunión de los aliados si Moscú no estaba invitada. Era como si el propio Putin escribiera las palabras de Trump.

En cualquier caso, a Trump no le importaba el, para él, minúsculo rastro de destrucción que dejó al salir de Canadá. Tenía la cabeza en otra parte. Iba a hacer nuevos amigos en la otra punta del mundo. El G7 era una mera distracción que se interponía en el principal acontecimiento del mes: su reunión con Kim Jong Un, el brutal dictador de Corea del Norte. Trump revelaría más tarde que fue la reunión en la que Kim y él «se enamoraron».

La seguridad nacional es la máxima responsabilidad del jefe de gobierno. Debe proteger al pueblo estadounidense de amenazas externas y garantizar la seguridad del país. Todo lo demás es secundario. El principal sistema para lograr una seguridad duradera es la política exterior. Ahí es donde el presidente debe contar con planes claros para mantener a salvo nuestro extenso vecindario gracias a una estrecha colaboración con aliados afines y mantener a raya a los enemigos peligrosos.

El presidente Trump no tiene la misma visión del mundo. Nunca he entendido del todo por qué, pero le ha dado la vuelta al guion y se ha distanciado de los amigos de Estados Unidos y ha empezado a cortejar a sus enemigos. Suele rechazar los consejos de experimentados profesionales de la política exterior de la administración. Le ha costado desarrollar una estrategia de seguridad coherente, ha dejado que la frase «Estados Unidos primero» quede abierta a la interpretación y ha cambiado de opinión sobre decisiones relevantes sin avisar. Lo peor de todo es que parece haber abandonado el consenso existente durante más de un siglo sobre el papel de Estados Unidos como líder del mundo libre.

174

El imperio de la libertad

Para contextualizar la política exterior de Trump es importante comprender la historia. Antes del siglo xx, según nos enseñaron, Estados Unidos era un país aislacionista. En su discurso de despedida, George Washington dijo que la política del país era «quedarse al margen» de los enredos del extranjero. John Quincy Adams declaró veinticinco años después que Estados Unidos no era un país que «viajara al extranjero en busca de monstruos que destrozar». Estados Unidos no se convirtió en un país con iniciativa, sigue la historia, hasta que intervino con valentía en la Primera Guerra Mundial y cambió la tornas contra el fascismo. Es una interpretación demasiado simplista.

Desde el principio, Estados Unidos ha sido un país expansionista, centrado en definir la actualidad internacional. Los padres fundadores predijeron que su joven república se convertiría en un país fuerte, si no en el más fuerte del mundo. En el mismo discurso, el presidente Washington esbozó una imagen de unos Estados Unidos con el poder suficiente para «oponer resistencia a cualquier poder del planeta». Los demás fundadores compartían ese objetivo y creían que los Estados Unidos eran un «Hércules en una cuna» destinado un día a ejercitar los músculos globalmente y crear un «imperio de la libertad». A corto plazo, esas ambiciones quedaron eclipsadas por la necesidad de crear unas instituciones competentes en el país pero, en cuanto alcanzaron la fuerza necesaria, los Estados Unidos empezaron a difundir sus ideales en lugares recónditos.

El esfuerzo continuo por definir un mundo más democrático se convirtió en un tema común, incluso cuando la Casa Blanca cambió de manos. Los historiadores apuntan que casi todos los presidentes de los últimos cien años aceptaron ese consenso en política exterior. El demócrata Woodrow Wilson prometió que Estados Unidos defendería «los principios de una humanidad liberada [...] ya sea en guerra o en paz». El republicano Dwight Eisenhower dijo que el país lucharía por reforzar los «vínculos especiales» entre personas libres «de todo el mundo». Algunos presidentes han sido más duros que otros en el respaldo de las democracias en el extranjero, pero todos han llevado a cabo iniciativas distintas del mismo tema, desde Kennedy hasta Obama.

Donald Trump es la clara excepción. Tras jurar el cargo, arremetió contra las aventuras en el extranjero de sus predecesores. «Durante muchas décadas —dijo— hemos... subvencionado los ejércitos de otros países al tiempo que permitíamos el tristísimo deterioro de nuestras fuerzas armadas; hemos defendido las fronteras de otros países al tiempo que rechazábamos defender las nuestras; y hemos gastado billones de dólares en el extranjero mientras que las infraestructuras del país han caído en el abandono y el deterioro. Hemos enriquecido a otros países mientras que la riqueza, la fuerza y la confianza de nuestro país se ha desvanecido en el horizonte.» Era una llamada para retirarse y mirar hacia dentro.

Todas las afirmaciones de Trump son falsas y lo que intenta señalar se basa en una visión de la historia con poco recorrido. Hoy en día estaríamos mucho peor si Estados Unidos no hubiera invertido en el éxito de nuestros amigos. Sería un país más pobre y menos seguro, que lucharía por repeler a los países hostiles en una comunidad global más peligrosa. En cambio, hemos desempeñado un papel activo en el mundo, que ha pasado de estar compuesto en su mayor parte por dictaduras y monarquías a ser democrático en su mayoría gracias a nuestros esfuerzos. Así, los mercados se abrieron para nuestros productos, se facilitó la difusión del conocimiento y logramos nuevos socios que nos respaldarían en momentos de apuros.

El papel dominante de Estados Unidos en el escenario internacional está hoy en peligro. Países en auge intentan competir con nosotros. Henry Kissinger lo predijo hace un cuarto de siglo, pronosticando que en nuestra época Estados Unidos «sería el mejor país y el más poderoso, pero rodeado de iguales». Kissinger argumentó que la aparición de rivales no debería considerarse un «síntoma de declive nacional». No prueba que nos hayamos excedido, como dice Trump. La competencia forma parte de la vida. Kissinger apuntó que, durante la mayor parte de su existencia, Estados Unidos no fue el único superpoder, así que «el auge de otros centros de poder» no debería sorprendernos. No obstante, sí debería inquietarnos si esos rivales no comparten nuestros valores e intentan desmontar el mundo que creó Estados Unidos.

Nuestra reacción a un momento tan decisivo debe ser reforzar nuestra posición. Deberíamos profundizar en las relaciones con nuestros aliados, luchar con nuestros principios. Por cada paso que retrocedamos, nuestros adversarios avanzarán uno en el escenario internacional para imponer sus prioridades por encima de las nuestras. Por desgracia, mi experiencia trabajando para este presidente me ha convencido de que Trump está haciendo que Estados Unidos dé marcha atrás. No nos está posicionando para fortalecer nuestro imperio de libertad. En cambio ha dejado los flancos del imperio vulnerables ante la competencia, ávida de poder.

«Más impredecible»

El candidato Donald Trump detalló su visión de la política exterior por primera vez el 27 de abril de 2016. Puso una pegatina de «Estados Unidos primero» a sus planes de participación internacional, afirmó que sería «el principal tema de mi administración, el fundamental». Fuera de forma intencionada o no, Trump tomó prestado un viejo lema aislacionista que habían utilizado personas que se oponían a la implicación de Estados Unidos en la Segunda Guerra Mundial. Encajaba porque su plan de poner por delante a Estados Unidos era de espíritu aislacionista.

177

En un momento posterior del discurso, sus comentarios resultaron ser bastante reveladores. «Tenemos que ser más impredecibles como país —dijo al público—. Lo contamos todo. Enviamos tropas. Se lo decimos. Enviamos otra cosa. Damos ruedas de prensa. Necesitamos ser impredecibles. Y tenemos que empezar ahora mismo.» Aquella exhortación resultó ser el mejor resumen de la política exterior de Trump: el carácter imprevisible. Es un remanente natural de la filosofía de gobierno del presidente que, como hemos comentado, se caracteriza por una espontaneidad imprudente. Al presidente le gusta que todo el mundo se pregunte qué opina, a veces incluso él mismo, pero en política exterior hay mucho más en juego que en las tertulias televisivas o en Twitter.

Después de que el presidente jurara el cargo, el equipo de seguridad nacional tardó más de lo habitual en cohesionarse.

La mayoría de los cargos públicos entrantes no participaron en la campaña, no conocían a Trump y en muchos casos no se conocían entre sí. Para la secretaría de Estado escogió a Rex Tillerson, el exjefe de Exxon, y al general Jim Mattis de secretario de Defensa. Eran elecciones destacables porque ninguno de los dos, ambos con una vasta experiencia internacional, compartía la actitud aislacionista de Trump de buscar su beneficio en el mundo. Al final quedó patente que escogió a Jim y Rex no tanto porque quisiera tener a personas que lo desafiasen como porque pensaba que sus currículos le harían quedar bien. ¡Logró que el jefe de la mayor empresa del mundo trabajara para él, y uno de los generales más aclamados de Estados Unidos! Así lo explicaba a sus confidentes.

Se supone que el asesor en seguridad nacional es el alma del equipo. No como un igual, sino como intermediario honesto. Esa persona tiene que ser el sistema nervioso central que conecte al presidente, que está a la cabeza, con los brazos y las piernas, que ofrecen información y ejecutan sus órdenes. El primer asesor en seguridad nacional del presidente Trump, Mike Flynn, no encajó. Duró varias semanas antes de ser expulsado por hacer declaraciones confusas sobre los contactos con los rusos. Los que habían pasado algo de tiempo con Flynn sabían que tenía una visión peculiar de los asuntos internacionales y no había demostrado tener muy buen juicio, así que el cambio fue para bien.

El inicio irregular —con un equipo que no se conocía y despidos de asesores— se tradujo en que nadie estaba «al mando» de verdad. El presidente no contaba con un equipo fuerte en seguridad nacional en la campaña porque pensaba que no lo necesitaría. Él mismo era su mejor asesor. Sin embargo, de pronto Trump era responsable del país más poderoso del planeta. ¿Y si se producía una auténtica crisis? Un alto representante republicano en el Capitolio expresó su preocupación. «Parece que nadie tiene las manos sobre el timón todavía —me dijo—. La administración necesita actuar ya de forma conjunta.» Yo opinaba lo mismo.

Flynn fue sustituido por el general H. R. McMaster, otro célebre mando militar que comprendió que el equipo de seguridad del presidente no estaba cohesionado. Decidió poner orden. H. R. vio con claridad su misión: se suponía que debía poner las piezas en el tablero y poner en práctica la visión del presidente; pronto estaba organizando teleconferencias con el personal de la Casa Blanca y los jefes de las agencias. El objetivo era mantener a todo el mundo en la misma línea en política exterior, pero surgió un problema recurrente. Nadie sabía cuál era la línea del presidente. O si estaban siquiera leyendo el mismo libro.

Lo único que sabían era que Trump cumplía su palabra usando el «carácter impredecible» como principio rector. Tan pronto intentaba abandonar un longevo acuerdo de libre comercio tras una conversación fallida por teléfono con el presidente de Canadá, como proponía interrumpir un programa de ayudas de Estados Unidos a un aliado incondicional porque consideraba que costaba demasiado. Todo el mundo acabó con hipertensión política, desde los asesores que trabajaban a un tiro de piedra del Despacho Oval hasta los embajadores destinados en el extranjero. ¿Qué le pasaba por la cabeza a Trump? No teníamos ni idea de cuál sería su siguiente paso, y tampoco quedaba claro que el presidente lo supiera. Las decisiones se tomaban según soplara el viento. Los que conocían el contenido de las conversaciones del presidente con líderes extranjeros se sonrojaban de vergüenza. Para nosotros era un completo aficionado que usaba llamadas importantes para alardear y hacer comentarios incómodos.

Los aliados de Estados Unidos tenían la misma sensación. Les sorprendían sus extrañas declaraciones y su carácter irascible. Entre bastidores, nos suplicaban, en vano, que consiguiéramos que dejara de tuitear. «Por favor —rogó un dirigente extranjero—, tenéis que sacarlo de Twitter. Está perjudicando la relación.» Su país se había visto afectado por un mensaje reciente de Trump, y aducía que no podía dejar que su gente lo viera trabajar con Estados Unidos si el presidente no paraba de acribillarlos. Estábamos de acuerdo, pero le aseguré que era una causa perdida. La adicción de Trump a las redes sociales era incontrolable.

El volumen de tuits convertidos en crisis en el extranjero aumentaba todas las semanas. Pasado más de un año de la primera legislatura, miembros del equipo de política exterior estaban charlando sobre un problema de ese tipo. Las misivas de Trump en las redes sociales estaban limitando las opciones de respuesta de Estados Unidos a un incidente en el extranjero, cuyos detalles no saldrán a la luz durante varios años. La frustración de un nuevo miembro del equipo era evidente. «¡El presidente tiene que dejar de tuitear!», dijo, exasperado, insinuando que todos deberíamos habernos enfrentado antes a ese hábito. «Vaya, no se nos había ocurrido nunca», repuso un veterano jefe de agencia. Aquel empleado recibió una lección práctica sobre lo que el resto ya sabíamos a esas alturas: que éramos presas del azar.

Descubrimos enseguida que el presidente no era capaz de articular qué prioridad quería dar a sus objetivos en política exterior. El NSC intentó abordar su falta de orientación estratégica ofreciéndole una. Por ley, el presidente debe elaborar una «estrategia» de seguridad para Estados Unidos. H. R. esperaba poder trabajar con Trump en la elaboración de un plan de intervención internacional y apartarlo de las decisiones espontáneas. Hizo que los empleados redactaran un documento en el que resaltaran la importancia de las alianzas de Estados Unidos, elogiaran instituciones surgidas después de la guerra como la OTAN y recomendara acciones más contundentes contra rivales como Rusia y Corea del Norte. Fue una osadía ingenua. Al presidente no le importaba, y no leyó ese documento público tan largo, que se convirtió más en unos deberes inútiles que en una guía política para Estados Unidos.

Si los asesores más próximos al presidente no pueden anticipar su siguiente movimiento, los demás sí que están perdidos. Las agencias de las que depende el jefe del gobierno para implementar sus políticas quedan a la deriva, y los aliados también son incapaces de coordinarse de forma eficaz con nosotros. Sin duda, la incertidumbre mantiene alerta a los enemigos, pero pasado un tiempo dejan de tomarnos en serio, y eso es lo que está pasando con Trump. Es el equivalente internacional al cuento del pastor y el lobo: amigos y enemigos lo dan por perdido. Lo último que uno quiere oír de su presidente en boca de un funcionario extranjero es: «Sí, procuramos no hacerle caso». Por desgracia, eso es lo que dicen.

Trump atacó a Barack Obama durante la campaña presidencial por el declive en el liderazgo global de Estados Unidos. Aseguró que no ocurriría durante su mandato. En el discurso de «Estados Unidos primero», el entonces candidato Trump le dijo al público que «nuestros amigos empiezan a pensar que no pueden depender de nosotros» por los ocho años de atrincheramiento de Obama. «Hemos tenido a un presidente al que no le gustan nuestros amigos y se inclina ante nuestros enemigos, algo que no habíamos visto nunca en la historia de nuestra democracia… lo cierto es que no nos respetan». Trump prometió cambiar de rumbo, pero si esa tendencia existía con la administración Obama, parece haberse redoblado.

Cegado por el poder

Donald Trump se burló del presidente Obama por su relación con dictadores. En 2011 se mofó del presidente por ofrecer al régimen autoritario chino una diplomacia «amable». En 2012 despotricó de Obama por «inclinarse ante el rey saudí». En

2013, se rio del viaje del presidente a la isla represora de Cuba para reunirse con Raúl Castro. En 2014 dijo que Obama era tonto por decir que Rusia era un «poder regional», prometer a los rusos más flexibilidad tras ser reelegido y permitir que Putin resurgiera en el escenario internacional.

Como presidente de Estados Unidos, Trump ha demostrado mucha más afinidad con «hombres fuertes» que Obama. Históricamente, los jefes de gobierno de nuestro país escogían con cuidado las palabras al hablar de dirigentes extranjeros dictatoriales para evitar darles más credibilidad de la que merecían. Trump, por el contrario, los colma de elogios. Ya sea aplaudiendo al presidente filipino Rodrigo Duterte por su «increíble labor» para atajar las drogas (que en parte consiste en asesinar a sospechosos sin juicio) o elogiando al autoritario presidente turco Recep Erdogan y definirlo como un «amigo» al que se siente «muy cercano» (Erdogan ha lanzado iniciativas arrolladoras para encarcelar a sus adversarios políticos y críticos), el punto débil de Trump son los tipos duros.

Arabia Saudí es un magnífico ejemplo. Tras el brutal asesinato del columnista del *Washington Post* Jamal Khashoggi a manos de unos sicarios saudíes en octubre de 2018, al presidente le costó criticar a las autoridades del régimen. Incluso después de que las valoraciones de los servicios de inteligencia atribuyeran la culpa en última instancia del asesinato auspiciado por el Estado al príncipe de la corona saudí, Mohammed bin Salman, Trump se mostraba reticente a condenar a un hombre al que había expresado con anterioridad su «gran confianza». «Quiero defender a un aliado que en muchos sentidos ha sido muy bueno», dijo el presidente a los periodistas, y añadió que el dirigente saudí había negado su implicación en el asesinato de Khashoggi, y con eso le bastaba.

El presidente reconoció que era sin duda alguna «el peor encubrimiento de todos los tiempos», pero le caía bien el príncipe de la corona. Le caía muy bien. Y no quería estar en el bando equivocado de los saudíes. «¡No voy a hablar más de eso! —soltó a sus subordinados—. El petróleo está a cincuenta dólares el barril. ¿Sabéis lo estúpido que sería meterse en esa pelea? El petróleo subiría a ciento cincuenta dólares el barril. Dios. ¿No sería una estupidez, joder?» Teníamos la esperanza de que el presidente explicara así su silencio en público. Lo hizo. En vez de criticar a su amigo, el príncipe de la corona, Trump le agradeció con sinceridad que mantuviera los precios del petróleo bajos, luego dijo a la prensa que era uno de los motivos por los que no iba a romper con los saudíes.

Tal vez también influyera su yerno, Jared, que entabló amistad con el príncipe saudí. Tras el asesinato, Jared envió mensajes a Mohammed bin Salman y recomendó a todo el que quisiera escuchar que se guardara su opinión. «Tienes que verlo desde su punto de vista —dijo entre risas a sus colegas de la administración—. Él dice: "Mi zona es más peligrosa que la tuya. Yo tengo Yemen, tengo Irán, tengo Siria". ¡Y tiene razón! ¿Os imagináis tener algo como Yemen en nuestra frontera del sur en vez de México? Actuaríamos de forma distinta.» Un miembro de la plantilla consternado que estaba en la conversación se lo contó a otros del Ala Oeste. Jared insinuaba que si estuviéramos en la piel de los saudíes también asesinaríamos a periodistas. Los jefes del NSC estaban perplejos.

El episodio Khashoggi, que empeoró con el paso de las semanas por los apretones de manos del presidente, minó la credibilidad de Estados Unidos, aunque tampoco fue el peor caso de sumisión del presidente a autócratas. Ese honor corresponde a Vladímir Putin. Con el presidente Putin, Rusia se ha reafirmado en la escena internacional, ha desafiado a Estados Unidos siempre que ha tenido ocasión y ha buscado competir en igualdad de condiciones. Trump, que al parecer no se inmutaba ante la hostilidad del régimen hacia los estadounidenses, ha aplaudido a Putin con frecuencia.

183

Casi todo el mundo en la administración abogaba por castigar a los rusos, y con dureza, tras su interferencia en 2016. Trump tenía una visión distinta. Pese a que tal vez no conspirara con Rusia como candidato presidencial, como mínimo los animó. «Rusia, si me estás oyendo —gritó en un acto de campaña en julio de 2016—, espero que podáis encontrar los treinta mil mensajes de correo electrónico [de Clinton] que faltan. Creo que probablemente la prensa os recompensará con creces.» Era la primera vez que recordáramos que un candidato presidencial de Estados Unidos instaba a un poder extranjero a espiar a su adversaria. Ese mismo día, piratas informáticos rusos intentaron acceder a la oficina personal de la secretaria Clinton y, durante las semanas siguientes, Trump se regocijó con el alboroto provocado por las continuas filtraciones de Moscú sobre otros mensajes de correo electrónico robados.

184 Cuando quedó claro que el Kremlin trabajó de forma activa para manipular las elecciones, Trump siguió elogiando al dictador con la misma efusividad. «Si él dice cosas geniales de mí, yo diré cosas geniales de él —confesó el candidato a los periodistas—. Ya he dicho que es un muy buen líder. O sea, puedes decir, mira qué horrible, ese hombre somete al país a un control muy fuerte […] pero en realidad, en ese sistema, ha sido un líder, mucho más que nuestro presidente.» Disfrutaba con las burlas de Putin sobre su rival derrotada tras las elecciones, y tuiteó: «Vladímir Putin ha dicho hoy sobre Hillary y los demócratas: "Creo que es humillante. Hay que saber perder con dignidad". ¡Cuánta verdad!».

La negación de las acciones de Moscú por parte del presidente, luego convertida en apatía, es la razón por la que Estados Unidos reaccionó con el equivalente político de un gemido a una de las mayores afrentas extranjeras contra nuestra democracia de todos los tiempos. De todos los errores de Trump en política exterior, dejar que Rusia se saliera con la suya es tal vez el más frustrante. La administración saliente de Obama impuso sanciones modestas a Moscú, entre ellas la expulsión de una docena de supuestos agentes rusos de Estados Unidos, pero dejó el resto a la administración entrante. Trump era reticente a emprender más acciones que pudieran ofender a Putin, con quien esperaba entablar una relación de estrecha colaboración. Dudaba incluso si sacar el tema en conversaciones con el dirigente ruso, y dejó estupefacta a la gente de dentro.

Recuerdo cuando el Congreso sancionó a Rusia en verano de 2017. Los representantes expresaron su enfado por lo poco que había hecho la administración para exigir responsabilidades a Rusia, así que tomaron las riendas del asunto y aprobaron leyes que castigaban al país. Pese a que más adelante se apuntó el tanto de las sanciones y afirmó que nuestra administración había demostrado una dureza inusual con Moscú, Trump en realidad estaba furioso. Consideraba que el Congreso se estaba interponiendo en su objetivo de mantener una cálida amistad con el Kremlin. Rusia contestó a las sanciones con la expulsión de cientos de empleados de la embajada estadounidense de su país y confiscando edificios diplomáticos. La reacción del presidente Trump fue asombrosa.

«Quiero darle las gracias porque estamos intentando reducir plantilla —dijo Trump a los periodistas sobre el movimiento de Putin, sin rastro de ironía—. Por lo que a mí respecta, le agradezco mucho que echara a tanta gente, porque ahora tenemos una plantilla más pequeña. No hay un motivo real para que vuelvan, así que aprecio mucho el hecho de que hayamos podido reducir la plantilla de empleados de Estados Unidos. Ahorraremos mucho dinero.»

La evidente admiración del presidente hacia Vladímir Putin («gran tipo», «persona fantástica») sigue desconcertándonos a todos, incluidos los miembros del equipo que se encogen de hombros ante su conducta extravagante. ¿De dónde sale la adoración al héroe Putin? Es casi como si Trump fuera el niño escuálido que aspira a ser el matón en el patio del colegio. Los analistas han especulado, sin pruebas, con que Moscú debe de «tener algo» contra el presidente. Ojalá lo supiera. Lo único que sé es que sea lo que sea lo que alimenta su amor por Putin, es terrible para Estados Unidos porque Vladímir Putin no está de nuestra parte y ningún presidente de Estados Unidos debería reforzarlo.

Necesitamos una estrategia integral para contrarrestar a los rusos, no cortejarlos. Sin embargo, Trump vive en otro mundo, uno donde Putin y él son amigos y Rusia quiere ayudar a Estados Unidos a prosperar. Así, los funcionarios estadounidenses temen estar «solos» en su contraataque a Moscú. Con razón: están solos. Si una agencia quiere reaccionar a la conducta antiestadounidense de Rusia en todo el mundo, no deberían contar con una cobertura aérea estable por parte del presidente. De hecho, los empleados públicos saben que se arriesgan a sufrir la ira de Trump si sale el tema en entrevistas en público o una declaración en el Congreso. «No me importa —repuso un veterano dirigente cuando su plantilla le recordó que vigilara sus palabras en las reuniones del Senado—. Que me eche si quiere. Voy a contar la verdad. Los rusos no son nuestros amigos.»

Una vez le preguntaron a Trump durante una reunión con Putin si abordaría el tema de las interferencias electorales. Para contestar a la pregunta, el presidente se dio la vuelta y echó una reprimenda a su homólogo en tono jocoso, señalándolo con el dedo. «No te entrometas en las elecciones, por favor.» Fuera de cámara, los asesores soltaban lamentos. De igual manera nos quedamos confusos en Helsinki, cuando Trump insistió en celebrar una reunión privada de dos horas con el presidente ruso, sin asesores presentes. No ocurre nunca. Lo que se comunica entre autoridades mundiales, sobre todo competidores, se puede malinterpretar o tergiversar con facilidad cuando no hay testigos de la conversación por ambas partes. Una reunión en privado con Putin era un movimiento arriesgado teniendo en cuenta las acusaciones de connivencia, y sigue siendo un misterio por qué la solicitó.

Llegados a este punto, me gustaría hacer un apunte. Por lo general las interacciones herméticas del presidente con dirigentes extranjeros son preocupantes. Las negociaciones internacionales se mantienen en secreto por algo, pero las iniciativas de Trump se salen de la norma. Cuando las oculta a los miembros de su propia administración, debería hacer saltar las alarmas. ¿A qué acuerdos llega con regímenes como Rusia a puerta cerrada? ¿Por qué no quiere que lo sepa la gente? El escándalo de Ucrania demuestra que a Trump no le importa pedir favores personales inadecuados a líderes extranjeros ni hacer más solicitudes lamentables. Incluso si la investigación sobre Ucrania concluye que Trump no cometió un delito federal o el Senado republicano se niega a condenarlo, los votantes deberían reflexionar en serio sobre estos episodios en las elecciones de 2020. Deberíamos considerar las acciones de Trump delitos condenables, determine o no el Congreso que son procesables. Si el presidente es reelegido, tenemos que dar por hecho que hará otras peticiones indecentes a poderes extranjeros que los estadounidenses y sus asesores tienen pocas opciones de conocer. Yo, por ejemplo, no quiero que el presidente cierre acuerdos secretos con Vladímir Putin.

La actitud caballerosa de Trump hacia la amenaza de seguridad rusa ha tenido una consecuencia predecible pero devastadora. Moscú no ha dejado de atacar los intereses estadounidenses. Se han envalentonado. Siguen aprovechándose de Estados Unidos en todo el mundo y en nuestro propio terreno. El exdirector de Inteligencia Nacional Dan Coats declaró en enero de 2019 que Rusia seguía sembrando la discordia social, racial y política en Estados Unidos a través de operaciones de influencia y, al cabo de varios meses, Robert Mueller insistió en ello. «No fue un solo intento —declaró en el Congreso—. Lo están haciendo mientras estamos aquí sentados. Y esperan hacerlo durante la próxima campaña.»

Debería ser un escándalo nacional, un motivo de rabia y acción contra el gobierno ruso. En cambio, se ha hecho caso omiso donde más debería importar: en el Despacho Oval. La prensa preguntó a Trump sobre la valoración de Mueller días después y lo interpelaron de nuevo sobre si había presionado a Putin con el tema.

«No os lo creéis de verdad —repuso—. ¿Os lo creéis? De acuerdo, bien. No hemos hablado del tema.» Luego subió al *Marine One*.

Quien sí lo cree es Putin. Según un exalto cargo del FBI, en un momento dado Trump rechazó la información que recibía sobre la capacidad de misiles de un país hostil. Dijo que el presidente ruso le había dado otra información, así que no importaba lo que dijeran las agencias de espionaje estadounidenses. «No me importa. Creo a Putin», aseguró, según aquel funcionario.

La ignorancia voluntaria es la manera más justa de definir la actitud del presidente hacia nuestros enemigos. Ve lo que quiere ver. Si a Trump le gusta un líder extranjero, se niega a aceptar el peligro que pueda suponer o los motivos ulteriores que pongan sobre la mesa. Por eso le resulta tan fácil despreciar con un gesto informes detallados sobre amenazas para Estados Unidos de otros países o alertas urgentes de nuestros aliados más próximos.

Corea del Norte es otro ejemplo preocupante, tal vez sea más extraño que el capricho del presidente con Rusia.

Trump está fascinado con el joven dictador del país, Kim Jong Un. «¿Cuántos tipos (tenía veintiséis o veinticinco años cuando su padre murió) se hacen cargo de esos generales duros, y de repente… él va, se hace cargo y es el jefe —dijo asombrado en un acto hablando del auge de Kim Jong Un—. Es increíble. Barrió al tío, a este y al de más allá. Quiero decir, ese tipo no se anda con chiquitas.» Trump propuso una reunión con el dirigente durante la carrera presidencial, una propuesta que fue rechazada por Corea del Norte por considerarla una maniobra de propaganda.

Una vez en la Casa Blanca, el presidente eligió la dirección contraria. Anunció una política de «máxima presión» con el norte que castigara al régimen por su conducta agresiva. Los asesores recorrieron el planeta en busca de apoyo a unas sanciones que aislaran más Pyongyang. Francamente, fue un alivio porque pensábamos que el presidente estaba comprendiendo la situación y se defendía de un gobierno horrible que, además de producir armas nucleares, torturaba y dejaba morir de hambre a su pueblo. Parecía una causa justa, y nos sentíamos orgullosos de ponernos duros en un lugar donde otros presidentes se habían postrado.

Sin embargo, Trump no fue capaz de seguir la misma línea durante mucho tiempo. Ansiaba cerrar un trato con Kim Jong Un, al que llamaba «un chaval bastante listo», aunque sus altos asesores le advirtieron que no lo hiciera. Muchas administraciones habían quedado atrapadas en negociaciones fallidas con Corea del Norte, debates que el régimen explotaba para ganar tiempo y construir armas. Era mala idea caer en eso a menos que las circunstancias cambiaran de forma radical.

Un día entró en escena la doctrina impredecible de Trump. Cargos públicos de Corea del Sur estaban de visita en Washington para trasmitir un mensaje de que el norte quería negociar con su programa nuclear. El presidente llevó a los cargos públicos al Despacho Oval, donde informaron de que Kim Jong Un quería una reunión personal con él. Trump, que meses antes había amenazado a Corea del Norte con «fuego y furia», accedió en el acto. Sus asesores, entre ellos altos cargos del Departamento de Estado y Defensa, estaban con la guardia baja. Trump dijo que hablaría con Kim

189

Jong Un cara a cara, la primera reunión entre un presidente estadounidense y su homólogo de Corea del Norte.

De puertas afuera, la Casa Blanca lo anunció como un emocionante avance. Ofrecía la posibilidad de reducir las tensiones de la península de Corea y generaba la esperanza de un acuerdo de desnuclearización. Internamente, pensábamos que era una gran estupidez. Solo unas horas antes, el secretario de Estado Rex Tillerson dijo a los periodistas que era demasiado pronto para pensar en negociaciones entre cargos de Estados Unidos y Corea del Norte, y mucho menos en una reunión entre los dos máximos mandatarios. Considerábamos que, para meter a Trump y a Kim Jong Un en la misma sala, los norcoreanos tendrían que hacer importantes concesiones. La posición de Rex era que no íbamos a darle audiencia con el hombre más poderoso del planeta sin forzarlos a pagar un precio; o hasta que Trump decidiera lo contrario.

La «máxima presión» dio paso a una cálida pacificación. El presidente se dejó llevar casi de inmediato por la teatralidad más que por el fondo. Se iniciaron los preparativos para una cumbre en Singapur como si fuera la fiesta de graduación de Trump. Sería un espectáculo para recordar, demostrar que era un auténtico hombre de Estado maduro. Alguien en las cadenas de noticias por cable insinuó que Trump podría recibir el Premio Nobel de la paz por lograr la paz con Pyongyang, una idea que animó al presidente. El gran negociador quería lograr un acuerdo casi a cualquier precio y Kim Jong Un, ese chaval listo, lo sabía.

Los observadores no veían claro cómo exactamente iba a convencer Estados Unidos a Corea del Norte de que renunciara a sus bombas nucleares cuando otras administraciones habían fracasado. No obstante, a Trump en realidad no le importaban la estrategia ni los detalles. Confiaba tanto en su habilidad para forjar una conexión personal con Kim Jong Un que no dependía de los detalles. Pura química. Como cabía esperar, la cumbre de Singapur fue un fracaso. No dio resultados significativos, y los asesores vieron confirmada su visión de que la química no era un sustituto de la complejidad diplomática.

Trump se mostró impasible. Su medida del éxito era distinta. «Me cae bien, y yo le caigo bien a él —dijo en un acto unos meses después de conocer a Kim Jong Un—. Supongo que eso está bien. ¿Puedo decir eso?» También describió con afectación la comunicación entre ambos líderes. «Tuvimos idas y venidas, luego nos enamoramos. Me escribió cartas bonitas, son cartas fantásticas. Nos enamoramos.» Durante todo mi servicio en la administración pública, jamás pensé que iba a ver a un hombre adulto haciendo carantoñas en el Despacho Oval a un matón autócrata como si fuera un fan adolescente que lo adorara. La palabra «ingenuo» se queda muy corta. Ni un solo miembro de la administración —ni Rex Tillerson, ni Jim Mattis, ni Dan Coats, ni Mike Pompeo, ni Nikki Haley ni Mike Pence— habrían hablado así. Si alguien que no fuera Trump dijera algo parecido, toda la Casa Blanca se reiría de él. Sin duda deben de estar riéndose en Corea del Norte.

Tras haber avanzado poco en las negociaciones sobre desarme, nuestra administración presionó más a Pyongyang. Aquello enfureció al presidente. A finales de 2018, el Departamento del Tesoro sancionó públicamente a tres funcionarios del régimen coreano por violaciones de los derechos humanos. Trump estaba fuera de sí. «¿Quién ha sido? —rugió a sus asesores—. ¡Kim es amigo mío!»

Me lamenté ante otro cargo público de que el presidente estaba perdiendo la perspectiva de la realidad. El gobierno de Corea del Norte era brutal, no era de fiar y con pocas probabilidades de comprometerse a la hora de la verdad. Ella estuvo de acuerdo y, poco después, los jefes de los servicios de inteligencia de Trump se hicieron eco de la advertencia en testimonio público. Corea del Norte estaba ejecutando la misma canción y el mismo baile de siempre para sacarse a Occidente de encima,

191

ofrecía una falsa rama de olivo para aliviar la presión hasta que llegara al poder una nueva administración en Estados Unidos.

Cuando intentábamos comprender las posiciones de Donald Trump o uno de nosotros intentaba rebatirla, primero teníamos que preguntarnos: ¿por qué le atraen tanto los autócratas al presidente? Tras una beligerante reunión sobre la relación del presidente con un dictador extranjero, un alto asesor en seguridad nacional me dio su visión. «El presidente ve en esos tipos lo que le gustaría tener: poder total, sin límites de legislatura, una popularidad forzosa y la capacidad de silenciar a los críticos.» Dio en el blanco. Era la explicación más sencilla.

Por ejemplo, Donald Trump simpatizaba con la violenta purga interna del príncipe de la corona saudí Bin Salman en 2017, dijo que los jefes de gobierno «sabían muy bien lo que se hacían» y añadió que «algunos de los que están siendo tratados con dureza llevan años "mamando" del país». Entre ellos figuraban los interlocutores estadounidenses durante mucho tiempo, supuestamente retenidos contra su voluntad, apaleados, encarcelados o bajo arresto domiciliario.

Celebró el movimiento del presidente chino Xi Jinping para instalarse en el cargo de forma permanente, de por vida; lo consideró «de una altura extraordinaria» y le dijo en privado que era un «rey» por haber hecho un movimiento tan osado.

Se entusiasmaba con los periodistas al hablar de la capacidad de Kim Jong Un de controlar a su población: «Es el dirigente de un país, y me refiero a que es el dirigente fuerte. No deja que nadie piense nada distinto. Habla, y su pueblo lo escucha con atención. Quiero que mi pueblo haga lo mismo».

También se quejó a Putin sobre la libertad de prensa en Estados Unidos y le dijo al célebre matón: «En Rusia no tenéis este problema, pero nosotros sí».

La afinidad de Trump por los autócratas significa que vamos a ciegas en los asuntos internacionales. La guía moral en la cabina de mando, la que ha marcado el rumbo de Estados Unidos durante décadas, se ha estropeado. El presidente carece de un plan congruente para tratar con esos rivales porque no los reconoce como amenazas a largo plazo. Solo ve los acuerdos a corto plazo. «Rusia es un adversario en ciertos aspectos. China es un enemigo económico... pero eso no significa que sean malos —dijo el presidente en una entrevista—. Eso no significa nada. Significa que son competitivos. Quieren estar bien, y nosotros queremos estar bien.» Para él, los adversarios son solo interlocutores comerciales con los que regatear hasta conseguir un trato justo y, una vez logrado, todos ganan.

Lo que no ve, sobre todo con China, Rusia, Irán y Corea del Norte, es que sus gobiernos están programados para oponer resistencia a Estados Unidos. Representan lo contrario de nuestros valores. Ningún «acuerdo» cambiará eso. Hasta que sus sistemas políticos experimenten un cambio profundo o pierdan poder, se opondrán al orden internacional libre y abierto que creó Estados Unidos. Como nosotros, intentarán modelar el mundo a su imagen y semejanza. A diferencia de nosotros, a sus dirigentes no les importan los derechos humanos y se están preparando para una competición prolongada.

China debería ser nuestra mayor preocupación. En su primer discurso en el Senado, Mitt Romney comparó Pekín con «el cocinero que mata a la rana en una olla de agua hirviendo, con una sonrisa y gestos zalameros, mientras va subiendo poco a poco el fuego militar y económico». Mitt tiene razón. Estados Unidos está perdiendo de vista la pelota con China, y con el presidente Trump nuestra reacción nacional ha sido circunstancial e indecisa. No contamos con un plan serio para salvaguardar nuestro «imperio de libertad» del auge de China. Solo están las posiciones de negociación siempre cambiantes de un estafador jefe, que no bastarán para ganar lo que se está convirtiendo a toda prisa en la siguiente Guerra Fría.

193

El presidente Trump demuestra poca visión de futuro al centrarse en el comercio con China, que constituye solo una parte del todo. Hay muchos otros ámbitos en los que los asesores coinciden en que deberíamos poner contra las cuerdas al gobierno comunista. No obstante, el equipo de política exterior no consigue que se centre en nada más que en la guerra comercial. Los estadounidenses deberían preguntar: ¿dónde está la política sobre derechos humanos en China? ¿Por qué guarda semejante silencio ante las manifestaciones a favor de la democracia más importantes del régimen en dos décadas, cuando su entorno lo empuja a actuar? ¿Dónde está su política de defensa? ¿Dónde está su propuesta para contrarrestar la influencia china región por región? ¿Hay algún plan a largo plazo? Algunos funcionarios del gobierno dan importancia a esas preguntas y tienen sus propios proyectos. Hemos comentado ideas, pero no sirven de nada si no forman parte de un plan mayor. El presidente puede decir que quiere que sus enemigos jueguen a las adivinanzas, pero todos sabemos que son las palabras de un hombre sin un plan.

Nuestros enemigos y adversarios comprenden que el presidente es un pusilánime simplista. Permanecen impasibles ante sus beligerantes amenazas en Twitter porque saben que se le puede engañar. El presidente Trump se deja influir con facilidad por la retórica. Todos lo vemos. Es evidente que le entusiasman los cumplidos. Se pliega en las negociaciones, y está dispuesto a darlo todo a cambio de algo que solo parece un buen trato, lo sea o no. Creen que es débil, y se aprovechan de él. Cuando no pueden, simplemente no le hacen caso.

Aliados alienantes

La atracción del presidente hacia los dictadores sería menos preocupante si fuera acompañada por una afinidad equivalente con nuestros amigos. Ocurre lo contrario. El presidente

Trump a menudo se distancia de los socios más importantes de Estados Unidos y desacredita personalmente a sus dirigentes. Su salida precipitada de la cumbre del G7 en Canadá —donde denostó a sus amigos occidentales de camino a una reunión con un enemigo oriental— fue solo un ejemplo de sus prioridades internacionales invertidas.

Recordad que el presidente repudió ese tipo de comportamiento unos meses antes de asumir el cargo. «Nos hemos peleado con nuestros mejores amigos —advirtió al criticar la política exterior de Obama—. Y ahora empieza a buscar ayuda en otra parte. Recordadlo. No está bien.» Los aliados esperaban que el presidente Trump estuviera a la altura de esas declaraciones, y algunos admitieron que tenían la sensación de que la administración Obama los había ninguneado. Teníamos una oportunidad de volvérnoslos a ganar.

La esperanza no duró mucho. Justo después de la toma de posesión, el presidente Trump llamó por teléfono a jefes de Estado extranjeros para presentarse. Sus conversaciones con el primer ministro australiano Malcolm Turnbull, un estrecho aliado de Estados Unidos, fueron un presagio de lo que se avecinaba. El primer ministro presionó al presidente para saber si continuaría con un acuerdo sobre refugiados que los dos países habían negociado con anterioridad. «Este acuerdo me hará quedar fatal —se dice que le contestó a Turnbull—. Creo que es un acuerdo horrible, repugnante, que jamás se debería haber firmado.» Pese a los intentos del primer ministro de razonar con él, Trump dio por zanjada la conversación: «Ya estoy harto. Llevo todo el día haciendo estas llamadas, y esta es la más desagradable de todo el día». Luego colgó.

Después de las llamadas presidenciales con autoridades extranjeras se suelen escribir resúmenes para luego distribuirlos dentro de la Casa Blanca y a otros cargos públicos con las autorizaciones adecuadas. Es una práctica habitual. Las transcripciones ayudan a los subordinados del presidente a estar sincronizados con su jefe cuando traten con esos países. Cuando se filtraron detalles de las primeras llamadas de Trump, los resúmenes quedaron bloqueados. La distribución era limitada sobre todo por motivos de seguridad, pero también porque el contenido era rutinario y sumamente vergonzoso.

Ningún aliado importante de Estados Unidos ha quedado a salvo de las humillaciones del presidente. En privado ridiculiza a los países socios y sus dirigentes y no se corta de hacer lo mismo en público, como en el caso de su comentario sobre el primer ministro canadiense, de quien dijo que era «muy falso y débil» solo unas horas después de ser acogido por su vecino del norte. Ha hecho lo mismo con Francia, cuando se burló del presidente Emmanuel Macron en Twitter por sus bajos índices de aprobación y el elevado desempleo, y con Alemania, al criticar a la administración de la canciller Angela Merkel por no lograr reducir la delincuencia y acusar a sus líderes de ser parásitos que se aprovechan de la generosidad de Estados Unidos.

El Reino Unido, con quien Estados Unidos mantiene una «relación especial», no es una excepción. Tras varios ataques terroristas en Gran Bretaña en 2017, el presidente regañó a los británicos por no ser capaces de controlar el extremismo. «Otro ataque en Londres obra de un perdedor terrorista —tuiteó cuando estalló una bomba en un tren en septiembre de 2017—. Es gente enferma y demente que estaba en el punto de mira de Scotland Yard. ¡Hay que ser proactivos!» La primera ministra Theresa May se enfureció ante la acusación, y declaró a la prensa: «No creo que nunca ayude a nadie especular sobre una investigación en curso». Durante los meses siguientes, su equipo se exasperó con nuestra administración cuando el presidente Trump criticó la gestión de May de la salida del Reino Unido de la Unión Europea.

Cuando se filtraron mensajes internos confidenciales en los que se detallaban las críticas del embajador británico a la administración Trump (incluida la acertada observación de que el presidente era «impredecible» y la Casa Blanca «disfuncional»), el presidente procedió a confirmar todas las inquietudes del embajador con una reacción desmedida. En vez de mostrarse comedido, reaccionó a puñetazos y tuiteó que el embajador era «un tipo muy tonto», «chiflado» y un «bobo pretencioso». Sin ningún motivo estratégico más que la hostilidad, también dijo la última palabra con May, que entonces estaba dejando el cargo de primera ministra, y calificó sus políticas de desastrosas. «Qué lío han creado ella y sus representantes —dijo el presidente en julio de 2019, apuntando de forma específica al Brexit—. Le he dicho cómo habría que hacerlo, pero ella decidió ir por otro camino… la buena noticia para el maravilloso Reino Unido es que pronto tendrán un primer ministro nuevo.»

En efecto, hemos desistido de intentar bloquear las críticas del presidente a nuestros amigos. No se pueden evitar. Quiere decir lo que le apetezca, igual que en cualquier otro tema. En todo caso, cuando le aconsejan no decir algo —que evite las críticas directas a un dirigente, por ejemplo, o que no rompa una promesa—, Trump lo dice aún más fuerte. Tras esos arrebatos, los empleados de Trump que necesitan pedir ayuda por algo a esos mismos socios extranjeros pasan vergüenza, ya sea para atrapar a un delincuente buscado o para apoyar a Estados Unidos en una votación importante en Naciones Unidas. Imaginad que alguien anunciara ante una multitud que sois unos «bobos pretenciosos» y luego os llamaran para pedir un favor. Ese es el tipo de acogida fría que reciben los funcionarios estadounidenses todo el tiempo en las reuniones en el extranjero.

El presidente Trump hace más que humillar a los amigos de Estados Unidos. Emprende acciones o amenaza con emprender acciones que los perjudicarán a largo plazo. Por ejemplo, Trump ha impuesto sanciones comerciales a socios occidentales acogiéndose a previsiones de «seguridad nacional» de la legislación estadounidense para contrarrestar lo que él considera prácticas económicas injustas en lugares como Europa. Estuvo a punto de retirar un acuerdo comercial con Corea del Sur en medio de unas tensas negociaciones con Corea del Norte, lo que puso al aliado de Estados Unidos en una posición incómoda. Amenazó con abandonar un longevo tratado de defensa de Estados Unidos con Japón sobre la premisa de que, si Estados Unidos sufriera un ataque, los japoneses no acudirían en nuestra ayuda y preferirían «verlo en una televisión Sony». Además, amenaza con regularidad con descartar acuerdos internacionales existentes o pendientes con nuestros amigos para forzarlos a hacer lo que quiere, incluido mostrar lealtad a su persona.

Es imposible exagerar sobre lo perjudiciales que son esos caprichos presidenciales para la seguridad estadounidense. ¿Ha provocado un gran golpe en nuestra credibilidad en el extranjero? Sin duda. Lo vemos continuamente. Nuestros socios más cercanos son más precavidos que nunca con nosotros, y genera desavenencias dentro de nuestro equipo. Cada vez que asesta un golpe a un aliado, los altos cargos se lamentan de que ya no vale la pena elaborar planes en política exterior con el presidente, por miedo a que le dé una patada a las estructuras de Lego que los diplomáticos han construido a base de paciencia junto con nuestros socios. «No hay manera de sacar ese tema en el Despacho Oval con él —diría alguien—. Sabes que le molestará.» Eso tampoco ayuda. El presidente no debería vivir en la ignorancia, pero preocupa que mantenerlo informado haga más mal que bien. Otros han decidido dimitir, pues no están dispuestos a formar parte de la disolución de las alianzas de Estados Unidos.

El presidente Trump ha dejado anonadados a sus asesores en repetidas ocasiones diciendo que quiere salir de nuestra mayor alianza: la Organización del Tratado del Atlántico

Norte (OTAN). Sería un enorme regalo para los rusos, que hace tiempo que se oponen al grupo de veintinueve países. Hace más de medio siglo que la OTAN es la columna vertebral de la seguridad internacional, pero el presidente nos dice que «nos están violando» porque otros países invierten mucho menos que Estados Unidos en formar parte de la organización, que, según él, está «obsoleta». El presidente no se equivoca al decir que una serie de países no están invirtiendo lo suficiente en defensa y en que Estados Unidos ha soportado una carga militar abrumadora. Sin embargo, también es el país más poderoso del planeta, y las inversiones que realizamos en la OTAN nos permiten proyectar nuestra influencia en el ámbito global y detener el peligro antes de que se interponga en nuestro camino. Abandonar la alianza, además de una tontería, sería un suicidio: un anuncio para los enemigos extranjeros de que es temporada de rebajas contra los países occidentales, cada uno abandonado a su suerte.

Algunos empleados del gabinete consideraron inaceptables esas amenazas. Rex Tillerson y Jim Mattis, por ejemplo, adaptaron a propósito sus planes de viaje para confirmar nuestros compromisos ante los aliados de Estados Unidos, pese a las contraproducentes declaraciones de Trump en sentido contrario. Algunos dirían que eso se acercaba mucho a la insubordinación. No es cierto. Habría sido incumplimiento del deber quedarse de brazos cruzados viendo cómo nuestras colaboraciones en seguridad se debilitaban, y me cuesta imaginar que los seguidores de Trump, que suelen ser firmes defensores del ejército, aceptaran encantados que el presidente sacara a Estados Unidos del pacto militar más poderoso de la historia. Deberían estar agradecidos de que aún existan tipos que intenten disuadirle y posen una mano en la espalda de nuestros aliados para tranquilizarlos.

Unos cuantos socios inteligentes de Estados Unidos han decidido que no quieren esperar a que el presidente los ataque

199

y los excluya. Han aprendido a engañarle para mantener una buena relación y sacar provecho de la colaboración. Nuestros amigos israelís han visto cómo algunos dictadores colmaban a Trump de elogios y han aprendido a complacer de forma parecida su arrogancia para conseguir lo que quieren. Han puesto su nombre a asentamientos y han encontrado otras maneras extravagantes de decirle a Trump lo fantástico que es, por lo general explotando el orgullo del presidente para cobrarse concesiones. Probablemente no hace falta decirlo, pero tampoco queremos que se convierta en la norma.

Supongo que a algunos estadounidenses no les preocupa la política exterior hasta que una amenaza llega a nuestras costas. Debería importarles porque las acciones que llevamos a cabo en el extranjero —o no llevamos a cabo— determinan si Estados Unidos es seguro a largo plazo. Nuestros aliados constituyen las mejores empalizadas contra las hostilidades en el extranjero. Estamos hablando de países que acuden en nuestra ayuda cuando las catástrofes nos arrollan; que nos defienden en disputas internacionales polémicas; que protegen nuestros barcos, aviones y gente; y que están dispuestos a luchar y a morir junto a nuestras tropas en desiertos remotos. No están ahí para exprimirnos, como dice Trump a todo el que esté dispuesto a escuchar. Los necesitamos. Will Durant argumentó que las leyes de la naturaleza —incluida «la supervivencia del mejor adaptado»— se aplican a la política global. En la naturaleza, la cooperación es una de las claves para ganar cualquier competición. Colaboramos dentro de nuestras familias, nuestras comunidades y sociedad para superar amenazas. Debemos hacer lo mismo en el escenario internacional, y aferrarnos a nuestros aliados para que Estados Unidos no solo sobreviva, sino que prospere.

No obstante, ya no confían en nosotros. ¿Por qué deberían hacerlo? Como cualquier otra persona, no pueden predecir la conducta errática del presidente, y su actitud hacia ellos les parece humillante. Sé que les miente en la cara (o por teléfono) ofreciéndoles una falsa garantía de su apoyo. Revela conversaciones confidenciales que tenemos con ellos, e intenta acosarlos para someterlos. Por consiguiente, muchos están planificando una vida sin Estados Unidos o, peor, empiezan a tratarnos como si fuéramos la competencia. El presidente del Consejo Europeo tuiteó una opinión que comparten muchos de sus colegas en mayo de 2018: «Viendo las últimas decisiones de @realDonaldTrump, cabría pensar que, con amigos como él, quién necesita enemigos».

La alienación general del presidente Trump de nuestros socios más cercanos está poniendo en peligro a Estados Unidos. A lo largo de la historia nuestras alianzas nos han ofrecido una ventaja sobre otros países. Nuestros enemigos tienen pocos amigos, y Estados Unidos muchos. No podemos permitirnos un cambio en ese cálculo.

201

La elección

El mundo depende de Estados Unidos para hacer historia. Nadie lo entendió mejor que Winston Churchill, cuyo país dependía de una intervención estadounidense en la Segunda Guerra Mundial. En aquel momento escribió: «Qué dependencia tan fuerte mantienen los destinos de esta generación con el gobierno y la gente de Estados Unidos… ¿Estados Unidos hará decantar la balanza hacia la paz, la ley y la libertad mientras aún quede tiempo, o seguirán siendo meros espectadores hasta que se haya producido el desastre, para luego, con un coste y esfuerzos infinitos, recrear lo que no debería haberse eliminado?».

¿Aún estamos dispuestos a decantarnos por la libertad? ¿Seremos espectadores? ¿O el presidente Trump ha decidido que estamos en el bando equivocado, que deberíamos estar en un pequeño club de matones o en un club grande de países libres?

El mundo no sabe con certeza qué camino escogeremos. Las encuestas revelan que la imagen internacional de Estados Unidos se ha desplomado con el mandato del presidente Trump y que los ciudadanos creen que no está ofreciendo su ayuda para solucionar desafíos internacionales. Según el Pew Research Center, las opiniones «favorables» a Estados Unidos se encuentran en un mínimo histórico en muchos países, y otros muchos afirman que las relaciones con Washington han empeorado, y no al contrario, durante la legislatura de Trump.

La caída en picado de la reputación se debe a la confusión que ha creado el presidente con sus palabras y acciones. Bajo su liderazgo, parece que Estados Unidos esté cambiando de bando en la política global. En una entrevista en julio de 2018, pidieron al presidente que mencionara al mayor enemigo global del país. No empezó la lista por China, que está robando la innovación estadounidense a una escala jamás vista en la historia, ni Rusia, que intenta destruir nuestro país. Empezó con un viejo aliado. «Bueno, creo que tenemos muchos adversarios —dijo al periodista—. Creo que la Unión Europea es un enemigo, con lo que nos hacen con el comercio. Bueno, no pensarías en la Unión Europea, pero son un enemigo.»

Hoy en día, el futuro de la democracia es incierto. Otros países amenazan con arrebatarnos nuestro lugar en lo alto del orden internacional y, aunque no siempre es malo para nosotros tener iguales, lo es si amenazan nuestro estilo de vida. Para protegernos de sus viles planes, debemos permanecer unidos y seguir luchando por nuestras creencias. No podemos fiarnos de la esperanza, porque no detendrá los misiles iranís ni frustrará el espionaje chino. Tal y como escribió Kissinger, los «objetivos del pasado de Estados Unidos —la paz, la estabilidad, el progreso y la libertad para la humanidad— deberán ser perseguidos en un viaje que no tiene fin. "Caminante no hay camino, se hace camino al andar", dicen unos versos españoles».

Los ciudadanos de Estados Unidos deben decidir qué camino tomar. Si queremos prevalecer sobre los agresores, debemos estar preparados para la competencia constante. No podemos dudar entre escoger el bien o el mal. Debemos ser muy claros —nuestros líderes deben ser muy claros— sobre quién es amigo y quién un adversario. En ese sentido, el presidente Trump nos ha fallado.

6

La nueva línea Mason-Dixon

«Si se produce otra disputa en un futuro próximo de nuestra
existencia nacional, pronostico que la línea divisoria no será
la de Mason-Dixon, sino entre patriotismo e inteligencia por
una parte, y superstición, ambición e ignorancia por otra.»

ULYSSES S. GRANT

*A*l construir la república estadounidense, la historia de la
Antigua Grecia tenía un gran peso en la mente de los padres
fundadores y es relevante para comprender las repercusiones
de la presidencia Trump. Atenas era una parábola sobre cómo
podía torcerse el autogobierno. Era un ejemplo de «democracia
directa», una sociedad donde gobernaba la mayoría y los ciudadanos participaban personalmente en la asamblea y votaban
los temas del día a mano alzada. Al principio fue revolucionario pero, con el tiempo, la mentalidad gregaria se apoderó del
sistema. En caliente, las pasiones podían convertir a la gente en
una muchedumbre enfadada y la mayoría tomaba decisiones
destructivas que después resultaban ser su perdición.

El experimento griego con la democracia alcanzó un punto de inflexión memorable en el año 427 a.C. Atenas estaba
en guerra y la tensión era muy elevada. Las decisiones a las
que se enfrentaba el pueblo ateniense no eran sobre cuestiones

mundanas de la administración, sino a vida o muerte. Los debates en la asamblea eran acalorados, y los poderosos oradores alimentaban la angustia social. Aquel año, uno de sus viejos aliados —una ciudad-estado llamada Mitilene— desertó y se unió a Esparta, enemiga de Atenas. Los atenienses sofocaron la revuelta pero les daba miedo que, si no castigaban a los mitileneos, otros aliados pudieran abandonarlos también. Así, la asamblea ateniense votó matar a todos los hombres de la ciudad y esclavizar a sus mujeres e hijos como prueba de fuerza. Al día siguiente, los ciudadanos se acobardaron y convocaron otra reunión para replantear aquella decisión precipitada.

Uno de los ponentes más vehementes en el debate fue Cleón. A los lectores os resultará familiar. Ateniense destacado, Cleón heredó dinero de su padre y lo aprovechó para iniciar su carrera en la política. Los historiadores lo han tildado de populista, uno de los «nuevos políticos» de la época. Cleón era un orador público grosero y directo, un hombre inmoral que con frecuencia demandaba a sus adversarios, un crítico severo de los que ostentaban el poder, y un orador que se adueñaba de los sentimientos de la gente para alentar el apoyo social a sus posiciones. Pese a que algunos relatos lo representan con encanto, se dice que su estilo al hablar era rabioso y repugnante. Más tarde Aristóteles describió a Cleón como «el hombre que, con sus ataques, corrompió a los atenienses más que nadie. Pese a que otros oradores se comportaban de forma decente, Cleón fue el primero en gritar durante un discurso en la Asamblea, [y] usar lenguaje ofensivo al dirigirse a la gente...».

Cleón abogaba por la aniquilación de los rebeldes mitileneos. Menospreciaba a los intelectuales públicos «tontos» que se oponían a la decisión e instó a los atenienses a no hacerles caso. Los políticos con estudios no eran de fiar; insinuó que podrían haber sido «sobornados» para engañar al público. El gobierno estaba mejor en manos de «hombres corrientes» que hablaban claro, como él. Cleón afirmaba que nadie había perjudicado tanto al imperio como los mitileneos, cuya deserción era «un intento de acabar con nosotros». Advirtió de que, si no daban ejemplo con los rebeldes, Atenas seguiría perdiendo dinero en más guerras en el extranjero combatiendo a gente que los desafiaría. Cleón concluyó invitando a la asamblea a no ser «traidores de sí mismos», a no demostrar «misericordia» ni «piedad», a obedecer a sus instintos originales y a «castigarlos como merecen».

Un hombre llamado Diodoto contestó. Defendió que las decisiones motivadas por el mal genio eran imprudentes. Era necesaria la deliberación antes de pasar a la acción. Todo el que defendiera lo contrario o era un «insensato» o intentaba infundir miedo en la población con falsas afirmaciones como la insinuación de Cleón de que el otro bando del debate había recibido sobornos. «El buen ciudadano debe triunfar no asustando a sus adversarios, sino venciendo de forma justa con sus argumentos», repuso Diodoto. Dijo que una masacre iría en contra de los intereses de Atenas a largo plazo, y que mostrar clemencia permitiría a cambio que Atenas se ganara a muchos mitileneos, a los que seguía necesitando como seguidores.

La asamblea lo sometió a votación: ¿matar y esclavizar a los mitileneos, o mostrar clemencia y hacer responsables solo a los cabecillas rebeldes? No hubo consenso. A mano alzada, los atenienses estaban divididos casi a partes iguales. Según los relatos históricos, cuando terminó el recuento Diodoto se aseguró justo los apoyos necesarios para salirse con la suya. Así se evitó una atrocidad horrible.

La historia no tiene un final feliz. El voto dividido demostró lo persuasiva que había sido la retórica de Cleón, y sacó a la luz el lado oscuro del gobierno de la mayoría. Fue un presagio de la caída de Atenas. Una década después, los atenienses se enfrentaron a una decisión parecida. Esta vez, eligieron prescindir de la misericordia y aniquilar al pueblo de la isla de Melos. Al cabo de tres décadas, una asamblea de multitudes votó ejecutar a Sócrates, considerado «el hombre más sabio» de to-

207

dos los tiempos. Esto último fue una alerta de la muerte de la democracia ateniense, que jamás recuperó su gloria anterior y al final derivó en tiranía.

Como Atenas, nos enfrentamos a un momento crucial. El tono de nuestro debate nacional ha caído en picado. Nos hemos vuelto impacientes con nuestra administración, el Congreso, y entre nosotros. Nos hemos retirado a nuestros rincones ideológicos. Al mismo tiempo, las decisiones a las que nos enfrentamos no son rutinarias: tienen graves consecuencias, desde una deuda federal a punto de estallar a conflictos en el extranjero prolongados. Para resolverlos necesitamos unirnos para establecer las prioridades del país mediante la conversación y el compromiso. Sin embargo, estamos más divididos que nunca. Estamos poniendo a prueba los fundamentos de nuestra democracia, diseñados para fijar límites al gobierno de la mayoría.

Como Atenas, también tenemos a un Cleón en medio, un político populista y malhablado que usa la retórica como si fuera una pistola cargada. No soy el primero que ve esas semejanzas. Las palabras de Donald Trump son poderosas, y estamos sufriendo tres consecuencias principales. La primera, sus palabras están endureciendo el discurso nacional, lo que dificulta mantener el civismo. La segunda es que están minando nuestra percepción de la verdad, y cuesta encontrar un denominador común. Y la tercera, están avivando las llamas de la mentalidad de masa que nuestros fundadores intentaron evitar, y hacen que personas sensatas se planteen una y otra vez, y lamenten, la mayor debilidad de la democracia.

Un hombre despreciable

Después de cada administración, las palabras de los jefes de gobierno de Estados Unidos quedan reflejadas en unos volúmenes conocidos como Documentos Públicos de los Presidentes. Esas compilaciones se convierten en el registro oficial de los escritos y discursos de cada dirigente, publicados cuando abandonan el cargo. Cuando entro en el Ala Oeste de la Casa Blanca, esos documentos son una de las primeras imágenes que me llaman la atención, expuestos dentro de una librería ornamentada directamente en la entrada oficial. Los volúmenes contienen las palabras que conformaron nuestro país y sacudieron el mundo, y reverberan a lo largo de la historia.

Al hojear sus páginas, los lectores pueden topar con los emotivos comentarios del presidente Lincoln, que llevó a Estados Unidos hacia la reconciliación tras una cruenta guerra civil. «Sin malicia hacia nadie, con caridad para todos, con firmeza en lo correcto mientras Dios nos conceda ver lo correcto, esforcémonos por terminar el trabajo en el que estamos inmersos, para vendar las heridas del país, cuidar del que soportará la batalla y de su viuda y su huérfano, hacer todo lo que pueda lograr y apreciar una paz justa y duradera entre nosotros y con todos los países.» Tal vez encuentren el discurso de Delano Roosevelt tras el ataque sorpresa a Pearl Harbor: «Por mucho que tardemos en superar esta invasión premeditada, el pueblo estadounidense, con su poder justo, llegará a la victoria absoluta… No solo nos defenderemos al máximo, sino que nos aseguraremos de que esta forma de traición no vuelva a ponernos en peligro jamás».

¿Qué nos dirán los futuros volúmenes de los Documentos Públicos del presidente Trump de él y de este momento de nuestra vida política? ¿Serán una inspiración y un resurgir de la unidad en nuestro país? ¿O los leeremos de aquí unos años como si fueran el debate mitileneo, palabras que supusieron un punto de inflexión hacia una mayor división?

Aún no sabemos cómo acabarán sus Documentos Públicos, pero sí sabemos cómo empezarán. Al principio figurará su discurso de investidura, característico del estilo chabacano del

209

presidente Trump. Aquel día dibujó una imagen desoladora del país, de «madres y niños atrapados en la pobreza en nuestras ciudades del interior; fábricas oxidadas esparcidas como lápidas por el paisaje de nuestro país; un sistema educativo con un montón de dinero pero que priva a nuestros jóvenes y bellos estudiantes del conocimiento; y la delincuencia, las bandas y las drogas que han robado demasiadas vidas y han arrebatado a nuestro país tanto potencial sin detectar». Dijo que nos habían «arrancado» el dinero de nuestras casas para «redistribuirlo» en todo el mundo, mientras que otros países estaban causando estragos «robando nuestras empresas y destruyendo nuestros empleos».

Trump explicó que era un escenario de «carnicería estadounidense». Con él al mando, empezaríamos a «ganar de nuevo, como nunca antes». Seríamos «imparables». Su presidencia nos haría «fuertes», «ricos», «orgullosos» y «seguros» de nuevo. La carnicería llegaría a su fin. Los que vieron el acto en la zona oeste del Capitolio estaban perplejos. Era un momento de unión e inspiración, y sus comentarios eran rencorosos y de mal agüero. Ahora me parece extrañamente adecuado que en el preciso instante en que empezó a hablar rompiera a llover.

Resulta irónico que su funesto retrato de Estados Unidos sea una de las declaraciones más elocuentes en los Documentos Públicos del presidente Trump porque leyó lo que le habían redactado. Sabemos que no suele ser tan convincente al hablar. Se sale del guion, se centra en una idea principal solo de forma intermitente y va introduciendo distracciones, sobre todo invectivas contra sus críticos. Es una molestia constante para sus asesores, que invierten tiempo en redactar sus discursos para que sus palabras sean más elaboradas y menos ofensivas. A menudo descarta esos comentarios preparados sobre la marcha y nos deja oír al auténtico Donald Trump, un hombre cuya oratoria natural es cruda y malintencionada.

¿Por qué es importante? Porque las palabras importan. Como estudiante de historia, siempre he creído que las palabras de un presidente son especialmente importantes porque él (y algún día ella) habla por todos nosotros. Definen cómo nos relacionamos entre nosotros y cómo abordamos las necesidades del país. Influyen en cómo afrontamos los desafíos y cómo colaboramos dentro del mismo gobierno. Las palabras de un dirigente se convierten en el grito de guerra para nuestras causas comunes, desde aquello a lo que nos oponemos («¡Ninguna tributación sin representación!») hasta lo que defendemos («¡Elegimos ir a la luna esta década!»). Por desgracia, las palabras de Trump no fomentan el civismo nacional. Lo corroen.

Sus palabras suenan más a camarero de poca monta en una taberna degradada que a presidente. En cualquier acto, Trump es capaz de elogiar a alguien que atacó a un periodista: «Cualquier tipo que puede atizar a otro es de los míos: es mi tipo». Puede arremeter contra sus adversarios por tener «la testosterona baja» o «un coeficiente intelectual bajo». O burlarse de un testimonio de la acusación en una agresión sexual imitando su voz y la del abogado al preguntarle: «Me tomé una cerveza. ¿Cómo llegó a casa? No me acuerdo. ¿Cómo llegó? No me acuerdo. ¿Dónde está ese sitio? No me acuerdo. ¿Cuántos años hace? No lo sé. No lo sé. No lo sé. No lo sé… pero me tomé una cerveza. Eso es lo único que recuerdo». Considera que su acusación es falsa.

En particular, los documentos del presidente Trump estarán llenos de comentarios pugilísticos en las redes sociales que han dominado en nuestro debate público. Los futuros historiadores solo tendrán que echar un vistazo al calendario para encontrar el veneno. Pongamos, por ejemplo, el 1 de abril de 2018. Esa semana sus documentos registrarán que el presidente arremetió contra ABC News, CBS, CNN, MSNBC, NBC y el *Washington Post* (todos por separado) por difundir «noticias falsas»; culpó a la tienda en línea Amazon del cierre de tiendas «en todo el país»; ridiculizó al servicio de correos de Estados Unidos que «perdía dinero»; se burló de los ex-negociadores comerciales de Estados Unidos por ser «tontos, o incompetentes»; denunció a México por la inmigración y amenazó con cortar su «vaca de dar dinero, el Tratado de Libre Comercio de América del Norte»; se lamentó de que su propio Departamento de Justicia y el FBI fueran «una vergüenza para nuestro país» y lo coronó bautizando con desdén a su antecesor como Obama *el Estafador*.

Esa semana de inocentadas no fue especial por ningún motivo. Fue como todas las demás. El volumen general de retórica sensacionalista del presidente es asombroso, y todo quedará archivado para la posteridad y demostrará que Donald Trump es el presidente menos claro de todos los tiempos. No se trata solo de que su estilo de comunicación sea inconexo y polémico. Es que ha quedado destruido para la moral pública. Durante los debates presidenciales, Trump nos dijo que no eligiéramos a Hillary Clinton, «una mujer tan despreciable», decía de ella. Bueno, consiguió llegar, y hemos acabado con un hombre despreciable.

No pasa ni un solo día sin que las ultrajantes declaraciones del presidente Trump confundan a alguien de su equipo, si no a todos. Sé que ocurrió en otras administraciones en determinadas ocasiones. Los miembros del gabinete de Obama se quejaban con discreción de que su jefe hablara sobre un tema hasta el hartazgo y fuera incapaz de tomar una decisión. Los asesores de Bush daban un respingo en los momentos en que el presidente metía la pata. Sin embargo, también sé que ninguno de ellos tuvo que enfrentarse a esas frustraciones a diario.

Los cargos presidenciales anteriores no descubrían todas las mañanas al despertar, presas del pánico, que el presidente se había despertado antes y estaba haciendo declaraciones salvajes y vulgares al mundo. Cuando uno se encuentra con excargos públicos durante la actividad diaria en Washington, le preguntan cómo se trabaja en semejante entorno. Os lo voy a contar. Es como aparecer en el asilo al amanecer y ver que tu tío anciano está corriendo sin pantalones por el patio y maldiciendo a voz en grito la comida de la cafetería, mientras los empleados, inquietos, intentan atraparlo. Te quedas pasmado, furioso y avergonzado al mismo tiempo. La única diferencia es que probablemente tu tío no lo hará todos los días, sus palabras no llegan al público y no tiene que dirigir el gobierno estadounidense cuando se ponga los pantalones.

Las palabras de Donald Trump hacen más que enloquecer a su equipo. Están dividiendo a los estadounidenses. Puede iniciar peleas en Twitter y en los micrófonos, pero nosotros las continuamos en casa. Las diferencias políticas entre los ciudadanos están en máximos históricos. Los estudios demuestran que los republicanos se están volviendo más partidistas, no están dispuestos a apartarse de la línea del partido, igual que los demócratas. Lo único en lo que se ponen de acuerdo los dos bandos es en que el fenómeno es real. Una encuesta del Pew Research Center de 2019 reveló que un impactante 85 por ciento de los adultos estadounidenses decía que «el debate político en el país se ha vuelto más negativo y menos respetuoso», y dos tercios decían que está menos centrado en los problemas. ¿A quién culpan? Una mayoría creía que el presidente Trump «ha cambiado el tono y la naturaleza del debate político a peor».

La acritud verbal tiene consecuencias en el mundo real. Nuestras divisiones hacen que sea menos probable colaborar, confiar en nuestro gobierno y nos vuelve menos optimistas respecto del futuro de nuestro país. Cuando les pidieron que se proyectaran hasta el 2050, los estadounidenses se mostraban muy pesimistas, según otra encuesta. Una mayoría de los participantes predijo que Estados Unidos estaría en declive debido a la carga de la desigualdad económica y más polarizado en el

213

ámbito político. Casi el mismo porcentaje de demócratas y republicanos coincidían en el último punto.

En la capital del país, el lenguaje del presidente, que actúa como un elefante en una cacharrería, está dificultando la consecución de sus propios objetivos. No es capaz de lograr consenso en el Capitolio, ni siquiera en temas que antes no eran controvertidos, porque su estilo ha alienado a los socios potenciales de ambos bandos. Los demócratas no están precisamente intentando recuperar el bipartidismo, pero podría haber más esperanza si la cabeza visible del Partido Republicano no los tratara como enemigos mortales en vez de adversarios políticos. En cambio, todas las grandes ideas se vuelven radioactivas con solo expresarlas. Cada línea del presupuesto es una trinchera en el campo de batalla político. Siempre nos cuesta vender las prioridades del presidente porque él es su peor enemigo. Justo cuando parece que se avanza entre bambalinas en un asunto complicado, el presidente lo hace saltar por los aires con un ataque verbal a la persona con la que estamos negociando o cambiando de postura.

Por ejemplo, en aquella ocasión en que nos esmeramos en esbozar las directrices generales de un acuerdo de casi dos billones con los demócratas para reparar las ajadas infraestructuras de Estados Unidos. Arreglar las carreteras y puentes del país es una política popular en todos los partidos y podría haber sido pan comido para Donald Trump, que es constructor y comprende el problema. A muchos en la administración nos importaba. Según decía, a Trump también. Luego el presidente, enfadado por lo que había visto en los canales de noticias por cable, entró en una reunión en la Casa Blanca con la presidenta de la Cámara, Nancy Pelosi y el jefe de la mayoría en el Senado Chuck Schumer, descartó los puntos a comentar y dijo que no podía trabajar con ellos hasta que no dejaran de investigar su administración. No tuvieron oportunidad de hablar. Salió dando zancadas a la rosaleda al cabo de unos minutos y explicó enfadado a los periodistas que los demócratas no podían «investigar y legislar a la vez», y que tenían que «acabar con esas investigaciones falsas» antes de poder hablar. Las posibilidades de un pacto de infraestructuras se desvanecieron al instante. La próxima vez que estéis atrapados en el tráfico o en una autopista federal llena de baches, recordad este episodio.

La incapacidad de morderse la lengua es el segundo peor rasgo que puede tener un presidente cuando intenta cerrar acuerdos en nombre de los estadounidenses. El peor es la falta de honestidad.

Pequeñas grandes mentiras

La comprobación de datos es una función importante en la Casa Blanca. Antes de que una opinión llegue al papel, se comentan y examinan las ideas en reuniones de equipo. Tal vez es un discurso sobre la navegación espacial. Se emite una solicitud de datos a distintas oficinas y agencias en busca de hechos que situar alrededor de un discurso central. Luego un redactor de discursos da el primer paso. Se encarga a expertos en política para garantizar que sea coherente con la política de la administración. Se redacta un segundo borrador antes de que pase a un empleado interno, que comprueba los datos para comprobar de forma independiente todos los detalles. Luego los asesores lo leen de nuevo, incluido tal vez el jefe de gabinete, antes de que pase al presidente o vicepresidente para la revisión final.

Eso ocurrió en marzo de 2019, cuando el vicepresidente Mike Pence dio un discurso entusiasta sobre el programa espacial de Estados Unidos en Huntsville, Alabama. La NASA ayudó con el suministro de datos para redactar un gran anuncio. «Por indicación del presidente de Estados Unidos —declaró Pence—, es política declarada de esta administración que los astronautas estadounidenses vuelvan a la luna durante los próximos cinco años. La primera mujer y el siguiente

215

hombre en pisar la luna serán astronautas de Estados Unidos, en cohetes de Estados Unidos, desde suelo estadounidense.» El público estaba extasiado.

Ya sabéis lo que sucedió a continuación. Es el giro que dan todas las historias de Trump que todos esperamos que nunca llegue y siempre llega. Intervino el presidente, hizo una declaración basada en datos que nadie comprobó con antelación, y metió la pata. Unas semanas después del discurso de Pence, Trump tuiteó: «Con todo el dinero que estamos gastando, la NASA no debería estar hablando de ir a la Luna. Lo hicimos hace 50 años. Debería centrarse en cosas mucho más grandes, incluido Marte (del que forma parte la Luna), defensa y ciencia». En primer lugar, el tuit era engañoso. El presidente en persona había aprobado los planes lunares de la NASA, y actuaba como si no lo hubiera hecho. Algunos especulamos con que era porque la luna no era lo bastante grande para él. En segundo lugar, hizo una afirmación de una gran imprecisión científica al decir que la luna forma parte de Marte, pese a estar separados por setenta millones de kilómetros. El equipo de Pence, un tanto desconcertado, marcó el tuit internamente para asegurarse de que alguien corregía a Trump. «No hace falta ir a Marte —dijo un asesor—. ¡Ya estamos en Marte!»

Hemos abordado brevemente con anterioridad la frágil relación del presidente Trump con la verdad. Hace afirmaciones excéntricas, se siente atraído por las teorías de la conspiración y difunde con regularidad medias verdades e información que se puede demostrar que es falsa. No era nuevo para nadie cuando se unió a la carrera presidencial. Trump tiene tendencia a hacer declaraciones erróneas desde que es conocido por la opinión pública. Su familia se ríe de eso como si fuera inofensivo. Todo el mundo sabe que es su «estilo», dicen, así que ¿por qué tanto alboroto? Cuando son datos erróneos sobre el sistema solar, tienen razón. Es inofensivo, incluso gracioso, pero es peor cuando afirma, pese a haber sido refutado, que «millones» de personas votaron ilegalmente en las elecciones nacionales.

El problema es que la gente se cree lo que dice porque es el presidente, y Trump difunde con regularidad —con frecuencia— información falsa que grandes mayorías del país aceptan como la verdad. Soy el primero en defender que los adversarios políticos han enturbiado nuestra capacidad de valorar de forma justa las declaraciones del presidente con su reacción precipitada a todo lo que dice. Para ellos, todo es mentira. No es del todo preciso. No todo lo que dice el presidente es mentira, pero sí una proporción horrible.

Un análisis del *Washington Post* descubrió que, tras casi novecientos días en la Casa Blanca, el presidente había hecho once mil declaraciones basura. La media es de más de diez medias verdades o mentiras al día. Pese a que algunos estadounidenses se han vuelto escépticos con unos medios de comunicación que parecen atacar al presidente Trump sin descanso, esta cifra se basa en el análisis objetivo de sus propias palabras, que, según se puede demostrar, son imprecisas o directamente incorrectas.

Se puede investigar al azar la base de datos de sus afirmaciones y encontrar de todo, desde mentiras piadosas fáciles de destapar («Estoy al frente del mejor momento económico de nuestra historia») a falsedades evidentes («Yo gané la votación popular»). El presidente ha afirmado en repetidas ocasiones que consiguió que los países miembros de la OTAN invirtieran cien mil millones más en la defensa de la alianza. Es falso. Los países estaban aumentando el gasto en defensa antes de que Trump asumiera el cargo, y esos aumentos suponen menos de la mitad de lo que él asegura. El presidente también aseguró que los delitos con violencia se habían disparado durante los dos años anteriores a su llegada al cargo —con un aumento de los asesinatos «de más del 20 por ciento»— y que él ha reducido la delincuencia, aunque dos años antes de su investidura la tasa de delitos con violencia se encontraba en uno de los momentos más bajos de los últimos cuarenta y cinco años. La lista continúa sin parar.

Las mentiras del presidente son problemáticas sobre todo cuando cambian la actitud social. Una cosa es ser inexacto con los presupuestos de defensa y las estadísticas de delincuencia. Todos los presidentes tienen tropiezos. Sin embargo, convencer a las masas para que compartan las absurdas posturas que hemos comentado —que sus adversarios son auténticos delincuentes, que el FBI es corrupto y que el sistema judicial está manipulado— tiene muchas más consecuencias, con efectos sociales en el mundo real. Puede que tú, lector, lo veas más claro y descartes esas afirmaciones en cuanto las oigas, pero millones de personas las aceptan como un hecho y cambian su manera de participar en la política.

Se ha dicho que el presidente es un mentiroso patológico. Yo antes me avergonzaba cuando oía a la gente decir eso solo para ganar puntos políticos, y me parecía injusto. Ahora sé que es cierto. Difunde las mentiras que oye. Se inventa mentiras nuevas que difundir. Nos miente en la cara. Pide a los que lo rodean que mientan. La gente que lo conoce desde hace años lo aceptan como algo de todos sabido. No podemos acostumbrarnos a eso. Pensad en lo que debemos «confiar» en que haga un presidente como nuestro jefe de gobierno. Por eso al inicio del libro defino qué es el carácter, porque es primordial que nuestro comandante en jefe lo tenga.

Los empleados nombrados por él tienen por delante la humillante tarea de defenderle cuando se equivoca. Si dice algo falso, nos pide que lo acerquemos un poco a la verdad. Los asesores procuran evitar admitir que Trump se «equivocó» y, por hilarante que resulte, eso crea una segunda ronda de declaraciones engañosas, pues los asistentes crean mentiras nuevas sobre las viejas mentiras del presidente para ajustarlas más a los hechos. El efecto dominó de las excusas al final distorsiona la realidad. Dado que es demasiado confuso de seguir, a la gente le resulta más fácil aceptar lo que dijo el presidente al principio, o no. Entretanto, la verdad yace inconsciente y desangrándose en una zanja junto a la carretera.

El presidente Trump está socavando los fundamentos de nuestra percepción de la «verdad». Nos ha llevado a una madriguera oscura y subjetiva. Para él, la verdad real no existe. Si la gente cree que algo es cierto, eso lo convierte en verdad. Un científico te dirá que un árbol es un árbol. No puede ser un árbol y una oveja a la vez. No es el caso del presidente: un árbol solo es un árbol para él si todos estamos de acuerdo en que lo es. Si puede convencernos de que es una oveja, ¡entonces es una oveja!

Kellyanne Conway resumió sin querer esta filosofía de Trump de una forma muy bella. Fue al programa *Meet the Press* y se vio obligada a defender el absurdo alarde del presidente de que su investidura fue la más concurrida de la historia. Era fácil desmentir la afirmación del presidente con datos, fotografías y cifras, además de la historia registrada y un razonamiento básico. Con todo, Chuck Todd presionó a Conway con el tema, a lo que ella contestó: «Dice usted que es falso... [pero] Sean Spicer, nuestro secretario de prensa, ofreció otros datos».

«Un momento —la interrumpió Todd—. ¿Otros datos? Los datos alternativos no son datos. Son falsedades.»

Ella reprendió al presentador: «Su trabajo no es tildar de ridículo lo que dice nuestro secretario de prensa y nuestro presidente. Ese no es su trabajo».

En otras palabras: lo dijimos, así que es verdad.

Kellyanne no es tonta. Es lista, culta y por lo general bastante respetuosa, pero, como todo el que pasa demasiado tiempo cerca de Donald Trump, se ha visto obligada a convertirse en una contorsionista de la realidad. Eso es lo que le pide, a ella y a todo el mundo, para seguir a buenas con él. Disfruta viendo a la gente poniendo en peligro su integridad para servirle.

Las mentiras del presidente resuenan en sus seguidores gracias a su «sesgo de confirmación». Los seres humanos tendemos a interpretar la información nueva como una prueba que confirma nuestras opiniones preexistentes. Por ejemplo, si crees que los perros son peligrosos y alguien te dice que un can rabioso merodea por el barrio, tienes más probabilidades de aceptarlo y menos de ponerlo en cuestión y pensar que es un rumor, porque ya crees que los perros son despiadados. La era de las redes sociales ha inflado ese defecto cognitivo. Hoy en día podemos reforzar nuestras opiniones al instante con «hechos» que lo demuestran y que se encuentran en tuits, blogs, páginas web liberales o conservadoras, y mucho más.

Donald Trump agrava este fenómeno alimentando los prejuicios comunes con información falsa. Cuando lo hace, sus seguidores hacen caso omiso de la parte «falsa» debido a su sesgo de confirmación. Se absorbe la parte de «información». Están dispuestos a avanzar con él si lo que dice valida sus creencias. Eso ocurre en ambos extremos del espectro político, pero el presidente lo explota hasta un nivel sin precedentes. ¿Crees que tu gobierno es corrupto? Donald Trump está de acuerdo contigo, vende conspiraciones sobre un Estado Profundo anónimo que mueve en secreto las palancas del gobierno. ¿Estás preocupado porque los inmigrantes ilegales roben millones de trabajos a los estadounidenses? Deberías, porque están invadiendo Estados Unidos y probablemente el lunes estarán limpiando tu escritorio.

Esa crisis epistemológica se traduce en que los estadounidenses son incapaces de encontrar un denominador común porque no se ponen de acuerdo en el mismo conjunto de hechos. El presidente maquilla la verdad con tanta frecuencia en tantos temas que nos cuesta alcanzar un punto de partida común cuando debatimos. Por consiguiente, no nos movemos del «qué» al «y qué», de los datos relacionados con un problema al intentar solucionarlo. Incluso las mentirijillas menos graves que cuenta el presidente, cuando se repiten una y otra vez, tienen un gran efecto porque poco a poco van cambiando la percepción social de lo que es verdad y lo que importa.

Ahora mismo vivimos en realidades distintas. Como prueba, una encuesta de 2019 reveló que los republicanos y los demócratas están más alejados que nunca en temas que según ellos deberían ser la máxima prioridad del gobierno. El estudio más reciente reveló que «prácticamente no existe un denominador común en las prioridades que ocupan los primeros puestos de la lista» entre ambas partes. Los participantes en la encuesta demócratas dijeron que los mayores desafíos del país eran la sanidad, la educación, el medio ambiente, el Medicare y la pobreza. Los republicanos dijeron que eran el terrorismo, la economía, la seguridad social, la inmigración y el ejército. Es la menor coincidencia que ha hallado el Pew Research Center desde que empezó a seguir esos parámetros hace más de dos décadas. La retórica de Trump refuerza esas divisiones.

La despreocupación del presidente respecto de la verdad tiene unas consecuencias terribles para una sociedad libre. El Evangelio de Juan dice: «Y conoceréis la verdad, y la verdad os hará libres». Nuestra capacidad de razonar, de reconocer las falsedades, es una de las defensas más sólidas contra las amenazas de la democracia. Sin ella, nuestra república es vulnerable a las espeluznantes injerencias del autoritarismo. Las palabras de Trump ya han debilitado la independencia del poder judicial, han excusado los excesos del poder ejecutivo y ha minado la confianza social en el gobierno. También se están usando para acabar con nuestra última esperanza para conocer la verdad: la libertad de prensa.

El presidente se ha enzarzado en una batalla retórica sin cuartel, pistola en mano, contra los periodistas. Sé que a muchos partidarios de Trump no les importa en absoluto que los medios de comunicación reciban su merecido por una imparcialidad contra el Partido Republicano que dura ya mucho

221

tiempo. También es la sensación que reina dentro de la administración Trump. El equipo de comunicación se alegra cuando el presidente lanza una granada contra la prensa, pero los medios de comunicación, con todos sus defectos, existen por un motivo en una democracia. Son nuestra defensa ante el gobierno, una fuente de poder que no se puede censurar. Sin embargo, como no puede censurarlos, el presidente Trump ha intentado hacer lo mejor que se le ha ocurrido y se ha dedicado a desacreditarlos.

Trump ha atacado a los medios de comunicación en Twitter más de mil veces desde que asumió el cargo, y ha tuiteado la expresión «noticias falsas» más de quinientas veces. Su definición de *fake news* ha evolucionado desde medios que publican información inexacta a medios que le critican. En privado y en público, Trump ha montado en cólera con la cobertura que hacen de su persona y ha buscado maneras de tomar represalias contra los medios de comunicación, desde retirar privilegios de acceso a la Casa Blanca a determinados periodistas a insinuar que el gobierno debería iniciar investigaciones federales sobre sus publicaciones.

La visión que tiene Trump de la libertad de expresión es perversa, por ser benévolos en la definición. En una ocasión dijo: «Mirad, no creo que los medios de comunicación generalistas gocen de libertad de expresión porque son muy corruptos. Son muy falsos. Así que para mí la libertad de expresión no consiste en ver algo bueno y luego escribir algo malo a propósito. Para mí esa es una expresión muy peligrosa, que enfada. Pero eso no es libertad de expresión». Por supuesto, esa es la máxima definición de la libertad de expresión: poder criticar a un presidente, aunque no le guste.

Trump ha contagiado su actitud a su plantilla. Recuerdo una rueda de prensa muy dispersa de noventa minutos en otoño de 2018 en la que el presidente se las tuvo con Jim Acosta, de la CNN, que empezó a hacer preguntas incómodas sobre Rusia.

El presidente le dijo que se sentara y que era una «persona maleducada y horrible». Más tarde ese mismo día, Bill Shine, uno de los muchos jefes de comunicación de la Casa Blanca que hemos tenido, entró como si nada en una reunión. «Adivinad qué acabo de hacer», retó a los asesores. «¿Qué?», preguntaron ellos. «Acabo de denegar el acceso a Acosta a la Casa Blanca. Se supone que esta noche tiene que estar en directo desde aquí, pero está a punto de enterarse de que los servicios secretos no van a dejarle pasar.» El equipo se echó a reír y chocaron las manos. Acosta podía ser un incordio a veces, pero no recuerdo la parte de la clase de civismo en la que se decía que ser un incordio era una limitación para la libertad de prensa.

Con el tiempo el presidente fue adoptando una actitud más incendiaria hacia los medios de comunicación, «los enemigos del pueblo», un término que se usaba con frecuencia en la Unión Soviética cuando encarcelaban o torturaban a periodistas que contaban la verdad sobre el Estado totalitario. Cuando Trump lo usó por primera vez, el Senado de Estados Unidos aprobó por unanimidad (es decir, con todos los demócratas y republicanos de la cámara) una resolución en la que lo rechazaban. «Resuelve que el Senado afirma que la prensa no es el enemigo del pueblo —decía—, reafirma el papel fundamental e indispensable de la prensa libre» y «condena los ataques a la institución de la prensa libre y considera que los intentos de socavar de forma sistemática la credibilidad de la prensa son un ataque a las instituciones democráticas de Estados Unidos».

El odio de Donald Trump a los medios de comunicación es contagioso. En primavera de 2018, más de la mitad de los votantes republicanos encuestados dijeron que estaban de acuerdo con el presidente en que la prensa era el enemigo del pueblo, mientras que solo el 37 por ciento creía que la libertad de prensa era «una parte importante de la democracia». Esa actitud tendrá repercusiones a largo plazo en nuestra capacidad de volver a la verdad, tal vez incluso violentas. Unos meses

223

después de dicha encuesta, se enviaron bombas de fabricación casera a trece medios de comunicación y a personajes destacados. Todos eran personas a las que el presidente Trump había atacado con nombres y apellidos, un ejemplo estremecedor de cómo sus palabras pueden dar el salto de la retórica despreocupada al peligro en el mundo real.

Horcas pixeladas

Uno de los miedos más profundos de los padres fundadores era la mentalidad gregaria de la sociedad. Por eso la democracia directa de Atenas se convirtió en lo contrario de lo que se suponía que debía ser. «El gobierno de las masas es un mar embravecido para el barco del Estado que lo surca —escribió un historiador estadounidense—. Todos los vientos de la oratoria agitan las aguas y desvían el rumbo. El producto de esa democracia es la tiranía o la autocracia; las multitudes adoran los halagos, está tan "hambrienta de miel" que al final el adulador más taimado y más falto de escrúpulos, que se erige en "protector del pueblo", llega al poder supremo.» Ahí es cuando el autogobierno implosiona. Los padres fundadores estaban resueltos a ponerle solución. Crearon el gobierno representativo en vez de la democracia directa, impusieron elecciones cada cinco años para evitar los impulsos pasajeros de las masas y contaron con que el gran tamaño del país dificultara que las exigencias de las facciones más furiosas se expandieran de estado en estado.

La era moderna amenaza nuestro sistema de formas que jamás habríamos imaginado. El gobierno representativo ya no aísla a los dirigentes electos de las súbitas convulsiones del pueblo. Hoy en día, los miembros del Congreso son hostigados las veinticuatro horas del día en internet. Con cada palabra y voto escrutado se alejan de la colaboración y adoptan el tono de los que lo presionan. Las redes sociales permiten crear fac-

224

ciones de forma repentina, cruzar límites virtuales y que se forme una bola de nieve, pese al gran tamaño de nuestro país. Ya no hay necesidad de compromiso cuando puedes silenciar a la oposición gracias a la intimidación virtual.

Nuestro actual presidente explota la mentalidad gregaria, que es el aspecto más relevante de su retórica cargada.

Trump disfruta con la conducta gregaria de sus seguidores. Usa su presencia en las redes sociales para encender los debates públicos y animar a sus seguidores a que ataquen a los políticos que le han criticado, o para reunir a sus seguidores para que lo defiendan. Todos sabemos que la gente es menos lista y más cruel en grandes grupos. Trump lo usa a su favor canalizando esa energía violenta hacia el fin imprudente que le convenga. Cuando se alzan las horcas pixeladas, la verdad es la primera víctima. La irracionalidad se impone. Así es como el presidente convierte sus propias noticias falsas en una realidad instantánea. Decenas de miles de personas retuitean sus falsedades antes de que despierten los encargados de comprobar los datos. Hoy en día la cantidad de horcas que puede poner en manos de las masas virtuales es ilimitada porque las redes sociales permiten inflarla hasta el infinito, y difunden sus palabras por todas partes, gratis.

El entorno de Trump también es culpable. Algunos hemos aceptado con demasiada celeridad las ofertas del presidente de iniciar guerras en Twitter para denigrar a los críticos que se oponían a las políticas de la administración, y otros lo buscan activamente y piden a Trump que envíe un mensaje de alto voltaje a sus seguidores para encender una nueva causa. El presidente sabe que puede hacer que la gente se enfade con cualquier cosa. Todos los miembros de su equipo lo han visto, y la gente intenta sacar provecho.

La amenaza real llega cuando la locura se filtra del mundo digital al real, como ocurre en los actos de Trump. Hay que ver el Ala Oeste antes de un acto. La actividad es frenética como en un vestuario antes de un partido. Trump no viaja a esos actos donde llena estadios para hablar de política. Va a encolerizar a las masas con ataques a sus enemigos en los que no se muerde la lengua. Con un helicóptero *Marine One* esperando en el jardín del sur de la Casa Blanca, tal vez sus asesores intenten hablar de algo ocurrido en el mercado bursátil, pero él no escucha. Está en la zona, pensando en qué bombas lanzar desde el escenario esa noche. Trump puede detener la reunión para poner a prueba un titular incendiario y llamar a una persona de confianza y comprobar si de verdad escuece.

Observad un acto de Trump. Ya sea con gritos de «¡Enciérrala!» o «¡Devuélvela a su casa!», nuestro presidente dota al público de un lenguaje que sirve de arma. En un acto en Florida, Trump preguntó a la multitud cómo afrontar el tema de los inmigrantes ilegales. «¿Cómo se para a esa gente?», preguntó, saltaba a la vista que su frustración iba en aumento al hablar sobre los retos de las fronteras. «¡Dispárales!», gritó uno de los presentes. En vez de moderar la sugerencia, el presidente sonrió y se rio por lo bajo. «Solo puedes salir airoso con esa frase en la región de Panhandle.»

Sus defensores se burlaron de la idea de que el presidente incitara al odio sectario. De hecho, según ellos, en el mismo acto introdujo su pregunta aclarando que Estados Unidos no podía usar las armas para ahuyentar a las caravanas de inmigrantes. «No podemos. Jamás haría algo así», admitió Trump, pero era una de esas declaraciones burlonas que hace cuando en realidad quiere hacer algo.

De hecho, fue el propio Trump quien sugirió el año anterior disparar a los inmigrantes sorprendidos cruzando la frontera. Sí, dispararles, a seres humanos de verdad, con balas de pistolas disparadas por miembros de nuestras fuerzas armadas. «Tiran piedras con maldad y violencia —dijo en referencia a una caravana de personas que entraban, la mayoría huyendo de la pobreza. Llevaban semanas de marcha y habían pasado por las autoridades mexicanas—. No vamos a tolerarlo. Si quieren tirar piedras a nuestros soldados, ellos contraatacarán. Les dije que lo consideraran un rifle. Cuando tiren piedras como hicieron con los soldados y la policía mexicanos, digo que lo consideren un rifle.»

Algunos de los que estaban escuchando pensaron que era solo otra improvisación de Trump, que se había dejado llevar un momento, pero no era retórica. No era un comentario jocoso. Quería que ocurriera. Habría desplegado las tropas del país en la frontera porque intentaba dar una respuesta «más contundente». Trump no quería matar a personas inocentes, pero pensaba que herir a unos cuantos inmigrantes serviría de aviso a otros. «¿Por qué no?», preguntó a los asesores. Los funcionarios del Departamento de Defensa, presas del pánico, agarraron el teléfono para recordar a la Casa Blanca las reglas reales de participación de nuestros soldados, que no incluían abrir fuego contra civiles desarmados.

Como mínimo, el lenguaje de Trump es alienante de una manera que alimenta el odio del grupo. A mis compañeros republicanos les cuesta reconocerlo porque la prensa es muy sensacionalista. Los presentadores de televisión siempre dan por hecho que las acciones del presidente son fruto de la intolerancia, e hiperventilan con todo lo que hace. Creedme, me siento tentado a desmentirlos, pero no hay manera de obviar que sus palabras tienen un impactante poso de animadversión racial. ¿Tanto cuesta creerlo?

Algunos compañeros republicanos dijeron que Trump era un «fanático xenófobo que usa la raza» en la campaña presidencial. ¿Esos republicanos que ahora callan creen que la magia del Despacho Oval ha transformado de alguna manera a ese hombre en un campeón de la tolerancia racial? No ha cambiado nada. Sea cual sea tu opinión de Donald Trump, sus opiniones generan distanciamiento y están profundamente arraigadas. Cuando el presidente habla de personas que quie-

227

re expulsar de Estados Unidos, suele referirse a países latinoamericanos, africanos o de Oriente Medio. Cuando habla en público de lugares que le encantan —países cuyos ciudadanos serían bienvenidos en grandes cantidades— suele hablar de países europeos, sobre todo nórdicos, blancos y ricos. Sigo pensando que no es un racista de pura cepa, pero que cada uno extraiga sus propias conclusiones.

Los extremistas están apropiándose de la retórica del presidente para promover sus movimientos. El asesino responsable del tiroteo en masa en el Walmart de El Paso, por ejemplo, escribió que estaba «defendiendo su país de la sustitución cultural y étnica que suponía una invasión [hispana]», una «invasión» de la que Trump habla casi a diario. ¿El presidente es culpable de semejantes atrocidades? Por supuesto que no, pero sí lo es de fijar el tono en asuntos controvertidos, de no escoger las palabras con cuidado y de fomentar un clima de intimidación que puede cultivar la violencia.

Los miembros del Estado Estable eran conscientes de ello. Antes de un discurso o un acto importante, algunos intentaban moderar el tono como podían editando los comentarios en público del presidente. El efecto era limitado porque Trump se sale del guion una y otra vez. Después, los asesores pueden sugerir al presidente que se aleje de un término o una idea que podría percibirse como un guiño a grupos discriminatorios, o que sea ofensivo en particular para una minoría étnica o religiosa. Ya no sucede muy a menudo, y la retórica feroz se está volviendo más abominable.

Casi tres cuartas partes de los estadounidenses encuestados coincidieron en que «los cargos electos deberían evitar usar un lenguaje contundente porque puede fomentar la violencia». Puede fomentarla, lo hace y lo ha hecho. También deberían plantearse si podría desembocar en lo que temían nuestros padres fundadores: que el gobierno de las masas destruya los fundamentos de la democracia.

ϒ

Hablando con un grupo de veteranos de la guerra civil en 1875, Ulysses S. Grant especuló que, si en algún momento el país volvía a dividirse, no se separaría en norte contra sur a lo largo de la infame línea Mason-Dixon, la frontera geográfica que separaba los estados libres de los esclavistas. Conjeturó que en el futuro la línea divisoria sería la razón en sí misma, con la inteligencia por una parte y la ignorancia por otra. Grant era estudiante de historia. Sabía que en las sociedades en las que se ataca la verdad, el suelo está abonado para los conflictos violentos. El filósofo australiano Karl Popper fue un paso más allá y escribió: «Cuanto más intentamos volver a la era heroica del tribalismo, con más firmeza nos acercamos a la Inquisición, la policía secreta y a un concepto romántico del gánster», una degeneración horrible que empieza empujando una ficha de dominó: «La supresión de la razón y la verdad».

De todos es sabido que el tribalismo político está en auge en Estados Unidos. Los grupos que elegimos se están volviendo más parciales y menos inclusivos que nunca. Hoy en día existe una línea Mason-Dixon digital que divide el país por el medio, hasta en el ámbito doméstico. Donald Trump no es la única causa. Los efectos perturbadores de la tecnología y las bases de la psicología humana dibujaron la línea, pero la demagogia del presidente ha empeorado el problema. Sus palabras están redefiniendo quiénes somos.

Uno de los primeros colonos describió Estados Unidos como «una ciudad brillante sobre una colina», una imagen que ha definido nuestro país durante siglos. En su discurso de despedida, Ronald Reagan añadió color a la analogía y dijo que Estados Unidos era «una ciudad elevada y orgullosa construida con rocas más fuertes que los océanos, azotada por el viento, bendecida por Dios y llena de gente de todo tipo viviendo en armonía y en paz [...] y si la ciudad tuvo que tener muros, en esos muros había puertas y esas puertas estaban abiertas a todo el que tuviera la voluntad y el corazón de llegar hasta aquí». Por desgracia, si seguimos por el mismo camino, Estados Unidos empezará a parecer más el escenario de «carnicería estadounidense» que dibujó el presidente en su primer día en el cargo. Está degradando nuestro debate nacional hasta ese nivel, y depende de nosotros decidir si es admisible.

Si las acciones de Trump han convertido el gobierno estadounidense en uno de sus negocios fallidos, su retórica está convirtiendo nuestro escenario nacional en uno de sus programas de telerrealidad. Ya no es un foro de debate preeminente sobre asuntos nobles. El escenario se está convirtiendo a marchas forzadas en una serie dramática sobre las desventuras de un magnate de los negocios que llega a Washington en busca de poder y popularidad y suscita nuevas polémicas para captar el breve intervalo de atención del que es capaz una masa de espectadores con los ojos vidriosos, como zombis. Están desesperados porque alguien los entretenga, dispuestos a ser engañados y son fáciles de provocar por sus indecorosas excentricidades que causan luchas internas. Si estás harto de ver este programa, imagina lo que es formar parte del elenco.

7

Los defensores

«El presidente oye cientos de voces que le dicen que es el hombre más fantástico del mundo. Debe escuchar con mucha atención para oír la única voz que le dice que no lo es.»

HARRY TRUMAN

*D*onald Trump era el candidato que nadie quería. Preguntad a cualquier cargo público de la administración Trump si apoyó al magnate inmobiliario cuando se lanzó a escena. Si los coges desprevenidos, tienes opciones de que te digan que no. Muchos admitirán que, en una lista de diecisiete candidatos a las primarias del Partido Republicano en la carrera de 2016, Donald Trump era su decimoséptima opción, la última de todas. Su candidatura era un truco.

Cuando alguien no tiene necesidad de tomarse algo en serio, lo ridiculiza. Cuando sí necesita tomárselo en serio, lo critica. Como candidato, Trump fue objeto de burla desde el principio. Sus comentarios eran extravagantes, así que era fácil bromear sobre él. La burla se convirtió en crítica febril en cuanto los presentes se dieron cuenta de que tenía posibilidades de ser nombrado candidato. Era un coche de payasos convertido en accidente de tráfico a cámara lenta, divertido al principio, pero acto seguido horrible.

Tal y como hemos comentado, los analistas conservadores solían ser los críticos más temibles del candidato Trump. No lo consideraban uno de los suyos. Los cargos electos del Partido Republicano eran incluso más duros.

Chris Christie, gobernador de Nueva Jersey, dijo que el candidato carecía de las credenciales necesarias para ocupar el cargo más importante del país. «No necesitamos telerrealidad en el Despacho Oval ahora mismo —se lamentó Christie—. El puesto de presidente de Estados Unidos no es para un hombre del espectáculo.»

El senador Ted Cruz arremetió contra él por ser un «narcisista» y «extremadamente amoral», y aseguró a los votantes que no se podían permitir elegir a alguien tan disperso y obsesionado con las redes sociales. «Creo que, para ser jefe de gobierno, necesitamos a alguien que no salga de la cama de un salto para tuitear una respuesta histérica a las últimas encuestas.»

El representante Jim Jordan, dirigente conservador y uno de los fundadores del Freedom Caucus en el Congreso de Estados Unidos, se lamentó de que los republicanos del Congreso no hubieran actuado antes para «evitar la creación de este ambiente» que permitía el avance de un candidato como Trump.

Rick Perry, gobernador de Texas, tildó a Trump de «cáncer para el conservadurismo» y lo consideró una amenaza para el futuro del país. «La Casa Blanca siempre ha sido habitada por grandes personas —apuntó Rick—. Sin embargo, de vez en cuando queda erosionada por personajes cortos de miras y polarizadores movidos por la rabia, que apelan a los peores instintos de la naturaleza humana.» Perry dijo que el empresario estaba vendiendo «un acto carnavalesco cuya mejor definición es Trumpismo, una mezcla tóxica de demagogia, mezquindad y absurdo», y que se dejaba llevar por «la división y el resentimiento».

El senador Lindsey Graham dijo a los votantes estadounidenses: «Ya no se trata tanto de a quién nombramos candidato como republicanos como de quiénes somos». Se lamentó de que el partido no se hubiera tomado más en serio a un candidato tan arriesgado. «Siempre que uno abandona a su suerte una mala idea, o una idea peligrosa, siempre que obvia lo que podría convertirse en una fuerza maligna, acaba arrepintiéndose.» El senador dijo que no votaría a ese hombre, al que llamó «estúpido» y «pirado». Los que conocen a Lindsey entienden que no usaba esas palabras a la ligera. Lo decía en serio.

John Thune, uno de los republicanos más destacados del Senado, manifestó sus reservas durante toda la carrera, pero tras el escándalo de *Access Hollywood* dijo que el partido ya no necesitaba a su candidato. «Donald Trump debería retirarse y Mike Pence debería ser nuestro candidato con efectos inmediatos», tuiteó a raíz del escándalo, solo unas semanas antes de la votación.

Muchos conservadores con cargos electos se pronunciaron durante toda la campaña para afirmar que el candidato republicano era un «fanático», «misógino», «mentiroso», «poco inteligente», «incapaz de expresarse», «peligroso», «un fraude», «un matón» y «no apto» para la presidencia.

Hubo un republicano que le dedicó palabras contundentes a medida que se acercaba el día de las elecciones. Dijo que solo apoyaba a Trump por antipatía hacia Hillary Clinton. «Lo hago pese a que creo que es un ser humano horrible.» Donald Trump no es «en absoluto» un modelo a seguir, afirmó el dirigente conservador. De hecho, es «[uno] de los seres humanos más imperfectos que se ha presentado jamás para ser presidente en la historia de este país». Eran palabras de Mick Mulvaney, congresista por Carolina del Sur. Unos veinticuatro meses después, Mick se convertiría en el tercer jefe de gabinete de Donald Trump.

233

Υ

El emperador romano Marco Aurelio escribió lo que podría considerarse uno de los primeros libros de «autoayuda» y de los más incisivos de todos los tiempos. El segundo tomo del libro empieza con el siguiente consejo:

> Cuando te despiertes por la mañana, piensa: la gente con la que voy a tratar hoy será entrometida, desagradecida, arrogante, falsa, celosa y arisca. Es así porque no saben diferenciar el bien del mal. Yo, sin embargo, he visto la belleza del bien, y la fealdad del mal, y he entendido que el delincuente tiene una naturaleza que se relaciona con la mía [...] y así ninguno de ellos puede herirme. Nadie puede hacerme partícipe de la fealdad.

Los cargos nombrados por Trump harían bien en colgar las palabras del emperador al lado de la cama, porque la vida se ha puesto fea dentro de la administración. Si miramos a derecha e izquierda, vemos que casi todos los miembros del Estado Estable han desaparecido. Los que quedan son más defensores y simpatizantes en las filas políticas; las personas complacientes y obsequiosas superan en número a los cargos públicos reflexivos. Una de las señales más visibles de la delegación de poderes es la reticencia del entorno del presidente a enfrentarse a él.

Es importante que los asesores trasmitan la verdad al poder. Los presidentes ya tienen suficientes aduladores en sus filas. Lo que necesitan ante todo son personas dispuestas a presentar los hechos sin ambages y a cuestionar las malas decisiones. Es en esencia lo que intentaba hacer el Estado Estable. Si los asesores, en cambio, se dedican a darle «cuerda» al presidente, es una triple pérdida. El asesor no cumple con su deber, el jefe del gobierno está mal atendido y el país sale perdiendo. Es más, la toma de decisiones basada en la ficción y no en los hechos puede causar al presidente problemas nuevos que solucionar y crear un círculo vicioso de desinformación que termina en error.

234

El relato de Trump está virando a toda prisa hacia un universo ficticio. A veces los asesores temen explicarle al presidente lo que está ocurriendo en realidad, o le animan a creer que puede llevar a cabo acciones que en realidad no puede. El resultado es que el presidente Trump hace más declaraciones incorrectas de las que debería, y emprende acciones inoportunas que van en detrimento del país. El personal no quiere inducirle a error de forma deliberada. Lo más habitual es que cometan esos errores por querer aparentar que apoyan los objetivos de Trump, aunque no se correspondan con la realidad. No puede subestimarse el peligro de que los asesores del presidente se conviertan en una colección de sirvientes.

Tomemos como ejemplo la reacción del presidente Trump al huracán Dorian, cuando se equivocó al afirmar que Alabama se encontraba en el camino de la tormenta en un momento en que no era cierto. El presidente se negó a admitir que se había equivocado y que contaba con una información obsoleta. Se pasó días en la Casa Blanca desahogándose con todo el que pudiera oírle, insistía en que tenía razón cuando dijo por dónde podría haber pasado y a quién podría haber afectado. La ira no tardó en saltar a la opinión pública. Trump desplegó una vieja cartulina de la ruta de la tormenta en el Despacho Oval, marcada con un rotulador permanente para que pareciera que aún podía afectar a Alabama. Trump fue objeto de más burlas, lo que lo enfureció aún más. Mientras tanto, los estadounidenses que sí se encontraban en el camino de la tormenta se preguntaban qué demonios estaba haciendo su presidente. Yo solo podía hacer gestos de desesperación con la cabeza.

En vez de instarle a publicar una breve corrección, había demasiados asesores en el Ala Oeste deseosos de ayudarle a perpetuar la mentira. Trump hizo llamadas telefónicas para obtener las respuestas que quería. Ellos le siguieron la corriente. Trump les pidió que hicieran declaraciones en las que negaran la realidad. Lo hicieron. Trump les pidió datos que

235

dieran la sensación de que él tenía razón. Ellos obedecieron. Al final era como una partida de Twister que hubiera salido mal; la verdad estaba tan enmarañada que ya nadie sabía de qué diablos estaba hablando. Los pobres tipos de las agencias meteorológicas quedaron muy desmoralizados con su primera exposición al primer bucle, común pero estremecedor, típico de la Casa Blanca.

Un conservador que viajara en el tiempo desde 2016 encontraría divertida toda esa pantomima, si no fuera tan grave. «¿Es que no oísteis los avisos? —podría decir—. Los republicanos lo pronosticamos. Presagiamos que una administración Trump sería precisamente así.» Y tendrían razón, claro. Los dirigentes del Partido Republicano hicieron una descripción precisa de ese hombre y una previsión profética de cuál sería el resultado de su presidencia. La validez de sus palabras sigue vigente. Son ellos los que han cambiado de opinión.

236

Tiroteo

Donald Trump reclutó a una buena selección de simpatizantes a la Casa Blanca. Ha ido coleccionando asistentes con los años, hasta crear una isla de aprendices inadaptados. Durante la campaña fue reuniendo a más gente. Era como un imán para el talento de tercera, atraía al equivalente político de los inversores de día aficionados, esos a los que les gusta estar en la línea entre el riesgo y el procesamiento. Todos intentaron entrar en la Casa Blanca con el presidente Trump pero, por suerte, intervinieron voces maduras para apartar a un lado a muchos de los lacayos. Durante una temporada funcionó. No obstante, en el mundo de Trump la caída de las buenas personas es tan absoluta como la ley de la gravedad. Al auge del Estado Estable le sucedió la inevitable caída.

Hoy en día, una tercera categoría de asesores está en auge: los defensores.

El cambio se produjo a finales del segundo año. Cuando el Estado Estable se desmoronó, Mick Mulvaney, director de presupuestos de la Casa Blanca, pasó a ser el jefe de gabinete en funciones, tras un largo recorrido en el que pasó de ser crítico vehemente de Trump a asesor presidencial. Pese a haber dicho a sus colegas que no le interesaba el puesto, maniobró durante meses para conseguirlo. Mulvaney es un superviviente. Vio la oportunidad cuando la estrella de John Kelly se apagó. El jefe en funciones confesó a sus amigos, poco después de asumir el cargo, que no entendía por qué Kelly lo detestaba tanto. Las ventajas eran geniales (se aficionó sobre todo a visitar Camp David), cuando quería estaba en el meollo, y cuando no retrocedía un paso.

Mulvaney aportó una nueva visión de la gestión del Ala Oeste. No la gestionaba. Su máxima era: «Dejad a Trump ser Trump». La postura de Mick —no cuestionar los impulsos del presidente, sino hacer que funcionaran— se alejaba mucho de la de su predecesor. Los funcionarios no iban a intentar guardar en una caja las terribles ideas del presidente. En cambio, nos instó a centrarnos en hacer que esas malas ideas fueran más admisibles, suavizar los bordes afilados. Así el presidente estaba contento y su jefe de gabinete quedaba fuera del punto de mira de Trump. El único problema de ese enfoque es que Trump no ha cambiado desde la época en que Mulvaney lo consideraba «un ser humano terrible». Así, en la práctica la razón de ser de Mulvaney es ayudar a «un ser humano terrible» a ser tal vez un poco menos terrible, si puede manejarlo. Si no, bueno, tampoco pasa nada.

Una vez desaparecidos los muros de contención, el «tercer año» de la administración Trump también podría anunciarse como «la tercera temporada». Las antiguas polémicas ya aparcadas regresaron en forma de venganza, y el elenco de personajes se volvió más sórdido. Aparte de la retirada de Siria, el presidente recuperó su mantra del «cierre administra-

237

tivo». Con cada vez menos asesores que lo convencieran de lo contrario —y un jefe de gabinete ansioso por complacerle— Trump decidió cerrar el gobierno y exigir más dinero para su muro fronterizo. Pocos apoyos obtuvo en la administración o en el Congreso. No tenía sentido por varios motivos, como por ejemplo que no parecía que el presidente tuviera la influencia que él pensaba.

El resultado fue un desastre previsible. Nadie en la Casa Blanca tenía un plan para poner fin a ese callejón sin salida, y nadie quería ser responsable de encontrarlo. «Esto está muy jodido —se quejó un miembro del equipo del cierre circunstancial semanas después de hacerse efectivo, mientras los demás observaban con impotencia—. Literalmente no hay nadie al cargo.» Una de las pruebas del desbarajuste era que el vicepresidente Pence fue designado para dirigir las negociaciones de la Casa Blanca y lograr un acuerdo. En vez de sentarse con los miembros del Congreso que podrían negociar una salida, se organizó una reunión entre Pence y los miembros de su plantilla. Los parlamentarios estaban fuera de la ciudad, ociosos. Fue un despliegue vergonzoso que Pence tuvo que soportar con una sonrisa. Por desgracia, lo utilizaron.

La presión para que el presidente cediera iba en aumento. Los empleados del gobierno no cobraban nóminas y hasta los asesores más jóvenes de la Casa Blanca empezaban a inquietarse por cómo llegar a fin de mes. Muchos pensamos que todo aquel calvario era una pérdida de tiempo y nos preocupaban los efectos agravantes que pudiera tener en todo el gobierno. Se informaba al presidente sobre las consecuencias cada vez mayores de un cierre del gobierno prolongado. Luego los medios de comunicación informaron de que pronto los aeropuertos estadounidenses sufrirían un impacto, lo que dificultaría los desplazamientos por el país. Así se consiguió. Poco después, el presidente cedió y volvió a abrir el gobierno con muy pocos resultados de esa debacle. Trump no se aseguró los «miles de millones» de dólares que exigía para su muro y acabó con un ojo morado político para poner en marcha el nuevo Congreso, un inicio del año muy malo y muy fácil de evitar.

Hemos seguido por ese camino trillado, con un error no forzado tras otro. Las decisiones que antes se preparaban con cuidado para el presidente, como el futuro de la presencia de Estados Unidos en Afganistán, ahora se toman a la ligera. Donald Trump está tan ansioso por retirarse del país que estuvo a punto de llevar a los cabecillas de los talibanes a Camp David para una cumbre y llegar a un acuerdo en vísperas del aniversario del 11 de septiembre, lo que enfureció a los cargos públicos nombrados por él, que no habían sido informados. Recuerda que estamos hablando de la misma gente que amparó al grupo terrorista que asesinó a casi tres mil estadounidenses y que es responsable de matar o herir a cientos de soldados estadounidenses. No merecen pisar suelo estadounidense, ni mucho menos ser recibidos por el presidente de Estado Unidos en un retiro que se usa para refugiarse con aliados del país. Sin embargo, queda poca gente que rechace esas ideas sin sentido, y los que lo hacen son tachados de desleales por el presidente.

La desaparición del Estado Estable también significa que la cultura del poder ejecutivo ha regresado a un punto más oscuro. Las disputas internas, que se dispararon durante los primeros meses de la administración pero luego se aplacaron, han vuelto en forma de venganza literal. Puedes pensar que cuentas con un aliado y luego descubrir que esa misma persona ha estado hablando con el presidente sobre tu posible despido. Los empleados ambiciosos están tomando posiciones a medida que más gente es víctima de una purga o sale huyendo del edificio. Los puestos vacantes son posibles promociones, y constituyen un incentivo para que los arribistas más entusiastas malvendan a sus colegas para progresar. Los empleados sacaron los codos para abrirse camino hasta el despacho de Mulvaney y,

239

en sitios como el Pentágono, los cargos políticos de nivel intermedio lucharon por puestos que los acercaran mucho a la sustitución del general Mattis, el secretario en funciones Pat Shanahan y más tarde al sustituto de su sustituto, Mark Esper, que aceptó el cargo cuando Shanahan fue expulsado por Trump sin miramientos.

Los que empiezan a trabajar por primera vez afrontan con ingenuidad el nivel de drama hasta que topan con él. Recuerdo a un nuevo cargo nombrado por Trump que intentaba reivindicar la independencia en una política cuestionable de la Casa Blanca filtrando deliberaciones internas a la prensa para distanciarse. El problema fue que echó a los leones a un cargo político más veterano e implacable. «Fue un mal movimiento. Fui con una navaja a una pelea con pistolas —dijo un asesor de comunicación después de leer el artículo—. Ese cabrón estará muerto mañana.» Si en algo es buena la administración Trump es en comerse a los suyos.

La cultura caníbal está impidiendo sumar a buenas personas. Mick ha intentado atraer a candidatos externos cualificados para puestos fundamentales que hace tan solo unos años serían ocupados por políticos de renombre. Para colmo, Trump prefiere seguir su instinto con los nuevos cargos. Es demasiado impaciente para examinar a los candidatos y determinar si son las personas adecuadas para el puesto.

El resultado es que los cargos públicos nombrados a golpe de tuit se encogen bajo los focos y parecen poco cualificados, porque a menudo es cierto. Tomemos como ejemplo el momento en que el presidente anunció que el congresista por Texas John Ratcliffe sería su opción como director del Servicio de Inteligencia Nacional. No tenía ningún bagaje real en servicios de inteligencia. Su única cualificación era ser un firme defensor del presidente en televisión. Rattcliffe se retiró cuando quedó patente que el Senado, con mayoría republicana, no compartía el entusiasmo de Trump.

Cuando los cuatro años de legislatura de Trump entran en la recta final, las peleas y rivalidades están reduciendo el rebaño. Por consiguiente, la administración ha perdido a sus auténticos dirigentes y personajes despreciables corren hacia la primera fila. La sociedad aún no reconoce muchos de sus nombres, pero al final los conocerán. Los veréis citados en un juzgado y testificando. La historia registrará el auge de los apologistas, y, un día, tal vez pronto, escribirá la crónica de su caída.

Por qué los peores llegan a lo más alto

En plena Segunda Guerra Mundial, el intelectual austriaco Friedrich Hayek publicó *Camino de servidumbre*, donde describía cómo las sociedades descendían hasta el totalitarismo. En el décimo capítulo, «Por qué los peores llegan a lo más alto», Hayek ofrecía una descripción de cómo «las personas sin escrúpulos tienen más probabilidades de prosperar en una sociedad que tiende al totalitarismo».

241

No es exacto decir que Donald Trump es un dictador. No hay que tomar en serio a los analistas que hacen ese tipo de afirmaciones. Sin embargo, es justo decir que el presidente posee una clara tendencia al autoritarismo, como muy pocos presidentes han mostrado antes que él. El intento de Trump de imitar a hombres fuertes a los que admira sin duda nos ha hecho bajar unos peldaños en el camino que menciona Hayek.

El pensador austriaco enumeró los tres motivos principales por los que, con el tiempo, una persona autoritaria puede acabar rodeada no por los mejores, «sino más bien por los peores elementos de cualquier sociedad». El círculo próximo al presidente Trump ha ido acercándose cada vez más a esa definición.

En primer lugar, según explicaba Hayek, un autócrata necesita un grupo con una dudosa moral. El séquito también tenderá a tener poca educación. «Si queremos encontrar un grado elevado de uniformidad en la actitud, tenemos que descender a las zonas de los niveles intelectuales y morales más bajos, donde prevalecen los instintos más primitivos.» Hecho.

En segundo lugar, el autócrata debe ampliar el tamaño del grupo servil. Necesita «ganarse el apoyo de los dóciles y crédulos, sin convicciones propias sólidas pero dispuestos a aceptar un sistema de valores predefinido si se le graba en el oído con el suficiente volumen y frecuencia». Hecho.

Por último, decía Hayek, los tipos autoritarios necesitan soldar ese grupo apelando a sus debilidades humanas más básicas. «Parece que es más fácil que la gente se ponga de acuerdo en un programa negativo (el odio hacia un enemigo, o la envidia a los acomodados) que en cualquier tarea positiva. Así, los que buscan la lealtad de grandes masas siempre usan el contraste entre el «nosotros» y el «ellos».» Hecho.

El resultado final es que el equipo de base será fiel en la implementación de las políticas del líder. «Para ser un asistente útil en el gobierno de un Estado totalitario —escribió Hayek—, no basta con que un hombre esté dispuesto a aceptar una justificación engañosa de infamias. Tiene que estar dispuesto a llevarlas a cabo. «Como es el líder supremo quien determina los fines, sus instrumentos no pueden tener convicciones morales propias. Por encima de todo tienen que estar comprometidos sin reservas con la persona del líder.» Por último, su predisposición a actuar de maneras que saben incorrectas se convierte en su camino hacia el ascenso.

La caracterización de Hayek no se puede aplicar a todos los que trabajan en la administración Trump, pero en sus palabras resuena lo que ha ocurrido en nuestro equipo. Los seguidores incondicionales han ascendido hasta lo más alto, unidos por la hostilidad que siente el presidente hacia los «otros»: delincuentes, inmigrantes, enemigos en los medios de comunicación, ladrones de trabajo. Su coalición interna permanece unida por aquello a lo que se oponen, no por lo que defienden. Aplauden con educación cuando el presidente habla de algo como ayudar a los veteranos estadounidenses con mejores cuidados, pero sueltan una carcajada de aprobación cuando arremete contra una congresista de izquierdas de la ciudad de Nueva York, una malvada progresista que intenta revivir el socialismo en Estados Unidos.

La auténtica pregunta es: ¿qué motivaciones tienen los apologistas de Trump para respaldarle incluso cuando presenta una conducta inadecuada? ¿Por qué sus adeptos acuden a la radio y ejecutan piruetas verbales para defender declaraciones o conductas inmorales? Algunos son las mismas personas que se plantaron en las vías del tren con las manos en alto para impedir que Trump fuera presidente. Entonces ¿qué los ha convertido en escudos humanos de Trump? Las palabras de Hayek ofrecen una explicación parcial, pero quiero completarla. Durante el tiempo que he pasado en la administración Trump he presenciado tres motivaciones principales para lo que cualquiera llamaría un lavado de cerebro. Poder, alianza tribal y miedo.

Los defensores de Trump lo consideran un medio para lograr influencia personal y mejoras. Quieren estar cerca del poder. Están ansiosos por conseguir una posición a la que no accederían de otra manera y están dispuestos a excusar las acciones de Trump para lograrlo. Incluso los críticos más destacados del entonces candidato Trump, como Rick Perry, gobernador de Texas, estaban dispuestos a dejar a un lado las advertencias existenciales sobre el futuro del país para lograr posiciones cómodas en su gabinete. Perry es un auténtico conservador, el gobernador que más tiempo ocupó el cargo en la historia de su estado. Ahora ya no invierte mucho tiempo en ensalzar los valores conservadores, y en la medida de lo posible intenta evitar que la atención o la ira del presidente se dirija al seno de la administración. Otros fingen que no les interesaba unirse al equipo, pero en secreto piensan que ojalá hubieran sido escogidos para puestos similares.

En el caso de algunos cargos nombrados por el presidente, el «poder» que quieren es económico. Los asesores debaten abiertamente sobre cómo se traducirá una postura política u otra en dólares una vez fuera del gobierno. Algunos creen que una relación constante con Trump World ofrece oportunidades para lograr algo de dinero caído del cielo en la vida después de la política. Tal vez puedan trabajar para su empresa, o quizá Jared e Ivanka se lleven a asesores al sector privado y monten algo con su poder de estrellas. No creo que sean los motivos que el pueblo estadounidense espera que muevan a sus cargos públicos. Otros que sí abandonan la administración a menudo son fichados con un sueldo elevado en la campaña Trump o en un supercomité de acción política para apaciguarlos. De momento ha funcionado bastante bien y se ha convertido en una práctica habitual del presidente, que incentiva a los subordinados desafectos con futuras ofertas para que guarden silencio. Omarosa Manigault, a quien supuestamente ofrecieron un sueldo de seis cifras por quedarse en el equipo, fue una sonada excepción.

A muchos republicanos electos, el hecho de abandonar sus preocupaciones y respaldar al presidente les ha aportado el poder de la influencia. Pueden llamar a Trump cuando necesitan unos minutos al teléfono para hablar sobre su proyecto preferido, volar con él en el *Air Force One* para aparecer en la fotografía de un acto importante o ver su nombre en un tuit elogioso de Trump con cien mil «me gusta». Les ayudará a apuntalar la base y evitar a los principales contrincantes. Porque es más fácil ganar si tienes al matón de tu parte.

La devoción ciega es otro factor. El presidente exige lealtad incondicional a sus subordinados, aunque entre en conflicto con sus funciones. «Necesito lealtad, espero lealtad», le dijo a Jim Comey. Tiene las mismas expectativas para muchos otros cargos que en principio son semiindependientes del influjo político de la Casa Blanca, ya sea el jefe de una agencia de espio-

244

naje o el presidente de la Reserva Federal. Esos cargos gozan de autonomía por una buena razón, pero no en la cabeza de Donald Trump. Él quiere ver señales de sumisión personal, y las consigue, o esa persona acaba en la línea de fuego.

Todos quedamos conmocionados en una de las primeras reuniones del gabinete, cuando los miembros de la administración se turnaron uno por uno para ofrecer elogios extravagantes al comandante en jefe en la televisión nacional. Una persona más segura habría puesto coto a esos cursis cumplidos: «Te agradecemos la oportunidad y la bendición que nos has dado», soltó el entonces jefe de gabinete Reince Priebus. Donald Trump disfrutaba con la situación, como si fuera un potentado que acepta las ofrendas de los agradecidos campesinos. Si veis el vídeo, veréis que algunos miembros del gabinete se negaron a participar de ese tributo personal y en cambio elogiaron a sus empleados. No se sumaron a los halagos a Trump, y ahora no están.

Un excelente estudio político de la Brigham Young University descubrió que «la lealtad al grupo es un generador de opinión más fuerte que los principios ideológicos». Muchas personas del entorno del presidente y del Partido Republicano lo respaldan porque está al mando, no por sus creencias. De hecho, lo apoyan a pesar de sus creencias. Ha creado un auténtico culto a la personalidad. Se equivoque o no, la tribu debe protegerlo, aunque eso signifique renunciar a sus principios.

Por último, a algunos les motiva el miedo: a las críticas, a las represalias y a perder el trabajo. La cultura del miedo es lo que cabe esperar de un dirigente con tendencias autoritarias. Según sus propias palabras, Trump aprovecha el miedo como herramienta de gestión. Disfruta manteniendo alerta a sus asesores con intrigas al estilo *Juego de tronos* sobre posibles despidos, o amenazando a sus aliados con graves repercusiones si rompen relaciones con él. Los republicanos han visto las consecuencias cuando alguien se pone de parte de Goliat. No encierra a prisioneros.

Los posibles desertores vieron lo que ocurría cuando Trump se dispuso a hundir a su antiguo alto asesor Steve Bannon cuando desveló detalles poco halagadores sobre el presidente en su libro. Los asesores tenían prohibido hablar de él y recibieron órdenes de acudir a los canales de televisión a condenarlo. Trump intentó destruir su labor en Breitbart News, su apoyo por parte de donantes republicanos y sus amistades con todo aquel que intentara hacer negocio con la administración. Trump también va a por los familiares de esos chaqueteros, como hizo con parientes de Michael Cohen y Anthony Scaramucci.

Así, los miembros de la administración y del Partido Republicano de naturaleza más débil se han vuelto más obedientes.

Sonreír y asentir

246 ¿Cómo se identifica a un defensor de Trump? A menudo presentan un rasgo revelador: sonríen y asienten en momentos inoportunos.

Metedlos en una sala con el presidente y observad mientras Trump enlaza frases inconexas, cambia de tono, su cara se retuerce y afirma que va a hacer algo muy, muy bueno (pero esa gente sensata sabe que no es nada bueno, y tal vez sea muy malo). Observa cómo gesticula con las manos a los presentes, los incluye por extensión en su declaración, la aprueben por voluntad propia o no. Luego estudiad la sala. Los de las cabezas que se mueven arriba y abajo y las sonrisas forzadas son los apologistas. Podéis verlo en televisión porque el presidente invita a la prensa a cubrir esas conversaciones, como herramienta para mostrar su dominio absoluto sobre los que lo rodean.

Hay dos tipos distintos de cargos despreciables nombrados por Trump. Ambos pertenecen al mismo género, el defensor, que se define por la predisposición común a excusar lo inexcusable. Sin embargo, cada uno pertenece a su propia especie con sus rasgos distintivos. La primera especie es el sicofante. La segunda es el cómplice silencioso. Las motivaciones que se entremezclan —el poder, el tribalismo y el miedo— son las que hacen que ambas especies asientan para mostrar su aprobación.

El sicofante es un auténtico creyente. Él o ella se enamoró a primera vista del mensaje del presidente y admira a Trump hasta el punto de ser literalmente fiel a la marca. Comprarían filetes Trump o vodka Trump si pudieran (ya no están a la venta). Si los produce, los sicofantes lo comprarán. Hoy en día frecuentan el Trump International Hotel que hay en la misma calle que la Casa Blanca, donde apuran sus bebidas con la misma avidez que engullen el discurso de Trump. Cuando se burla de gente menos poderosa, se ríen; cuando sale con un insulto despectivo hacia un adversario, dicen que es «brillante» por atraer a las masas como ningún otro. Las motivaciones del sicofante son una mezcla de «poder» y «tribalismo», por eso cuando el presidente les pide que hagan algo equivocado, no vacilan. La ética de Trump es su ética.

Esos tipos aparecen con frecuencia en televisión. A casi todo el mundo le piden en algún momento que vaya a los medios de comunicación en nombre del presidente. La mayoría de los que acceden, aunque no todos, son los sicofantes. Están encantados de limpiar el agua tóxica de Trump, ajenos al golpe que pueda suponer para su reputación la defensa de mentiras y la invención de otras nuevas. Para algunos de los mejores sicofantes, tal vez empiece con un deseo genuino de contratacar ante un reportaje injusto y promover las mejores políticas del presidente. Al poco tiempo se convierte en un estilo de vida. Cruzas un Rubicón moral y lógico para satisfacer los antojos de Trump con los medios de comunicación. No he visto regresar a nadie que haya emprendido este viaje.

El cómplice silencioso es una forma de apologista más repugnante que el sicofante tipo animadora. Por lo menos el

247

sicofante, pese a que sea una ilusión, cree que está actuando con rectitud, a la altura de los valores de Trump. Los cómplices silenciosos saben que lo que está ocurriendo está mal. Son conscientes de que un hombre impetuoso preside el poder ejecutivo. Observan cómo modifica su opinión con solo cambiar de canal, o descubren decisiones chapuceras al instante tocando unas cuantas teclas, con las mayúsculas activadas y signos de exclamación adicionales para hacer hincapié. Y no dicen nada. Sus motivaciones son una mezcla de «poder» y «miedo», y harán lo que quiera el presidente Trump porque han subordinado sus creencias a un puro egoísmo a corto plazo. El cómplice silencioso es una especie que abunda demasiado en la administración Trump.

Pese a que resulta perturbador que hayamos aupado a alguien tan mal informado como Trump al cargo más importante del país, lo que es deprimente es cuánta gente alrededor y del Partido Republicano guarda silencio cuando sus voces son necesarias para diferenciar la mala política y el buen gobierno. No es necesario que se pronuncien en público contra el presidente para provocar un efecto. Solo hace falta que opinen en presencia de él, en las reuniones que importan, o entre sus compañeros empleados de la administración. Los cómplices silenciosos deberían darse cuenta de que les interesa pronunciarse, pues de lo contrario serán los siguientes en defender ante un micrófono una decisión inadmisible.

Los apologistas de Trump serán los primeros en salir a denunciar este libro. El presidente les indicará que nieguen todas las caracterizaciones o episodios que contiene. Están acostumbrados, llevan años negando historias que saben que son ciertas. Sin embargo, me pregunto si esa misma gente seguiría negando las acciones oficiales temerarias y con carga política que ha llevado a cabo el presidente si estuvieran bajo juramento. Supongo que es otra cuestión que el Congreso debería plantearse.

248

Los miembros del Estado Estable no están exentos de culpa en ese sentido. A todos nos gustaría haber hecho más para enfrentarnos a decisiones equivocadas al principio. Hubo momentos en los que pudimos actuar y no lo hicimos. Aun así, muchos miembros de esta cohorte han encontrado maneras de contrarrestar lo que es inexcusable. Tal vez signifique aguantar y entrar en una discusión con Trump o uno de sus aliados más próximos. Quizá signifique alertar a los demás sobre lo que se avecina, o discrepar en público con el presidente en un tema.

Los que siguen con la cabeza gacha se arrepentirán. Abundan los cuentos con moraleja. No vayas más allá de los dirigentes de seguridad del país del presidente que, en un nauseabundo despliegue de mal criterio, cedieron ante una política que aumentó la cantidad de niños arrancados de los brazos de sus padres en la frontera de Estados Unidos con México. Fue una mancha en su reputación, su departamento y el país. Fue un momento clave en el que Trump llegó demasiado lejos y una lección para otras personas. El carácter de Trump se contagia a las personas que entraron en el gobierno para hacer lo correcto. Al poco tiempo se ven respaldando y defendiendo políticas que jamás habrían imaginado.

Conozco a más de un puñado de personas que fijaron «líneas rojas» durante su servicio en la administración Trump, límites que se negarían a cruzar o conductas que no tolerarían del comandante en jefe. Dijeron a sus amigos que dimitirían si se daban esas condiciones. Luego he visto a esas mismas personas pasar como si nada por encima de esas líneas rojas, con razonamientos vergonzosos y justificándose por el camino.

El auge de los apologistas dentro de la administración Trump debería importar a los votantes. Esa gente son clones del presidente, presentan muchos de los rasgos que hemos acabado detestando en Trump y han introducido el estilo de Trump en todos los ámbitos del gobierno. Lo ratifican cuando deberían retarlo a reflexionar con criterio. Los votantes deberían tener en cuenta que los apologistas ayudarán al presidente a tomar importantes decisiones políticas si es reelegido, así como las conductas y prejuicios cáusticos que esos asesores estarán reforzando en la filosofía de Trump. Los que no le prestan atención se están uniendo a todos los efectos a la marcha de la muerte de los seguidores irreflexivos, que sonríen y asienten al andar.

Los grillos del Capitolio

Si alguna vez has dado un paseo alrededor del edificio del Capitolio una noche de verano, sabes que es una de las imágenes más bellas de Estados Unidos. Los terrenos están cubiertos de vegetación y salpicados de cientos de árboles de todo el país. Según el arquitecto, los jardines están diseñados deliberadamente para «esconder el Capitolio salvo desde ángulos específicos para mostrar la arquitectura del edificio en los miradores más majestuosos y estimulantes». Consigue eso y mucho más. Durante el día ahí se vive un ritmo frenético, envuelto en los sonidos de nuestro debate nacional, pero de noche está en silencio. Se oyen poco más que los grillos mientras uno contempla la cúpula blanca bien iluminada, una fortaleza que se eleva por encima del bosque que lo rodea.

El Congreso es el lugar donde la presidencia se somete a un escrutinio feroz y un debate acalorado. Los parlamentarios, sea cual sea su partido, tienen la obligación de supervisar el poder ejecutivo. Deberían hacerlo de forma justa y respetuosa, pero sobre todo deberían hacerlo. Por desgracia, en un lado del pasillo se oye lo mismo que en el Capitolio de noche. Solo se oyen los grillos. Los republicanos se muestran reticentes a criticar al presidente cuando lo merece y, si no pueden aplaudirle, se callan y ya está.

Más que los asesores de Trump, los antiguos y los actuales, es importante que haya voces en el Capitolio y en el Partido

Republicano que se pronuncien sobre la conducta del presidente. Esa gente seguirá dirigiendo el país mucho después de que se haya ido Trump. Deberían ser los árbitros del poder ejecutivo, los que marcan los goles y los fuera de juego cuando los ven. Sin embargo, las especies invasoras también se han apoderado del Congreso, los sicofantes y los cómplices silenciosos.

Todos los cargos del Partido Republicano a los que cité al principio de este capítulo han pasado de ser críticos a ser apologistas.

Por ejemplo, el senador Ted Cruz, que tachó a Trump de inmoral e incompetente para la presidencia, ahora dice a los asistentes a actos electorales que las decisiones del presidente son «atrevidas» y «valientes», que está orgulloso de «haber trabajado codo con codo con el presidente Trump». El representante Jim Jordan, que lamentó el ambiente que había permitido que Donald Trump ascendiera dentro del partido, es uno de los perros guardianes del Capitolio que se lleva a los programas de noticias por cable para defender la actuación del presidente. Trump devuelve el elogio. «Ha sido un gran defensor», dijo del congresista Jordan, al que llamó «un tipo valiente y duro».

El senador Lindsey Graham, que afirmó que nunca votaría a Trump y equiparaba su candidatura con una «idea peligrosa» que mutaría en una «fuerza maligna», dijo a unos periodistas pasados unos meses de la investidura: «Ahora mismo soy el tío más feliz de Estados Unidos». Dijo que el presidente y su equipo eran lo que «llevaba ocho años soñando». El senador estaba embelesado con la política exterior de Trump. «Estoy totalmente a favor. Sigue así, Donald. Estoy seguro de que me estás viendo.»

Más cargos públicos de los que puedo contar han experimentado la misma transformación. Han olvidado que su juramento es con la Constitución de Estados Unidos, no con un hombre ni una base política. Así, el Despacho Oval se ha convertido en un santuario de bienvenida para los miembros del

251

Congreso que dicen las palabras mágicas: «Sí, señor presidente». Los que le hacen frente, unos pocos, sin duda no volverán a ser bienvenidos. Esta actitud servil supone un peligro para la presidencia, para el Congreso como poder independiente y para nuestra democracia.

Pensemos en el momento en que el presidente tachó a una serie de países pobres de «pozos de mierda» en una reunión privada con empleados del gabinete, asesores y miembros del Congreso. El clamor popular por los comentarios de Trump —se le citó diciendo: «¿Para qué queremos más haitianos? Llévatelos», y que necesitábamos menos inmigrantes de «todos esos países que parecen pozos de mierda» en lugares como África para dar prioridad a sitios como Noruega— provocó que el propio Trump se apresurara a negarlo. «Ese no fue el lenguaje que usé», tuiteó. Trump exigió a asesores y aliados que lo respaldaran en eso, y lo hicieron. La exjefa de seguridad nacional Kirstjen Nielsen dijo a la prensa que no le «oyó» usar esos términos, y los senadores Tom Cotton y David Perdue acudieron a la televisión para negar con rotundidad que mencionara un «pozo de mierda» al referirse a los países de mayoría negra. Primero atacó a los demócratas por distorsionar la reunión, y luego se dijo que ellos creían que Trump había dicho «casas de mierda» en vez de «pozos de mierda», lo que le permitía negarlo basándose en un tecnicismo.

Por supuesto, todos los presentes en la sala sabían que Trump había empleado términos crudos para describir esos países extranjeros. Le hemos oído hacer comentarios así continuamente, y en realidad desde entonces se le recuerda por el término «pozos de mierda» en privado desde entonces. Entonces ¿por qué salió gente a fingir lo contrario? Para complacer al mecenas. Por irónico que resulte, después de obligar a gente a respaldar la negación de Trump, la Casa Blanca básicamente admitió que Trump usaba lenguaje vulgar al hablar de países pobres que no fueran blancos, y Sarah Sanders dijo a los periodistas: «Aquí nadie va a fingir que el presidente es siempre políticamente correcto».

La historia ha demostrado las consecuencias de un clima donde los cargos públicos se centran más en atender «al director» que en seguir sus propios principios. Cuando estudiaba en Londres a mediados del siglo XVIII, John Dickinson, uno de los futuros padres fundadores de Estados Unidos, quedó impactado por la mentalidad gregaria que había infectado la capital política de Gran Bretaña, antes tan venerada. «La complacencia de estos grandes hombres por las sonrisas de su príncipe es tal —escribió de los funcionarios ingleses—, que cumplirán todos los deseos de ambición y poder a costa de la verdad, la razón y de su país.» El ambiente provocó una corrupción generalizada, elecciones impugnadas y un país que al final acabó en guerra consigo mismo. Donald Trump es el príncipe sonriente de Estados Unidos.

Los detractores republicanos hoy en día forman un grupo menguante. Los que se la juegan merecen un reconocimiento, aunque rara vez lo han recibido de los votantes de Trump. En el Senado, Mitt Romney publicó un artículo de opinión en el *Washington Post* crítico con el presidente y prometió mantener una valoración continua de la conducta de Trump: «Un presidente debería hacer gala de las cualidades básicas de honestidad e integridad, y elevar el discurso nacional con cortesía y respeto mutuo [...] Y es en este terreno donde las carencias de nuestro titular han sido más notorias». En el Congreso, el representante Justin Amash ha sido un crítico feroz del presidente y ha invitado a los ciudadanos de Estados Unidos a «rechazar las lealtades de partido y la retórica que nos divide y deshumaniza». Sus ataques lo han aislado del Partido Republicano, que en última instancia anunció que abandonaría.

Algunos dirigentes republicanos han de reparar su apoyo anterior a Trump. El expresidente de la Cámara Paul Ryan dijo en una ocasión que jamás defendería a Trump, pero acabó

253

haciéndolo todas las semanas como máximo representante de los republicanos en el Congreso. Ahora, fuera del cargo, explicó su actitud hacia el presidente con mucha más franqueza al periodista Tim Alberta:

> Pensé que necesitaba tener una relación con este tipo para ayudarle a pensar con corrección. Porque, escúchame bien, no sabía nada del gobierno [...] Me entraban ganas de regañarle todo el tiempo. Los que formábamos su entorno ayudamos de verdad a evitar que tomara malas decisiones. Continuamente. Le ayudamos a tomar decisiones mucho mejores, contrarias a sus reacciones instintivas.

Ryan es uno de los escasos excargos públicos dispuestos a hablar. Muchos han guardado silencio fuera del gobierno, aunque sus experiencias estén muy alienadas con las del expresidente de la Cámara. Comparten las inquietudes expuestas en este libro. Tienen más que añadir, si reúnen el valor necesario. Sin embargo, incluso los que osaron decir algo siguen sintiendo en su fuero interno que no es suficiente. Porque no lo es. Nadie es inmune. Todo el que ha ayudado en la administración Trump es, o ha sido, uno de sus apologistas. Todos hemos tardado demasiado en hablar y no lo hemos hecho con la suficiente contundencia. Incluido yo.

8

Nosotros, el electorado

«¿Quién gobernará a los gobernadores? Solo hay una fuerza en el país
de la que se puede depender para mantener puro el gobierno
y los gobernadores honestos, y es la propia gente.»

THOMAS JEFFERSON

*E*l veredicto ya se ha dictado. Pese a algunos logros, es evidente que la conducta de Donald Trump es inmoral, debilita el partido que pretende encabezar, mina las instituciones democráticas, abandona alianzas cruciales para Estados Unidos, envalentona a nuestros adversarios, divide a los ciudadanos con una retórica del odio y una falta de honestidad crónica, y se rodea de gente que solo refuerza sus defectos. Fue fácil desmontar un montón de relatos de personas de dentro de la administración sobre la gravedad de la situación. Sin embargo, el montón se ha convertido en una montaña, y las historias dibujan el retrato de un líder que maneja los asuntos del país con una negligencia persistente. Donald Trump merece que lo despidan.

Sí, los altos funcionarios han puesto el freno en numerosas ocasiones para frustrar decisiones presidenciales catastróficas, pero, tal y como apunté al principio de este libro, la tesis original que planteé en el *New York Times* era un completo error. Los estadounidenses no deberían albergar la esperanza de que sus asesores arreglen la situación. No podemos. La cuestión es qué hacer ahora. Hay buenos y malos enfoques para gestionar los errores históricos de liderazgo surgidos de la dirección ejecutiva del presidente. Primero debemos abordar la segunda categoría.

Despedir a un presidente

Existe un fenómeno psicológico que está afectando a gran parte del país. Algunos lo llaman el «síndrome de la enajenación mental de Trump» (TDS). Si fuera un diagnóstico clínico, la mejor manera de describirlo sería una perturbación de la función cognitiva normal que provoca una hostilidad irracional hacia el presidente de Estados Unidos. En otras palabras: personas que odian tanto a Trump que no pueden pensar con claridad. Sin duda, el presidente Donald Trump está viviendo gratis en todas nuestras cabezas. Ocupa más espacio mental diario, discusiones e inquietudes del estadounidense medio que cualquier otro jefe de gobierno anterior, pero la consternación febril por un presidente no debería hacernos tomar medidas drásticas automáticamente.

256

Los que sufren el TDS llevan años teniendo oscuras fantasías sobre cómo acortar el mandato de Trump. Se lo han imaginado viéndose obligado a dimitir por haber hecho algo tan terrible que sacuda la conciencia del país. Han rezado para que su gabinete lo eche amparándose en las provisiones de emergencia de la Constitución. Anhelan que sea sometido a un proceso de destitución y que el Congreso de Estados Unidos lo expulse, o han tenido otras ideas infames que no merecen ser debatidas pero que tal vez sí merecerían una visita de los servicios secretos.

En este sentido, me gustaría dirigirme a los adversarios políticos de Trump y sus críticos más duros, los que quieren verlo fuera del cargo a toda costa. Comprendo vuestra frustración. Yo también tengo una opinión contundente sobre la actuación del presidente y si merece seguir dirigiendo nuestro gran país. Sin embargo, cuando caemos en la imprudente especulación sobre la destitución del presidente estamos fomentando un nivel de conducta antidemocrática a la altura del comportamiento que criticamos de Trump. Es el momento de insistir en lo evidente: aunque sin duda Donald Trump tiende a presentar una conducta despreciable, no deberíamos desear para nuestro país la crisis que supondría una expulsión prematura del presidente. Tal vez la historia acabe así, pero debemos mostrarnos reticentes a destituir a un presidente por vías no electorales y solo deberíamos planteárnoslo como último recurso absoluto.

En primer lugar, empecemos por terribles fechorías. Algunas personas esperan que el presidente haga algo tan horrible que se vea forzado a dimitir de inmediato ante el descontento generalizado entre la población. Unos cuantos miembros veteranos del equipo de Trump imaginaron en privado esa posibilidad. Como dijo uno de ellos, las inclinaciones del presidente son tan malas que tal vez deberíamos «darle cuerda suficiente» para que enrede su propia presidencia. No sería difícil. Trump es una fábrica que produce una corriente continua de ideas que hacen naufragar su presidencia. En ese caso, el asesor sugería dejarle disparar contra el abogado especial y los jefes del Departamento de Justicia. Parecía estar ansioso por atacarlos. Si los asesores le empujaban a seguir su instinto, especulaban, acabaría siendo su perdición.

A simple vista, la propuesta me parece perturbadora. Pese a que sin duda el presidente ha mostrado un comportamiento que va en detrimento del país, jamás deberíamos fomentar la mala conducta solo para poder castigarla. Por eso nadie, que yo sepa, se planteó promover ese resultado más allá de ese tipo de comentarios irreflexivos. Los miembros del Estado Estable, o lo que queda de él, se sienten en la obligación de que la presidencia siga encarrilada y de disuadir a Trump de llevar a cabo acciones autodestructivas. Es lo mínimo que merece el país. Permitir un error, o fomentarlo, es ser culpable del mismo. Por la salud de nuestra república, nunca deberíamos desear que la actitud de nuestro presidente sea tan indignante que las masas de ambos partidos exijan su dimisión.

En segundo lugar: la vigésimo quinta enmienda. Pese a que es una idea horrible, el concepto surgió de manera informal en conversaciones en instituciones de poder de Washington. El comportamiento de Trump se volvió tan errático durante las semanas posteriores a la destitución de Jim Comey y el nombramiento del abogado especial que una serie de funcionarios veteranos de la administración estaban preocupados por su salud mental. Se dice que el fiscal general adjunto Rod Rosenstein se planteó llevar un micrófono en sus reuniones en el Ala Oeste para documentar la locura que reinaba en la Casa Blanca del presidente. Unos días después de que Trump exigiera «echar a Mueller», otros miembros de la administración mantenían las mismas conversaciones con sigilo. Se preguntaban: «¿El presidente sigue siendo apto para el cargo?»

La vigésimo quinta enmienda es una disposición constitucional que trata de la sucesión presidencial en casos de dimisión, expulsión, incapacitación o muerte. En particular, los funcionarios de la administración Trump hacen referencia a la sección 4:

> Cuando el vicepresidente y una mayoría de los principales cargos de los departamentos ejecutivos o de otros organismos como el Congreso así lo dictaminen por ley, trasmitan al Presidente *pro tempore* del Senado y el Presidente de la Cámara de Representantes su declaración por escrito de que el Presidente es incapaz de desempeñar los poderes y deberes de su cargo, el vicepresiden-

te asumirá con efecto inmediato los poderes y deberes del cargo como presidente en funciones.

En resumidas cuentas, si el vicepresidente Pence y una mayoría del gabinete opinaran que Trump ya no pudiera cumplir con sus obligaciones, podrían retirarlo del cargo.

En definitiva, no era una acción que estuviera preparando el gabinete del presidente (o la preparara). No obstante, el desconcierto era tan grave —y la preocupación por el temperamento de Trump tan generalizada— que sus subordinados hablaron de qué ocurriría si la situación empeorara. Eso incluía intercambiar ideas hasta el límite. ¿Qué nivel de inestabilidad garantizaba la destitución del presidente? ¿Un deterioro cognitivo debilitador? ¿Una orden temeraria que pusiera en peligro al pueblo estadounidense? No existe un manual para estas situaciones.

Se hizo un cálculo aproximado de los cargos públicos más inquietos con el deterioro de la situación. Se hizo una lista mental de nombres de cargos del gabinete. Eran personas que, en el peor escenario posible, eran susceptibles de juntarse para valorar la gravedad de la situación. Todos los debates sobre la vigésimo quinta enmienda eran entre susurros y fugaces, porque casi todo el mundo concluyó que era una irresponsabilidad especular sobre algo así.

Me quedé de piedra la primera vez que oí que alguien sugirió que tal vez estábamos entrando en «terreno de la vigésimo quinta». Pensé que daba bastante miedo. Aquella noche, en casa, imaginé cuál sería ese hipotético escenario. Probablemente la mayoría del gabinete se reuniría en algún lugar secreto, lejos de la Casa Blanca. Redactarían un borrador de carta a los dirigentes del Congreso en la que certificarían que el presidente era «incapaz de desempeñar los poderes y deberes de su cargo». Los presentes respirarían hondo y se pasarían el bolígrafo en silencio, cada uno firmaría un documento que sabían que sería uno de los que tendría mayores consecuencias en la historia de Estados Unidos.

Una vez firmada la carta por la mayoría del gabinete, alguien enviaría un mensaje al vicepresidente, que estaría esperando en otro sitio hasta estar seguro de contar con el apoyo suficiente. Luego tomaría una decisión. Mike Pence no enseña sus cartas en cuanto a su opinión sobre Trump, pero si una mayoría del gabinete estuviera dispuesta a destituir al presidente y ascender a Pence —si la emergencia fuera tan grave—, no me cabe duda de lo que haría. Añadiría su nombre al papel. Todo el mundo sentiría en las entrañas la seriedad del momento. Vehículos blindados pasarían a toda prisa por la ciudad hasta el Capitolio, y un mensajero protegido entregaría el documento en manos de los dirigentes del Congreso.

Mientras contemplaba este escenario, esa visita no deseada en la administración Trump, la razón se imponía.

Pensé... ¿y luego qué? ¿El presidente Trump saldría de la Casa Blanca, haría una reverencia y se subiría a un helicóptero para ir a casa? Lo dudo. Por si la historia no se parecía ya bastante a una película de serie B, aquí es donde se convertiría en una película de terror. La destitución del presidente por su propio gabinete sería percibida como un golpe de Estado. El resultado final sería disturbios en Estados Unidos como nunca hemos visto tal vez desde la guerra civil. Millones de personas no aceptarían el resultado, quizás incluso el propio presidente, y muchos de ambos bandos tomarían las calles. La violencia sería casi inevitable. Los sucesivos enfrentamientos nos destruirían durante años. Entre otros buenos motivos, por eso no se planteó en serio esa opción. Las conversaciones entre susurros sobre «la vigésimo quinta» cesaron, pese a que la inquietud por el temperamento del presidente persistía.

Los críticos de Trump también deberían abandonar la idea. Deberían guardarse esas fantasías para sí mismos si no quieren seguir envenenando nuestro discurso, ya de por sí tóxico.

En una democracia no se derroca a los dirigentes cuando nos defraudan. Eso es de repúblicas bananeras de tercera y estados policiales. La vigésimo quinta enmienda debería quedar reservada para escenarios en los que el jefe de gobierno sea realmente incapaz de cumplir con sus obligaciones, no cuando no estamos satisfechos con su labor.

Tercero: proceso de destitución. En el momento de escribir este libro, estamos viviendo esa posibilidad. No deberíamos disfrutar con ello. Las investigaciones para un procedimiento de destitución son dolorosas para el país y nuestro sistema político, tal y como ha demostrado la historia. Debemos dejar de politizar el procedimiento de destitución y no permitir que nuestra frustración con Trump nos nuble la razón. Gran parte de las pruebas de mala conducta son alarmantes, desde el presidente instando a Ucrania a investigar a uno de sus rivales políticos a ejemplos de los intentos de Trump de influir de forma inadecuada en la investigación sobre Rusia. El trabajo del Congreso es determinar si esas acciones llegan al nivel de «grandes delitos y faltas» y si justifican la destitución del cargo de Trump.

Es muy poco patriótico albergar la esperanza de que nuestro presidente sea culpable de «grandes delitos». Desear que el presidente quede marcado como un delincuente y sea expulsado de forma prematura del cargo implica desear una división aún mayor en Estados Unidos. No podemos permitirnos más desunión. Por eso debemos dejar a un lado nuestras pasiones y dejar que las cosas sigan su curso. Deberíamos exigir a nuestros representantes que afronten la deliberación con seriedad, sin maldad política. Una destitución motivada por la rabia social por encima de la verdad sentaría un precedente mucho peor que la mala conducta que pretende remediar. Los demócratas del Congreso no deberían emitir juicios precipitados, y están obligados a llevar a cabo un proceso justo en la Cámara. Asimismo, si las pruebas apuntan a actos delictivos, los republicanos no deberían oponer resistencia a la justicia porque no les convenga en el ámbito político. Deben seguir los hechos hasta donde los lleven.

Pese a que no puedo comentar los detalles en torno a las acusaciones actuales contra el presidente relativas a Ucrania más allá de lo que se ha hecho público, como premisa general no debería extrañar a nadie que Donald Trump actuara de un modo impropio de su cargo que posiblemente lo descalifique. Siempre ha actuado de forma impulsiva poniendo sus intereses por delante de los de Estados Unidos. Tal y como he apuntado, en repetidas ocasiones ha ideado maneras de infringir la ley si así consigue lo que quiere. Quedan más historias que contar y saldrán durante los próximos meses y años. Sus ideas encuentran resistencia a menudo, pero demuestran que a Trump le son indiferentes los motivos por los que los presidentes no deberían hacer uso de su poder para un beneficio personal. Cuando le advierten sobre la corrección o la legalidad de sus propuestas se altera, hasta el punto de que ha expulsado a muchos de los más veteranos que han intentado protegerlo. Le quedan pocos muros de contención. Lo más preocupante es que con la reelección se convenza de que es más libre que nunca para poner su propio interés por delante del interés nacional.

El historial de Donald Trump resulta preocupante. En algún momento se descubrirá que en algunos aspectos ha violado su juramento al cargo. No obstante, a menos que ocurra, o hasta que ocurra, todos los procedimientos a seguir mencionados no son maneras deseables para destituir a un presidente. Una opción, y solo una opción, se impone sobre el resto como manera definitiva de exigir responsabilidades a Trump.

La propia gente

En un ensayo anónimo pensado para fomentar el apoyo al borrador de la Constitución de Estados Unidos, Alexander Hamilton escribió: «… el ejecutivo debería ser independiente para su permanencia en el cargo de todo salvo de la propia gente». Ninguna otra fuerza política debería decidir si se queda o se va, salvo en circunstancias excepcionales. Hay una sola manera correcta, prescrita por los artífices de este país, de exigir responsabilidades a nuestros dirigentes. Es tan elegante como contundente. Es la línea de trasmisión de todo poder en nuestro sistema político, que determina quién gana, retiene y pierde autoridad. Son las elecciones.

La gente es el mejor recurso, y el más legítimo, para nuestro actual dilema político. El proceso democrático existe con ese objetivo concreto, y dependemos del debate público transparente y la voluntad popular para mantener a raya a los dirigentes. Los votantes deben revisar la conducta del presidente y decidir si Donald Trump es el adecuado para el cargo, si encarna el espíritu de Estados Unidos, y si permitiremos que el comportamiento de una persona nos defina a todos.

Esa solemne responsabilidad reside en cada uno de nosotros. Por definición, un electorado es la suma de las personas de un país con derecho a votar. En Estados Unidos, aproximadamente el 75 por ciento de la población está en «edad de votar», pero la tendencia es acercarse al 50 por ciento. Eso significa que, en nuestra inminente carrera presidencial, muy disputada, la mitad del país tomará una decisión trascendental para los demás. Una mitad nos definirá a todos.

Debemos recordar que somos a quien elegimos. «El hombre, el Estado —escribió Platón hace dos milenios—. Los gobiernos varían igual que varía el carácter de los hombres. Los estados están compuestos de las naturalezas humanas que residen en ellos.» El gobierno de Estados Unidos es lo que es porque la gente es como es. La naturaleza de un hombre, el presidente, no es lo que conforma los atributos colectivos de un país. Es al revés. Nuestras opiniones, nuestras aspiraciones y nuestra moral son lo que define la república y lo que en principio deben reflejar las personas que elegimos.

El día de las votaciones habremos tenido cuatro años para formarnos una opinión sobre Donald Trump. Al entrar en la cabina, habrá muchos factores que sopesar al plantearse si reelegirlo para la presidencia. ¿Está más cualificado que los demás? ¿Ofrece un programa más atractivo? ¿Ha demostrado tener un historial de éxito? Mientras contemplemos nuestros votos secretos, la pregunta más importante será: ¿Nos representa?

Hay muchas maneras de responder a la pregunta. La primera es: «Sí, nos representa». Donald Trump es un reflejo de nuestro país y, por tanto, la elección es evidente. El votante buscará la reelección. Es el tipo adecuado para el puesto. La segunda es: «No, no nos representa». Si durante una legislatura Trump no ha estado a la altura de nuestras expectativas y no ha sido un reflejo fiel de nuestros valores, hay una posibilidad de corregir el rumbo. El proceso electoral no dicta una sentencia final: ofrece la oportunidad de enmendar errores. El votante escogerá a otra persona.

Sin embargo, existe una tercera respuesta: «Sí, nos representa, pero no es aceptable». Un votante podría concluir que la montaña rusa que ha supuesto la presidencia de Donald Trump es una representación fiel de lo que está ocurriendo en nuestra sociedad. Tal vez argumente que las elecciones presidenciales de 2016 dieran como resultado el ensalzamiento de un hombre que encarna el conflicto interno de nuestro país. Su medida de la sabiduría, la justicia, el coraje y la moderación es un fuerte indicador de si estamos presentando estos rasgos nosotros. Sin embargo, eso no significa que tengamos que sucumbir al malestar. Podemos admitir que, aunque la primera vez acabamos con el presidente que merecíamos, queremos algo mejor.

Una sola elección no cambiará quiénes somos, pero puede ser una señal de que pretendemos ir en una dirección nueva.

Solo es un primer paso. En la conclusión de este libro, hablaremos de las reparaciones más urgentes necesarias en nuestra república. De momento, cualquier recuperación de «nosotros, el pueblo» puede empezar por una declaración de cambio de «nosotros, el electorado».

De un modo extraño, una preocupación aún mayor para nuestra república es lo que pueda ocurrir si Trump es destituido del cargo: por un procedimiento de destitución o una derrota por la mínima en las urnas, y se niega a irse. Al principio de la administración vi a un hombre aún asombrado de verse sentado en el Despacho Oval que se esforzaba por desempeñar la función de presidente. Ninguna conversación se distanciaba demasiado de las elecciones de 2016 y de cómo, a su juicio, estuvieron a punto de «robárselas». En lo más profundo yacía una inseguridad acuciante por si aquel no era su sitio. Era uno de los motivos por los que unos pocos se atrevieron a sacar a colación la irrefutable interferencia de Rusia a su favor en las elecciones. No obstante, enseguida se acostumbró a las trampas del poder, la capacidad de conseguir un sirviente o una Coca-Cola Zero con solo apretar un botón, de enseñar a las visitas la majestuosidad del Despacho Oval, de gritar órdenes y esperar que las cumplieran. Trump disfruta con el capullo que ha construido. No se irá con discreción, ni lo pondrá fácil. Por eso en muchos momentos insinúa que hay «golpes de Estado» en marcha y una «guerra civil» a la vista. Ya está poniendo la semilla del relato para sus sucesores: un relato cuyo final podría ser trágico.

El momento de tener esta conversación es ahora. Perderemos toda esperanza de mantener un diálogo real con nosotros mismos y con nuestros vecinos durante el período inmediatamente anterior al día de las elecciones. En ese momento la razón quedará bloqueada, y nuestro juicio quedará nublado por las emociones. Siempre ha sido así en nuestro sistema. Si pensamos en nuestro carácter nacional y en el de nuestro actual presidente —antes de votar— sabremos cómo reaccionamos en caliente. Puede moderar nuestra afición a las facciones durante la carrera. Con suerte evitará que tomemos decisiones autodestructivas en las urnas.

Sin embargo, cada día será más difícil. El presidente ya intenta intimidar a los votantes a base de cinismo y miedo. Con su sarcasmo característico, está asignando con cautela siglas cómicas a sus adversarios para quitar las ganas a los votantes independientes. Trump también quiere que los estadounidenses que están a medio camino tengan miedo de seguir otra dirección. «Si no me apoyáis, vais a ser pero que muy pobres», gritó en un acto de campaña, una insinuación de que sin él llegaría la ruina económica. Se ha convertido en un lema. «No tenéis más elección que votarme —dijo el presidente a otro grupo de seguidores—, porque vuestros 401(k) [planes de pensiones] se echarán a perder. Así que da igual si me amáis o me odiáis, tenéis que votarme.»

No podemos ceder a la lógica elemental de Trump de «no hay más opción» que votarle. Debería ser destituido. Y es el momento de evaluar nuestras opciones para su sustitución.

El diablo que no conocemos

Nada es suficiente para recalcar las consecuencias de reelegir a Donald Trump. Hemos visto el impacto de su liderazgo en nuestro gobierno y país, de cerca y de un modo demasiado personal. La administración Trump es un desastre absoluto, y la responsabilidad queda totalmente a sus pies, la consecuencia predecible de asignar la dirección organizativa a un hombre de moral difusa. Lo más lamentable es que sus fallos amplifican los nuestros. Creo firmemente que los beneficios que nos puedan haber aportado políticas concretas de Trump son superados con creces por el daño incalculable que ha hecho al tejido de nuestra república. Aún no puedo decir quién cambiará el rumbo del barco, pero cuatro años más de Trump podrían hundirlo.

Hay algo más a tener en cuenta los próximos cuatro años: la suerte que hemos tenido de evitar una crisis internacional monumental desde que Trump asumió el cargo. No hemos sufrido un ataque importante contra Estados Unidos ni nos hemos visto obligados a ir a la guerra, pero solo es cuestión de tiempo que esa suerte nos abandone. Los que sintáis la tentación de votar la reelección de Donald Trump, pese a los escándalos y las pruebas creíbles de mala conducta, tal vez queráis plantearos qué pasaría si llegara esa crisis. ¿Queremos mantener nuestro arsenal nuclear, y el ejército del país, bajo el mando de un hombre que hace caso omiso a los informes de inteligencia, que antepone su propio interés a las necesidades del país en intervenciones internacionales, que disfruta de la compañía de matones extranjeros, alguien a quien nuestros enemigos consideran un tonto al que pueden manipular, que ha rehuido a nuestros amigos, cuya credibilidad ha quedado hecha pedazos, y en quien nuestros jefes de seguridad nacional ya no confían? Pensadlo.

Afortunadamente ya hay candidatos en la carrera que son más honestos que el actual presidente y que cuentan con la estabilidad suficiente para gestionar las exigencias de la presidencia. Con suerte, el campo se ampliará para incluir a otros personajes públicos que atraigan a ambos bandos de nuestro electorado polarizado. No voy a respaldar a una persona en concreto. Cada votante debe formarse su propia opinión. No sabemos cómo será la votación definitiva, lo que tendrá un efecto en las consideraciones de todos los hombres y mujeres, pero lo primordial es que no nos puede dar miedo el cambio.

Aun así, no será una elección fácil para mis compañeros republicanos. Es probable que la carrera se reduzca a dos can-

didatos. Los republicanos se enfrentarán a un juego de equilibrios: «Escoger el diablo que ya conozco, Donald Trump, cuyas posiciones son más próximas a las mías pero cuyo código
moral ha quedado visiblemente comprometido. O escoger al
diablo por conocer, un demócrata, que defenderá políticas con
las que no estoy de acuerdo pero que probablemente sea una
persona más decente». La última vez la ideología decantó la
balanza sobre el temperamento. Un Trump semirrepublicano
era mejor que Clinton, un demócrata empedernido, ese fue
el razonamiento. Esta vez los votantes republicanos deberían
replantear sus cálculos.

No digo que lo deseable es que nuestro partido pierda la
Casa Blanca. La mayoría de los republicanos no apoyarán la
alternativa demócrata a Trump pero, si gana el otro bando,
los republicanos no deberían tener miedo de convertirse en el
«partido de la oposición». Es más fácil enmendar errores pro-
vocados por malas políticas que por malas personas. Los conservadores en general respetaban al expresidente Obama por
ser un hombre de familia pero despreciaban su programa. Al
final, unas cuantas iniciativas del expresidente se revirtieron
con la misma facilidad con que se emitieron las órdenes ejecutivas que las instauraron. Por otra parte, Trump ha causado
muchos más daños por su auténtica naturaleza. Sus defectos
innatos constituyen el lado oscuro de su legado. Han minado
instituciones políticas y la vida civil con efectos duraderos. Es-
taremos mejor como partido que se opone al programa de un
presidente débil desde fuera que disculpándonos desde dentro.
Además, la última vez que los republicanos estuvieron en la
oposición, al partido se le dio bastante bien.

No obstante, el argumento contrario a mi postura cogerá
fuerza si el Partido Demócrata nombra candidato a alguien
que esté profundamente alejado de la corriente principal de
Estados Unidos. Entonces todo cambia. Si es uno de los candidatos demócratas que predica «el socialismo», la estrategia

de suscitar miedo de Trump seguirá funcionando. Los republicanos argumentarán que el otro candidato, como presidente, atacaría a nuestros principios del libre mercado, nos precipitaría a la recesión económica, promovería una cultura de control del pensamiento propia de la corrección política, alentaría las llamas de la política de la identidad y el gobierno intervendría en nuestra vida como nunca antes. Sería una repetición de 2016. Comparado con el Partido Demócrata, que se tambalea hacia la izquierda, Trump parecerá más amable para los ideales conservadores. Los debates sobre su cualificación darán paso a los sentimientos y el miedo, y las opciones de que Trump sea reelegido aumentarán.

Los demócratas que estén leyendo este libro saben lo mucho que está en juego. Os lo ruego, si queréis que una mayoría del país rechace a Donald Trump, debéis demostrar sabiduría y contención al elegir al candidato de vuestro partido. Resistir la tentación de alejaros de la mayoría. Confiad en mí. El Partido Republicano coqueteó con los extremos durante el último ciclo, y mirad a dónde nos ha llevado. Si los demócratas hacen lo mismo, Trump estará mucho más cerca de una segunda legislatura y mejor equipado para convencer a los estadounidenses de que se queden con él. Si, en cambio, escogéis como candidato a alguien que haga campaña por la unidad en vez de la pureza ideológica, tendréis a una cantidad considerable de republicanos e independientes dispuestos a unirse a una causa común.

Trump o un demócrata anónimo no son nuestras únicas opciones. Si tuviéramos el coraje, el Partido Republicano se plantearía en serio sustituir al presidente Trump en el puesto principal. Sé de primera mano que a los dirigentes del Partido Republicano echarían al presidente si hubiera un candidato fuerte dispuesto a dar un paso al frente. Hablan de ello a puerta cerrada. Muchos senadores y congresistas republicanos se mueren de ganas de encontrar a otra persona, pese a que

269

en público rinden homenaje al actual residente del Despacho Oval. Algunos exfuncionarios republicanos han anunciado que piensan desafiar al presidente en las primarias. Puede que se presenten más antes de que se publique este libro. Esos candidatos tienen carencias evidentes, pero los republicanos deberían preguntarse si esas carencias superan en número las que nuestro jefe de gobierno ha demostrado ya. Ni mucho menos, por eso hay que tomarse en serio las alternativas a Trump.

Al final, si el Partido Republicano se niega a hacer frente al presidente, y si el Partido Demócrata no puede nombrar a un candidato que atraiga a ambos bandos de nuestra sociedad dividida, necesitamos con urgencia un líder con la valentía suficiente para romper el sistema bipartidista. Existe un hueco para un candidato independiente dispuesto a poner el país por delante del partido. Él o ella debería ser un líder cuya base fuera el denominador común de Estados Unidos, no uno de los respectivos campos tribales de la política estadounidense. Un tercer candidato creíble obtendría el apoyo de los republicanos silenciosos que están deseosos de encontrar una alternativa, los demócratas poco inspirados por los suyos y los independientes desesperados por librarse de este lío.

Los estadounidenses a los que les preocupe una segunda legislatura de Donald Trump tienen otra opción el día de las elecciones que no he mencionado aún. Existe una opción final para evitar que provoque el caos durante cuatro años más si es reelegido. Es una política de seguro, y estará delante de vuestras narices cuando entréis en la cabina para votar. Mirad hacia abajo. La mejor salvaguardia de la democracia es el resto de la urna.

Tendréis una lista de aspirantes a cargos públicos entre los que elegir quién puede exigir responsabilidades el gobierno de Estados Unidos. No os centréis solo en vuestra elección para el mayor cargo del país y juguéis a la ruleta rusa con el resto de candidatos para el Senado, el Congreso, oficinas estatales, etc. Debéis tener en cuenta cuáles de esas personas están dispuestas a dirigir. ¿Están preparadas para mantener bajo control al presidente y nuestro poder ejecutivo? ¿No tendrán miedo de decir la verdad? ¿Cuenta con la honestidad y la decencia que están en vías de extinción en la política actual? Si hacemos uso del sentido común en el resto de la votación podemos proteger mejor las instituciones de nuestro país y su futuro.

Pase lo que pase el martes 3 de noviembre de 2020, los ciudadanos de Estados Unidos deberán hacer otra revisión urgente. Es mayor que unas elecciones presidenciales. Este deber en concreto no consiste en sopesar candidatos individuales, o alguien que se presente para un cargo público. La tarea que tenemos entre manos es juzgar a alguien mucho más importante que el jefe de gobierno, alguien que estará bajo los focos nacionales sea reelegido o no Donald Trump: nosotros. Ha llegado el momento de valorar las líneas de fractura social que se extienden por nuestra república. El carácter de un hombre ha ampliado la brecha de la división política en Estados Unidos, pero si algo bueno sale de estas turbulencias, con suerte será que nos haga volver a estudiar, y revitalizar, el carácter de nuestro país.

EPÍLOGO

«No somos enemigos, sino amigos. No debemos ser enemigos.
Si bien la pasión puede tensar nuestros lazos de afecto,
jamás debe romperlos. Las místicas cuerdas del recuerdo
resonarán cuando vuelvan a sentir el tacto
del buen ángel que llevamos dentro.»

ABRAHAM LINCOLN

«*A*llá vamos.» Esas fueron las últimas palabras de Todd
Beamer antes de colgar el teléfono.

Todd era un ejecutivo de cuentas de una empresa informática, y su viaje de negocios matutino llegó justo después de unas vacaciones de cinco días en Italia. Él y su esposa acababan de llegar la víspera. En vez de partir de inmediato hacia su destino siguiente, pasó la noche en casa con ella y sus dos hijos.

Ahora Todd estaba a medio camino entre Newark y San Francisco, y su avión acababa de ser secuestrado.

Cuando llevaban unos cuarenta y cinco minutos de vuelo, cuatro hombres irrumpieron en la cabina, degollaron a los pilotos y se hicieron con el avión. Uno de ellos anunció en un inglés torpe: «Damas y caballeros: al habla el capitán. Por favor, permanezcan sentados, sigan sentados. Tenemos una bomba a bordo. Así que siéntense».

Llevaron a los pasajeros hasta la parte trasera del avión y este retrocedió hacia la costa este.

Todd intentó usar el teléfono del asiento y estuvo conectado con Lisa Jefferson, supervisora de la empresa telefónica que daba servicio a la compañía aérea. Le describió con calma la escena para que la trasmitiera a las autoridades. Los hombres blandían cuchillos. Uno parecía tener una bomba fijada al cuerpo. Los pilotos yacían inmóviles en el suelo. Habían asesinado a un pasajero.

Los compañeros de asiento de Todd recibieron el aviso mediante llamadas a sus seres queridos de que el World Trade Center y el Pentágono habían recibido el impacto de aviones secuestrados. Los pasajeros y la tripulación se unieron para comentar la situación. No querían que su avión fuera el siguiente en impactar contra un objetivo, así que votaron y acordaron recuperar el control en la cabina de mandos.

Todd informó a Lisa, que seguía al habla, de que tenían pensado arrebatar el control del avión a los secuestradores. Le pidió un favor. Si no sobrevivía, quería que llamara a su esposa y le diera un mensaje: «Dígale que la quiero, a ella y a los niños». Ella se lo prometió, pero lo que Todd no llegaría a saber jamás es que su esposa estaba embarazada de una niña. Rezó un padrenuestro y el salmo 23.

«¿Estáis preparados? —preguntó a sus compañeros del pasaje—. De acuerdo. Allá vamos.»

Corrieron hasta la parte frontal del avión. Pasados unos minutos, tras un enfrentamiento violento en la cabina de pilotos, el United Flight 93 se estrelló en un campo del condado de Somerset, Pensilvania, a unos veinte minutos de vuelo de Washington D.C. Todos los que iban a bordo perecieron.

La historia del vuelo 93 suscitó un solemne orgullo en los estadounidenses durante los dolorosos días que se sucedieron al 11 de septiembre de 2001. Ante el terror, los pasajeros hicieron gala de una valentía conmovedora. Sin duda esos héroes corrientes salvaron muchas vidas al desviar un avión antes de que se convirtiera en un misil, en principio dirigido al edificio del Capitolio. El suyo era el auténtico espíritu del país, y eclipsó con creces la cobardía que controló unos instantes los cielos aquella funesta mañana. Tras el desastre, las palabras de Todd Beamer se convirtieron en un grito de guerra para un país más unido.

La mayoría recuerda los meses posteriores al 11 de septiembre como un período de renovación patriótica en Estados Unidos. Colgamos banderas en nuestras casas. Abrazamos a nuestras familias. Sentimos una conexión tácita con desconocidos como nunca antes, solo porque también eran estadounidenses. La súbita aceptación de la unidad por encima de la división no era inevitable, pues menos de un año antes el país había quedado dividido por una de las elecciones más disputadas de la historia. No obstante, tras los ataques dejamos a un lado nuestras diferencias, un acto colectivo que en parte facilitó la retórica de unificación del presidente. En un discurso ante el Congreso el 20 de septiembre de 2001, el presidente Bush sopló las brasas del vínculo común, les dijo a los ciudadanos que nos uniríamos contra la amenaza violenta de los terroristas. «No nos cansaremos, no flaquearemos, y no fallaremos.»

Ahora imaginad otro escenario. Pensad que, en vez de resolución, Bush se hubiera mostrado escéptico tras el 11 de septiembre. Imaginad que, mientras el humo se elevaba desde las Torres Genelas, pusiera en cuestión si Al Qaeda realmente había organizado los ataques; que despreciara las conclusiones de los servicios de inteligencia por ser «ridículas»; que insinuara que los secuestrados del vuelo de Todd Beamer podrían pertenecer a «un montón de grupos distintos»; que alimentara las llamas de la teoría de la conspiración diciendo que el incidente era «un engaño» y una «trampa»; que declarara en una rueda de prensa: «Osama bin Laden dice que no ha sido Al Qaeda. No veo por qué tendría que serlo» ante las pruebas cada vez más irrefutables de la responsabilidad del grupo terrorista; y trasmitiera a los ciudadanos que sería un error perseguir a Al Qaeda porque Estados Unidos tenía el potencial de mantener una «gran relación» con ellos. Si Bush lo hubiera hecho, la explosión política habría hecho trizas el país.

En efecto, es lo que ocurrió cuando Estados Unidos fue atacado en 2016. Esta vez los secuestradores eran piratas informáticos, y el presidente era Donald Trump. Tras el ataque deliberado y coordinado de Rusia a las elecciones democráticas de Estados Unidos, recordad que Trump quitó hierro al asunto y despreció las conclusiones de los servicios de inteligencia; puso en duda que la interferencia fuera obra de Moscú; especuló con que podría haber otras personas detrás; fomentó teorías de la conspiración; dijo que creía en la palabra de Putin de que Rusia no era responsable y sugirió que sería un error que Estados Unidos echara a perder la posibilidad de mantener una buena relación con Moscú. La reacción colectiva del país no fue el patriotismo, la unidad y la resolución del 11 de septiembre. Fue el conflicto interno y, entretanto, los rusos se salieron con la suya.

Los dos ataques dicen mucho de nuestras opciones. En ambos casos nuestros enemigos querían sembrar el caos en nuestra democracia. En ambos casos teníamos la opción de permitírselo, o no. Ojalá los pasajeros del vuelo 93 vieran cómo influyó su ejemplo en el país al principio, cómo su coraje el 11 de septiembre se convirtió en una metáfora de la determinación estadounidense. Habrían estado orgullosos de que eligiéramos unirnos en vez de dejar que el terrorismo nos separara. También sospecho que les horrorizaría presenciar nuestra misma capacidad de disensión cuando aún no habían pasado ni dos décadas de su noble sacrificio.

Podría culparse a Trump de provocar el descontento generalizado en vez de la cohesión tras las injerencias rusas. Ahora releed el párrafo anterior. Aún impacta recordar que aquella fuera la reacción del presidente. Sin embargo, en última instancia era decisión nuestra si seguíamos su ejemplo. Decidimos ceder a la especulación irracional. Decidimos participar en la guerra de las redes sociales. Decidimos alienar a los vecinos según si estaban de acuerdo con Trump o no. Nuestra respuesta al ataque llegó a máximos históricos de incivismo.

El episodio nos demuestra por qué necesitamos ampliar el debate nacional más allá de la política electoral. El período de elecciones de 2020 es importante y sin duda tendrá un gran peso en nuestro futuro, de un modo u otro, pero si queremos poner remedio al enfrentamiento político a largo plazo, no lo lograremos con un solo día de elecciones. El problema es mucho mayor que eso, y la solución no está en Washington D.C.

Donald Trump fue elegido con la idea de que la capital de nuestro país estaba rota y necesitaba un elemento disruptivo como él. «Haré que nuestro gobierno vuelva a ser honesto, creedme. Pero primero voy a tener que #drenarlaciénaga en D.C.», tuiteó el 18 de octubre de 2016, la primera vez que utilizó una frase que se convirtió en un mantra habitual. Desde Ronald Reagan a Nancy Pelosi, los políticos han prometido «drenar la ciénaga», una metáfora para arreglar la capital del país y eliminar la corrupción de la política. La frase supone un doble engaño. En primer lugar, es un error popular que Washington D.C. se construyera sobre una ciénaga (no es cierto) y, en segundo lugar, la metáfora da por hecho que nuestros problemas políticos se centran en Washington.

El lamento de que Washington está «roto» es casi tan antiguo como la ciudad capital. Poco más de una década después de la ratificación de la Constitución de Estados Unidos, la ciudad fue asolada por las rencorosas luchas internas políticas. Los observadores lamentaron el «espectáculo de lucha perpetua» entre los dos partidos, encarnada en las tóxicas elecciones de 1800. «No se puede esperar ni razón ni justicia de ninguno de los bandos», escribió un observador, que apuntó que el resentimiento personal estaba descontrolado en el centro político del país.

279

A diferencia de nuestros tiroteos simbólicos de la política actual, la acritud era tan intensa que desembocó en tiroteos literales. El vicepresidente Aaron Burr disparó y mató a Alexander Hamilton en un duelo en 1804, en parte debido a la rabia contenida por las disputadas elecciones de cuatro años antes. Por si eso no bastaba para aumentar el descontento social con los políticos de Washington, más adelante Burr fue detenido y acusado de traición tras supuestamente conspirar con otros políticos, oficiales del ejército y oficiales extranjeros para crear una república escindida en el centro de Norteamética. Cuesta concebir algo tan irritante hoy en día como Mike Pence o Joe Biden ideando una campaña de secesión encubierta para crear su propio país.

El único parpadeo en el radar de descontento con Washington parece ser la presidencia de James Monroe, entre 1817 y 1825. Esos años se conocen como «la era de los buenos sentimientos», en parte porque el sistema bipartidista estuvo a punto de ser abolido y la capital del país estaba dirigida por un gobierno de un solo partido, los demócratas-republicanos. Los estadounidenses estaban contentos con sus dirigentes electos, tanto que el presidente Monroe se presentó a la reelección sin oposición en la práctica, algo que no ha vuelto a ocurrir. Sin embargo, los «buenos sentimientos» eran efímeros, pues los asuntos de la esclavitud y la expansión territorial polarizaron Washington con rapidez antes de que dejara el cargo.

Hoy en día la ruptura de la capital del país está aceptada como un hecho. La gente cree que los cargos electos invierten demasiado tiempo en discutir y muy poco en gobernar. Lamentan la agresividad de las campañas políticas, la palabrería constante y la puerta giratoria entre las agencias del gobierno y la industria, además del hecho de que el compromiso se ha convertido en una reliquia del pasado. Lo habéis oído un millón de veces y habéis pensado: «Son incapaces de hacer nada».

La confianza social en nuestro gobierno está estancada en mínimos históricos. Solo un 17 por ciento de los estadounidenses cree que pueden contar con los políticos de Washington para hacer lo correcto «casi siempre» o «la mayoría de las veces», según una encuesta. Una vasta mayoría de los estadounidenses, el 75 por ciento, desaprueba la labor actual del Congreso. Los encuestadores demostraron con claridad que el órgano legislativo es menos popular que las endodoncias, las cucarachas y los vendedores de coches de segunda mano. Así, las llamadas a «drenar la ciénaga» tienen una resonancia mayor. El único sector del gobierno que cuenta con la aprobación de la mayoría ahora mismo es la dirigida por los cargos no electos, el Tribunal Supremo de Estados Unidos.

Los estadounidenses no necesitan sumergirse a ciegas en la oscuridad para encontrar al hombre del saco que acecha en nuestra vida ciudadana. Solo tenemos que mirarnos en el espejo. Nuestros representantes no son el origen de los problemas de Washington. Somos los que los escogemos. Si algo hay que reconocer a los padres fundadores es que el sistema democrático es un reflejo de la opinión pública. Cuando estamos dispuestos a comprometernos, nuestros representantes también lo están. Cuando estamos enfadados e inflexibles, nos mostramos partidistas y codiciosos, ellos despliegan los mismos rasgos.

281

Así, tenemos la presidencia y el Congreso que merecemos. ¿No es evidente que los líderes electos imitan nuestro comportamiento? Nuestros ataques mordaces y los golpes en Twitter se parecen mucho a los mensajes de texto que enviamos, los comentarios que hacemos a los artículos periodísticos, y los memes condescendientes que publicamos en Facebook porque es más fácil disparar desde detrás de una pared digital que debatir los problemas cara a cara. No es de extrañar que la gente piense que Washington está destrozado. Nosotros estamos estropeados.

Al recorrer Estados Unidos en la década de 1830, Frenchman Alexis de Rocqueville comentó: «En Estados Unidos el presidente ejerce una influencia muy importante en los asuntos del Estado, pero no los dirige; el poder preponderante reside en la representación nacional en su conjunto. Por tanto, es la gente la que debe cambiar, y no solo el presidente, para que las máximas de la política varíen». Podemos drenar la ciénaga si queremos destituyendo a Donald Trump y eligiendo un Congreso nuevo. Creo con firmeza que la primera acción supondrá un cambio. Sin embargo, para que perdure necesitaremos una reflexión más profunda en todo el país. Es necesario cambiar, plantearnos quiénes éramos, quiénes somos y quiénes queremos ser.

De Tocqueville apuntó durante su visita a Estados Unidos que la gente con la que se encontró sabía de verdad lo que significaba ser ciudadano. Si uno pregunta a cualquier estadounidense por su país, escribió, le dará lecciones sobre sus derechos, deberes y la ley. Le maravilló comprobar que nuestro conocimiento no derivaba de los libros, sino de la experiencia personal. «Los estadounidenses, gracias a su participación en el proceso legislativo, aprenden sobre las leyes, de la manera de gobernar que se instruye en la forma de gobierno. La gran labor de la sociedad se lleva a cabo a diario delante de sus narices y en sus manos, por así decirlo.» Un observador pasaría apuros para decir lo mismo de nosotros hoy en día.

Estados Unidos es un país excepcional, pero pronto podría correr el riesgo de llegar a la quiebra cívica y moral, la consecuencia de perder el contacto con la historia. La mayoría de los estadounidenses son incapaces de aprobar pruebas de civismo básicas y saben demasiado poco de nuestro pasado y nuestra forma de gobierno. Muchos no conocemos los nombres de nuestros congresistas ni de los representantes estatales, ni mucho menos explicar principios como el hábeas corpus o la soberanía popular. Hemos olvidado el mundo que construimos ayer. Ahora nuestro mañana está en duda.

Hay dos opciones. Podemos esconder la cabeza en la arena y esperar que todo se arregle solo. O podemos aceptar la situación como es y, en vez de permitir que las turbulencias políticas aceleren nuestra desaparición, iniciar una recuperación. Ha llegado la hora de empezar a buscar pautas para renovar la vida pública. Necesitamos un «renacimiento cívico» para nuestra época. Así corregiremos el rumbo. Para ellos es necesario desempolvar las lecciones de nuestros antepasados, actualizarlas para el mundo moderno, y revitalizar la participación activa en nuestra vida cívica. Este tema merece un libro entero aparte.

Para empezar, necesitamos recuperar un clima de verdad limpiando el ambiente de desinformación y cambiando la forma de ofrecer, consumir y compartir noticias para no vivir en realidades distintas. También debemos volver a aprender el arte de «aceptar el desacuerdo» con personas con las que no compartimos postura política, en vez de alejarnos de ellos. Si huimos de nuestras cámaras de resonancia será más fácil colaborar en temas grandes y pequeños. Asimismo, es importante que volvamos a relacionarnos en persona. Nuestra propensión a participar en organismos voluntarios fue durante mucho tiempo un aspecto determinante de la historia de Estado Unidos, y nos han llamado «país de grupos», un rasgo que nos ha permitido crear una cultura democrática como ninguna otra. Por desgracia, nuestra interconexión cada vez mayor en la red nos está desconectando a los unos de los otros, así que debemos encontrar nuevas maneras de entablar conversación.

Además, ha llegado el momento de centrar la política más cerca de casa. Nuestros problemas no se resolverán con un arreglo igual para todos. Washington es lento y engorroso, no hace falta que esperemos a que actúe. Podemos lograr un efecto más rápido y profundo en los temas que nos importan —la sanidad, la delincuencia o el consumo de drogas— actuando en nuestras comunidades hoy mismo. Al mismo

283

tiempo, nos corresponde a nosotros instruir a la siguiente generación en su democracia.

Jamás olvidaré una de mis primeras clases de historia de Estados Unidos. Mi profesor era un veterano que había luchado en la guerra, tenía cicatrices que enseñar y dirigía el aula con mano dura. Un día me metí en un lío por interrumpir a otro estudiante. «Maldita sea —dijo mi profesor, que impuso el silencio en la clase—. Discúlpate… ahora.» Me disculpé ante mi compañero, pero el profesor me dijo que también le debía una disculpa a Thomas Paine, el revolucionario estadounidense cuyos textos estábamos estudiando. «Eso y mucho más», dijo. «Eh, ¿qué más le debo, señor?», añadí, probablemente con una risita. Clavó su mirada en mí y dijo dos palabras que no olvidaré jamás: «Tu vida».

Nuestra misión como ciudadanos es doble. Tenemos que preservar la república para nosotros y prepararla para pasarla. No estará para siempre bajo nuestra custodia. A un senador de Estados Unidos de Washington le gusta decir: «Cuando vas por una carretera de tierra y ves una tortuga encima del poste de una valla, es probable que esa tortuga no haya llegado ahí sola». Nuestro país se ha salvado, una y otra vez, gracias a generaciones que nos fueron a buscar antes de que nos atropellaran. Ahora nos toca hacer lo mismo por la siguiente generación. Tenemos que ponernos serios y preparar a nuestros hijos para el mayor cargo que ocuparán jamás: el de ciudadanos. No es una exageración sugerir, como hizo un día mi profesor, que nuestra vida depende de ello.

El pasado de Estados Unidos es su faro. Todas las lecciones que necesitamos para renovar nuestro país están ahí, esperando a ser redescubiertas. Los valores comunes sobre los que se creó son el verdadero norte que unió los estados y a los que debemos volver para preservar nuestro futuro. La supervivencia de nuestra democracia no es inevitable. Martin Luther King Jr. dijo: «El aro del universo moral es largo, pero se inclina hacia la justicia». Tal vez tenga razón, pero no se inclina. La historia no nos hace a nosotros. Nosotros hacemos historia. La gente es la que cambia su curso y, con sus valores como sextante, navega a diario por las disyuntivas morales. Las decisiones que tomamos definen nuestra dirección y quiénes somos. Ahora mismo nos enfrentamos a dos alternativas trascendentales. La primera: ¿ese hombre es apto o no apto para ser presidente? Y la segunda: ¿merecemos o no las bendiciones de la libertad? Una se decidirá en las urnas y la otra con nuestra conducta durante las semanas, meses y años venideros. Espero que sigáis debatiendo esas preguntas más allá de estas páginas.

Si miramos en nuestro interior y asumimos la ardua tarea de la reparación moral, Estados Unidos puede recuperar el alma de su sistema político. Podemos iluminar de nuevo el camino hacia las elogiosas plazas de una sociedad abierta. Si, en cambio, nos acobardamos ante semejante tarea, nuestros nombres quedarán registrados en la historia como los que no pasaron la antorcha y dejaron que su luz se extinguiera. Esa es mi advertencia. Todas las generaciones de estadounidenses antes que nosotros pasaron por esta prueba y la aprobaron. Nuestra obligación es hacer lo mismo y demostrar que Estados Unidos puede hacer lo que otras civilizaciones no consiguieron, sobrevivir al paso del tiempo, y que el arco del universo moral se incline hacia el valor que constituye el auténtico nervio de la vida civil: la libertad.

Allá vamos.

285

Este libro utiliza el tipo Aldus, que toma su nombre
del vanguardista impresor del Renacimiento
italiano, Aldus Manutius. Hermann Zapf
diseñó el tipo Aldus para la imprenta
Stempel en 1954, como una réplica
más ligera y elegante del
popular tipo
Palatino

Una advertencia
se acabó de imprimir
un día de primavera de 2020,
en los talleres gráficos de Egedsa
Calle rois de Corella, 12 -16, nave 1,
08205 Sabadell (Barcelona)